本丛书系国家社会科学基金"十三五"规划2020年度教育学一般课题"基于课程标准的学校问责模型构建与验证研究"（项目编号：BHA200124）成果

U0745231

学科课程方案典型案例

系统设计

主编 ◎ 李凯

副主编 ◎ 唐立宁

看得见的课程丛书

总主编

张斌

朱伟强

山东教育出版社

·济南·

图书在版编目（CIP）数据

系统设计：学科课程方案典型案例 / 李凯主编.

济南：山东教育出版社，2024．8．--（看得见的课程丛书 / 张斌，朱伟强总主编）.--ISBN 978-7-5701-3210-2

Ⅰ．G632.3

中国国家版本馆 CIP 数据核字第 2024S633E3 号

KANDEJIAN DE KECHENG CONGSHU

XITONG SHEJI：XUEKE KECHENG FANG'AN DIANXING ANLI

看得见的课程丛书

系统设计：学科课程方案典型案例

李 凯 主编

主管单位：山东出版传媒股份有限公司

出版发行：山东教育出版社

地址：济南市市中区二环南路 2066 号 4 区 1 号 邮编：250003

电话：（0531）82092660 网址：www.sjs.com.cn

印 刷：济南百思特印业有限公司

版 次：2024 年 8 月第 1 版

印 次：2024 年 8 月第 1 次印刷

开 本：710 mm × 1000 mm 1/16

印 张：21

字 数：310 千

定 价：65.00 元

（如印装质量有问题，请与印刷厂联系调换）印厂电话：0531-88931966

让课程可见

（代总序）

进入新世纪以来，我国的基础教育课程改革在持续推进。从国家层面来说，继2001年义务教育课程方案和相关课程的课程标准出台之后，2017年教育部颁布了《普通高中课程方案》和语文等学科课程标准，并在2020年完成了修订，2022年教育部又印发了《义务教育课程方案（2022年版）》以及语文等16个学科课程标准。国家层面课程文本的持续完善表明，国家的课程理想在持续升级，相应的正式课程也更趋近于理想，聚焦"立德树人"根本任务，围绕"培养什么人、怎样培养人和为谁培养人"的根本问题，优化了育人的课程蓝图。

然而，常识告诉我们，正如建筑蓝图的完成并不等同于建筑的建成，完美的课程理想以及完善的课程蓝图本身并不能确保课程自然地产生育人成效。课程要产生育人成效，唯一的路径就是与学生实现真实的互动，而且，当课程在到达学生层面时依然保持理想状态。这意味着，在国家的课程蓝图绘就之后，课程实施的各个层级（地方、学校、教师）对正式课程及其背后的课程理想的体认和领悟，对课程与学生互动的预见，以及推动课程与学生真实互动的实际行动，就成为课程取得育人成效的关键。

学校、教师是课程实施最关键的主体，因为课程与学生的高质量互动必然以学校和教师为中介——只有当学校、教师在实际运作课程时，学生与课程的互动才有可能发生。但是，这种互动的质量直接影响学生的课程学习体验，也决定了课程的实际育人成效。要确保课程-学生的高质量互动，学校、教师如何体认、领悟课程理想，如何预见并设计课程-学生的互动，就成了关键。

20余年课程改革的重要贡献之一是使课程进入学校、教师的视野。学校、教师不再像以前那样，只看到教材，只看到教学内容，只关注教学流程和方法，而是能看得见课程了，并且能够关注到课程方案、课程标准。然而，教师"眼中"的课程其实还是外在于教师的课程，更不能直接转化为学生体验到的课程。学生能够体验到的课程是教师"做出来"的课程，学生看得到、摸得着。而教师"做出来"的课程本应基于教师"心中"的课程，这种课程体现了教师基于对正式课程文本及其背后的课程理想的理解，基于所面对的特定学生的情况，对课程-学生的互动所作的预见和设想。正是这种预见和设想极大地影响了教师"做出来"的课程，进而极大地影响学生"体验到"的课程。遗憾的是，在很长一段时间中，教师"心中"的课程却好像是一个"黑箱"，不仅不能为外人可见，甚至自己也看不见。

在现实中，学校、教师层面的课程实施存在着一些明显的偏差：在学校层面，有些学校完全照搬国家、省一级的课程方案，没有基于本校教育哲学、学生特定需求等方面的思考，所搬还只是课程方案中的课程设置方案，缺少关于"课程"的整体设计；在教师层面，有些教师仅凭自己个人的经验或对他人实践的简单模仿来"实施课程"——其实质还是传统意义上的教学，"心中"的课程只有一个模糊的影子。教师的确会编制教案，但这依然不能算心中有课程——至多就像用激光笔在黑箱中照射，照到的那一部分倒是比较清晰，但其余部分仍然漆黑一片，见到了课时这棵树，但看不到课程这片森林。

尽管学生体验到的课程最终依赖于教师"做出来"的课程，但学校、教师在心中对课程的预想和设计则是课程实施中最具专业性的实践。如果缺失这种实践，教师的实践就丧失专业性，就会沦为一种熟能生巧的技艺；如果这种实践成为一种缄默的隐含的过程，教师的实践就会成为一种基于直觉的行动。正因如此，促使学校、教师将心中的课程变得可见——编制出学校课程规划、课程纲要、单元教学方案、课时教学方案，就成为课程实施推进中的关键抓手。

我们敏锐地意识到课程实施推进中的这一关键环节。早在2018年，笔者所在的山东省教育科学研究院项目组就尝试推进学校层面各类课程方案的编制工作，取得了良好的成效。从2020年起，我们启动了全省性的课程方案转化活动，引导广大一线校长、教师，把国家层面的课程方案、课程标准转化为学校层面的课程方案。为此，我们通过深入研究，创造性地把学校层面的课程方案划分为学校课程规划方案（A类）、基于课程标准的学科课程方案（B类）、综合实践活动类课程方案（C类）、校本课程方案（D类）四类，在参考华东师范大学崔允漷教授团队研究成果的基础上，针对每一类方案制定了编写框架、撰写要点和相应的评价标准，组织了一批课程改革专家面向全省中小学广泛开展课程方案编制的培训，并深入一线开展课程方案编制指导。经过几年的努力，不仅涌现出了一些有较高质量的成果，更在较大程度上提升了学校层面课程实施者的课程意识和课程设计的专业化水平。在省级层面上全面推进学校各类课程方案的编制，我们的尝试可以说走在全国的前列。

在近几年取得的课程设计优秀成果中，我们组织力量进行多轮遴选，最终选出一批比较典型的课程设计案例，结集成为本丛书。

本丛书分四册，按照项目组基于课程实施所设计的四个类别来组织：

第一册，学校课程规划方案。学校课程规划方案要求学校基于对国家课程政策和国家课程方案的理解，以及学校的教育哲学、学生需求、区域特色等，对三种课程类别以及各种课程要素进行系统的整体的思考。本册共收录了13所学校的学校课程规划方案。

第二册，基于课程标准的学科课程方案。聚焦国家课程中有国家课程标准的那些科目，要求超越传统意义上指向于课时的教案设计，按照"以终为始"的思路，系统一贯地呈现面向一个学期的课程纲要、面向一个单元的单元教学方案和指向具体课时的课时教学方案。本册共收录了10个团队所开发的学科课程方案。

第三册，综合实践活动类课程方案。聚焦国家课程中的综合实践活动，要求系统一贯地设计学期课程纲要、单元教学方案和课时教学方案。需要特别说明的是，由于本项目启动之时，劳动课程尚未出台国家课程标准，因此将劳动课程暂时纳入此类。本册共收录了16个团队所设计的综合实践活动类课程方案。

第四册，校本课程方案。聚焦于校本课程，要求系统一贯地设计学期课程纲要、单元教学方案和课时教学方案。本册共收录了21个团队所设计的校本课程方案。

借本丛书付梓之机，我们想对本项目启动、推进以及本丛书出版过程中做出重要贡献的众多领导、专家表示感谢！感谢山东省教育厅、山东省教育科学研究院领导对本项目的鼎力支持！感谢参与本项目培训、指导的各位专家，尤其要感谢我的导师崔允漷教授，他不仅是本项目创意的最初来源，还在本项目推进过程中提供了极为宝贵的专业指导和专业资料！感谢山东教育出版社领导和责任编辑的大力支持，没有他们的积极推进，本丛书不可能顺利面世！感谢积极参与课程方案编写的诸多学校和教师，他们的努力使得本项目成果有了品质保障！

尽管我们以及相关学校、教师做出了巨大的努力，但由于学校、教师先前的课程知识基础总体比较薄弱，可资参照的成熟范本相对欠缺——当然主要是我们自己的专业水平不足，所呈现的成果一定还存在着这样或那样的问题或不足。然而，可以确定地说，我们做这项工作的基本目标已经实现——学校、教师将心中的课程呈现出来了，为自己可见；我们将学校、教师的课程方案公开呈现了，也让他人可见。让课程为自己可见的过程实际上已经成为教师提升课程专业能力的过程，而让自己的课程为他人可见，则提供了可供分析批判的样例，能为课程改革共同体的知识发展提供一些素材。

是为序。

张　斌

2024年8月

目录

1 **威海**市凤林小学语文课程规划

案例点评

　　凤林小学语文课程规划方案凸显了素养导向，契合课程标准的设计理念，有效贯彻了新教学和新理念。在设计方案时，关注了学情、校情，立足于课程标准，从教学评一致性的视角，有效地细化学生的学习之旅，促进了语文核心素养的培养。课程规划方案体现了专业化，基于课程标准，有效设计了课程目标、内容、实施和评价。

壹 小学语文学科课程规划方案

本课程规划方案由威海经济技术开发区凤林小学林秀丽、王善红、姜媛元、孟彩辉组织开发，适用于部编版《语文》（五四学制）1-5年级。

引言

语文课程是一门学习国家通用语言文字运用的综合性、实践性课程。语文课程致力于学生核心素养的形成与发展，为学生学好其他课程、形成良好的个性和健全人格、促进学生终身发展打下基础。在学校"生命教育"课程体系中，"生命之雅"语文课程在启发学生完整理解生命意义，自觉发展生命个性，积极创造生命价值等方面具有不可比拟的优势。

一、规划依据

（一）国家、地方课程管理政策

教育部在《基础教育课程教学改革深化行动方案》中指出：在课程实施过程中，切实加强国家课程方案向地方、学校课程实施规划的转化工作。坚持因地制宜"一地一计"、因校制宜"一校一策"，把国家统一制订的育人"蓝图"细化为地方和学校的育人"施工图"。《山东省普通中小学强课提质行动实施方案》中明确要求：要强化学校课程实施主体责任，根据国家课程方案制订并落实学校课程实施方案。

（二）学科的课程哲学

凤林小学的办学特色是"生命教育"，基于"生命教育"的学校哲学，确立了"让语文学习焕发生命的律动"的课程理念。语文课程的学习，不仅是文化的传承、语言的建构、思维的提升、审美的创造，更是认识生命的美丽与宝贵，探索生命的方向与意义，提升生命的质量与品位，让生命变得更加美好、更有力量、更有意义的过程。

（三）学情和校情分析

凤林小学位于城乡接合部，现有37个教学班，1626名学生。据调查统计，学校学生喜欢认识汉字，能够逐步养成主动识字的习惯。95%的学生能做到写字姿势正确，书写规范、端正；80.5%的学生喜欢阅读，能逐步掌握一定的阅读方法，养成日日读书的习惯，乐于与同伴分享读书收获；75%的学生乐于表达与交流，能够积极表达自己的想法。此外，一部分学生对习作有畏难情绪，语言素材匮乏，生活中不善于观察，不能灵活运用积累的语言和方法。

学校现有语文教师32人，区级以上业务荣誉获得者4人，7人执教区级及以上优质课、公开课。语文教师平均年龄31岁，是一支年轻的队伍，骨干力量薄弱。学段循环导致教师对语文课程缺乏整体理解。

学校历来重视书香校园、智慧校园建设，图书馆现有藏书十万多册，绘本近两千册。学校被确立为海淀教学成果推广应用实验校，语文教研组被评为区级优势学科教研组，专家的引领帮扶有助于语文学科的发展。

二、课程目标

在学校"生命教育"课程体系中，"生命之雅"语文课程以启发学生完整理解生命意义、自觉发展生命个性、积极创造生命价值为目标，力争让每一个生命绽放光彩。

（一）第一学段【1—2年级】

————○ 识字与写字 ○————

1. 喜欢学习汉字，有主动识字、写字的愿望。认识常用汉字1600个左右，其中800个左右会写。

2. 学会汉语拼音。能读准声母、韵母、声调和整体认读音节。能准确地拼读音节，正确书写声母、韵母和音节。认识大写字母，熟记《汉语拼音字母表》。

3. 掌握汉字的基本笔画和常用的偏旁部首，能按基本的笔顺规则用硬笔写字，注意间架结构，初步感受汉字的形体美。努力养成良好的写字习惯，保持"头正、身直、足安"的坐姿，学习正确的写字姿势。掌握汉字基本笔画的书写方法，初步了解汉字基本的字形结构，书写规范、端正、整洁。

4. 学习独立识字。能借助汉语拼音认读汉字，学会用音序检字法和部首检字法查字典。

──────○ 阅读与鉴赏 ○──────

1. 喜欢阅读，感受阅读的乐趣。学习用普通话正确、流利、有感情地朗读课文。学习默读。

2. 结合上下文和生活实际了解课文中词句的意思，在阅读中积累词语。认识课文中出现的常用标点符号，在阅读中体会句号、问号、感叹号所表达的不同语气。借助读物中的图画阅读。

3. 背诵优秀诗文不少于50篇（段）。学习积累儒家经典文段，感受传统文化的内涵，懂得"知礼守规""尊敬师长"等行为准则，能在学习生活中做到"敏而好学""诚实守信"。

4. 阅读主题绘本，向往美好的情境，关心自然和生命，对感兴趣的人物和事件有自己的感受和想法，并乐于与他人交流。试着讲述读过的绘本故事，并发挥想象画出绘本内容或创编绘本内容。阅读童话类书籍，展开想象，获得初步的情感体验，感受语言的优美。

5. 尝试阅读整本书，养成爱护图书的习惯。

6. 积累自己喜欢的成语和格言警句。课外阅读总量不少于6万字。

──────○ 表达与交流 ○──────

1. 学说普通话，逐步养成说普通话的习惯，有表达交流的自信心。

2. 能认真听他人讲话，努力了解讲话的主要内容。听故事、看影视作品，能复述大意和自己感兴趣的情节。能较完整地讲述小故事，能简要讲述自己感兴趣的见闻。与他人交谈，态度自然大方，有礼貌。积极参加讨论，敢于发表自己的意见。

3. 对写话有兴趣，留心周围事物，写自己想说的话，写想象中的事物。

在写话中乐于运用阅读和生活中学到的词语。

4. 根据表达的需要，学习使用逗号、句号、问号、感叹号。

———◦ **梳理与探究** ◦———

1. 观察字形，体会汉字部件之间的关系。梳理学过的字，感知汉字与生活的联系。

2. 观察大自然，热心参加校园、社区活动，积累活动体验。结合语文学习，用口头或图文等方式整理、表达自己在活动中的见闻和想法。

3. 对周围事物有好奇心，能就感兴趣的内容提出问题，结合其他学科的学习和生活经验交流讨论，尝试提出自己的看法。

（二）第二学段【3—5年级】

———◦ **识字与写字** ◦———

1. 对学习汉字有浓厚的兴趣，养成主动识字的习惯。有初步的独立识字能力，能用音序检字法和部首检字法查字典、词典。有较强的独立识字能力。累计认识常用汉字2900个左右，其中2060个左右会写。

2. 学习钢笔的使用，写字姿势正确，养成良好的书写习惯。能用硬笔熟练地书写正楷字，做到规范、端正、整洁，有一定速度。初步学习毛笔的使用方式和软笔书写笔法、姿势。养成良好的软笔书写习惯，感受汉字的书写特点和形体美。

3. 能感知常用汉字形、音、义之间的联系，初步建立汉字与生活中事物、行为的联系，初步感受汉字的文化内涵。

———◦ **阅读与鉴赏** ◦———

1. 能用普通话正确、流利、有感情地朗读课文。初步学会默读，做到不出声，不指读。学习略读，粗知文章大意。默读有一定的速度，默读一般读物每分钟不少于300字。能根据需要搜集信息。

2. 能联系上下文和自己的积累，理解词句的意思，体会课文中关键词句表达情意的作用。能借助字典、词典和生活积累，理解生词的意义。能推想课文中有关词句的意思，辨别词语的感情色彩，体会其表达效果。在理解语句的过程中，体会句号与逗号的不同用法，了解冒号、引号、顿号的一般用法。

3. 能初步把握文章的主要内容，体会文章表达的思想感情，在阅读中了解文章的表达顺序，初步领悟文章的基本表达方法。学习圈点、批注等阅读方法。能对课文中不理解的地方提出疑问，乐于与他人讨论交流。在交流和讨论中，敢于提出看法，作出自己的判断。

4. 能复述叙事性作品的大意，初步感受作品中生动的形象和优美的语言，关心作品中人物的命运和喜怒哀乐，与他人交流自己的阅读感受。阅读叙事性作品，了解事件梗概，能简单描述印象最深的场景、人物、细节，说出自己的喜爱、憎恶、崇敬、向往、同情等感受；阅读诗歌，大体把握诗意，想象诗歌描述的情境，体会作品的情感。受到优秀作品的感染和激励，向往和追求美好的理想。

5. 背诵不同主题的古诗不少于100首和中华经典诗文节选等，注意在诵读过程中体味情感，展开想象，领悟诗文大意。能通过故事和活动了解古人生活中的一些规矩和礼节，感受中华优秀传统文化中的细节。

6. 阅读说明性文章，能抓住要点，了解文章的基本说明方法。阅读简单的非连续性文本，能从图文等组合材料中找出有价值的信息。

7. 阅读课外书籍，初步理解、把握文本的主要内容，并通过语调、韵律、节奏等体味作品情感。主动和同学分享自己的阅读感受，积极向同学推荐并说明理由。

8. 积累课文中的优美词语、精彩句段，以及在课外阅读和生活中获得的语言材料。养成读书看报的习惯，收藏图书资料，乐于与同学交流。扩展阅读面，课外阅读总量不少于90万字。

表达与交流

1. 乐于用口头、书面的方式与人交流沟通，愿意与他人分享，增强表达的自信心。乐于表达，与人交流能尊重和理解对方。注意语言美，抵制不文明的语言。

2. 能用普通话交谈，听人说话认真、耐心，能抓住要点，并能简要转述。能就不理解的地方向人请教，就不同的意见与人商讨。表达有条理，语气、语调适当。参与讨论，敢于发表自己的意见，能根据对象和场合，稍作准备，作简单的发言。

3. 能清楚明白地讲述见闻，说出自己的感受和想法。讲述故事力求具体生动。能主动参与日常生活中的文化活动，根据不同的场合，尝试运用合适的音量和语气与他人交流，有礼貌地请教、回应。

4. 观察周围世界，能不拘形式地写下自己的见闻、感受和想象，注意把自己觉得新奇有趣或印象最深、最受感动的内容写清楚。能用便条、简短的书信等进行交流。尝试在习作中运用自己平时积累的语言材料，特别是有新鲜感的词句。

5. 懂得写作是为了自我表达和与人交流。养成留心观察周围事物的习惯，有意识地丰富自己的见闻，珍视个人的独特感受，积累习作素材。

6. 能写简单的纪实作文和想象作文，内容具体，感情真实。能根据内容表达的需要，分段表述。学写读书笔记，学写常见应用文。

7. 修改自己的习作，并主动与他人交换修改，做到语句通顺，行款正确，书写规范、整洁。根据表达需要，正确使用常用的标点符号。课内习作每学年16次左右。

──────○ **梳理与探究** ○──────

1. 尝试分类整理学过的字词。尝试发现所学汉字形、音、义和书写的特点，帮助自己识字、写字。

2. 学习组织有趣味的语文实践活动，在活动中学习语文，学会合作。结合语文学习，观察大自然，观察社会，积极思考，运用书面或口头方式，并可尝试用表格、图像、音频等多种媒介，呈现自己的观察与探究所得。

3. 能提出学习和生活中的问题，有目的地搜集资料，共同讨论，尝试运用语文并结合其他学科知识解决问题。

在落实以上要求过程中，注重感悟国家通用语言文字的文化内涵，初步认识中华优秀传统文化蕴含的思想和智慧；感悟革命英雄、模范人物的爱国主义情怀和高尚品质，激发向英雄模范学习的意愿和行动，培养对中国共产党和中华人民共和国的朴素情感，增强民族自豪感。

三、课程结构、内容与课时分配

（一）学科课程结构及其说明

"生命之雅"语文课程体系，包括基础性课程、拓展性课程和创生性课程。基础性课程是指国家语文课程，通过识字与写字、阅读与鉴赏、表达与交流、梳理与探究，厚植生命根基。拓展性课程包括传统文化、经典诵读、翰墨飘香，通过读典明理、诗文诵读、硬笔与软笔书法学习，滋养生命底蕴。创生性课程包括书韵芳菲、雏凤清音，借助班级聊书会、凤坛讲师评选，张扬生命个性。最终，在"生命之雅"语文课程的浸润下，培养言语文雅、行为儒雅、精神风雅的活力少年！

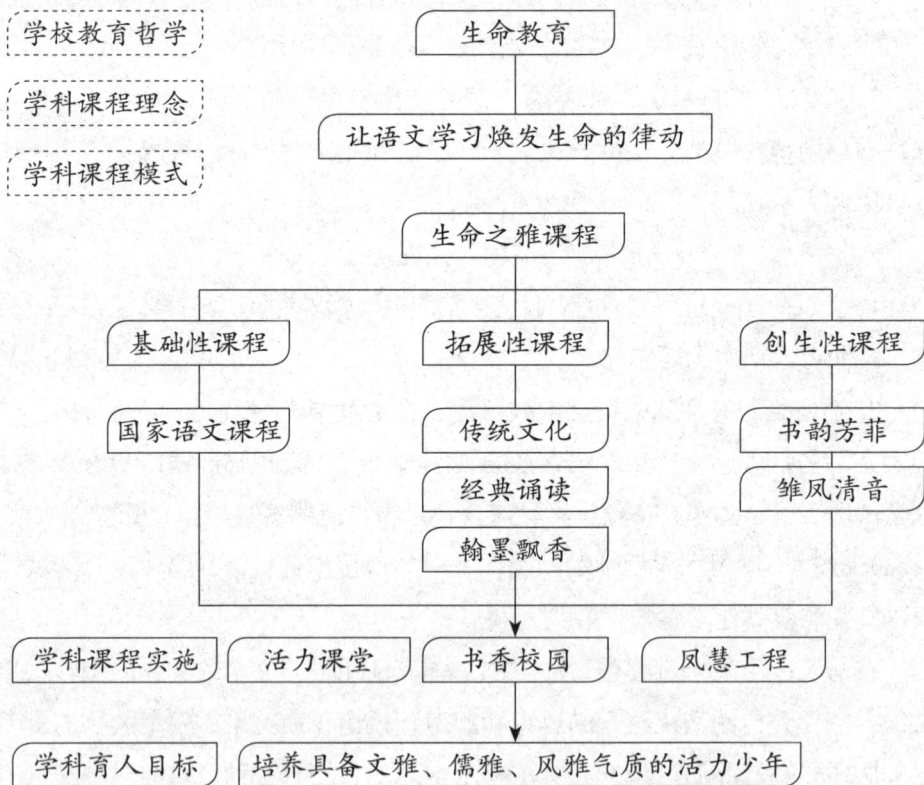

图 1　凤林小学"生命之雅"语文学科课程结构

（二）课程内容与学期、课时分配及其说明

根据课程特点，在尊重学生认知规律、课程内容遵循由浅入深、循序渐进原则的基础上，"生命之雅"课程力争系统、科学地设置各年级课程。以一年级为例，课程内容设置如下表。

凤林小学一年级"生命之雅"语文学科课程设置表

课程维度	课程安排		课程内容	课时分配
基础性课程	上学期	语文	学习部编版小学语文一年级上册内容，包括2个识字单元，2个汉语拼音单元和4个阅读单元	每周8节
	下学期	语文	学习部编版小学语文一年级下册内容，包括2个识字单元，6个阅读单元	每周8节
拓展性课程	上学期	传统文化	学习朗诵经典蒙书《弟子规》，了解古人生活中的一些规矩和礼节，感受中华优秀传统文化中的细节，懂得"知礼守规""尊敬师长"	每周1节
		经典诵读	背诵爱国主题和勤学主题的13首古诗和《三字经》节选	早读、午读；课前3分钟
		翰墨飘香	保持"头正、身直、足安"的坐姿，学习正确的写字姿势。掌握汉字基本笔画的书写方法，初步了解汉字基本的字形结构	每周1节，每天习字15分钟
	下学期	传统文化	朗诵学习《弟子规》，联系生活谈体会，能在生活中做到"入则孝亲""亲和友善"	每周1节
		经典诵读	背诵景趣主题和友情主题的18首古诗和《三字经》节选	早读、午读；课前3分钟
		翰墨飘香	进一步学习巩固"头正、身直、足安"的坐姿，学会正确的写字姿势。掌握汉字基本笔画的书写方法，初步了解汉字基本的字形结构	每周1节，每天习字15分钟

续表

课程维度	课程安排		课程内容	课时分配
创生性课程	上学期	雏凤清音	试着讲述读过的绘本故事，并在班级中展示	课前展示 + 活动评选
		书韵芳菲	学习《书香·印记》（一年级上册），阅读《猜猜我有多爱你》《爷爷一定有办法》等绘本	间周一节
	下学期	书韵芳菲	学习《书香·印记》（一年级下册），阅读《点》《我爸爸》等绘本和《读读童谣和儿歌》等书籍	间周一节
		雏凤清音	讲述读过的绘本故事，并在班级中展示	课前展示，每月一节

四、课程实施

（一）建构"活力课堂"，提升课堂育人质量

课堂是实现语文学科育人价值的主阵地。基于"让语文课程焕发生命律动"的课程理念，积极构建情感交融、思维碰撞、智慧激荡的"活力课堂"，提升课堂育人质量。

1. 备课——理实结合，设计优质教学方案

教学方案的设计要依据课程标准，坚持素养导向，凸显学为中心，实现学期纲要、单元教学方案、课时教学方案内在的一致。

（1）教学目标设计

要基于对语文课程标准、教材内容、学情的全面分析，整体设计教学目标。目标表述要规范清晰，三位融合，指向素养；体现语文学科工具性与人文性的统一；体现学期目标、单元目标和课时目标间的关联性、一致性。

一是研读新课程标准。整体把握语文课程总目标、学段要求、学习任务群

及学业质量要求各部分的核心要义及关联。能结合学习任务群和教材内容进行课标解读，分析语文能力的进阶，确定学期目标、单元目标和课时目标。

二是深入解读教材。坚持文以载道、以文化人的育人立意，全方位、多角度研读教材。纵向分析语文要素，确定语文知识、能力发展层级；横向分析单元内容，挖掘文本承载的教学价值，形成结构化的教学内容。

三是精准把握学情。通过分析课程标准和教材，确定课堂学习的逻辑起点；通过作业批改、问卷调查、访谈、前测、作品分析等，了解学生思维障碍点、言语生长点、情感共鸣点、方法提升点等，把握课堂学习的现实起点，为目标制订提供依据。

（2）教学评价设计

依据目标，一体化设计教学和评价，将评价任务嵌入学习过程。一是将教学目标转化为表现标准，明晰学生达成学习目标的证据。二是根据表现标准匹配评价方式，设计多元评价任务。三是依据学习进阶，将大任务分解成具有情境性、层次性的任务群（或问题链）。

（3）教学活动设计

教学活动设计要体现语文学科特质，做的是语文的事，用语文的方式做事，做到"五合"：一是结合真实语言文字运用的需求，二是契合学生现实生活面临的问题，三是符合学生认知水平，四是融合关键的语文知识和语文能力，五是整合丰富的语文学习资源。

（4）作业设计

落实"双减"政策，减负提质，一、二年级不布置书面家庭作业，三至五年级布置每日书面作业不超过半小时。围绕单元语文要素由易到难的学习，设计基础性作业、拓展性作业和提升性作业。

2. 上课——问题驱动，建构优质活力课堂

"活力课堂"的实施要做到"五有"，即"有道、有情、有源、有型、有味"。"有道"是指课堂价值追求要凸显文以载道、以文化人；"有情"是指课堂生态要情景交融，要创设语文情境，充分调动学生情感，引发学生情思；"有源"是指教学内容要源于生活中语言文字运用的真实需求，建立语文学

习与社会生活之间的关联；"有型"是指教学实施有章有致，要建构"问题驱动活力课堂"的基本范式；"有味"是指教学效果要体现出浓浓的语文味，有动有静，言意兼得。

问题驱动活力课堂的基本范式如下。

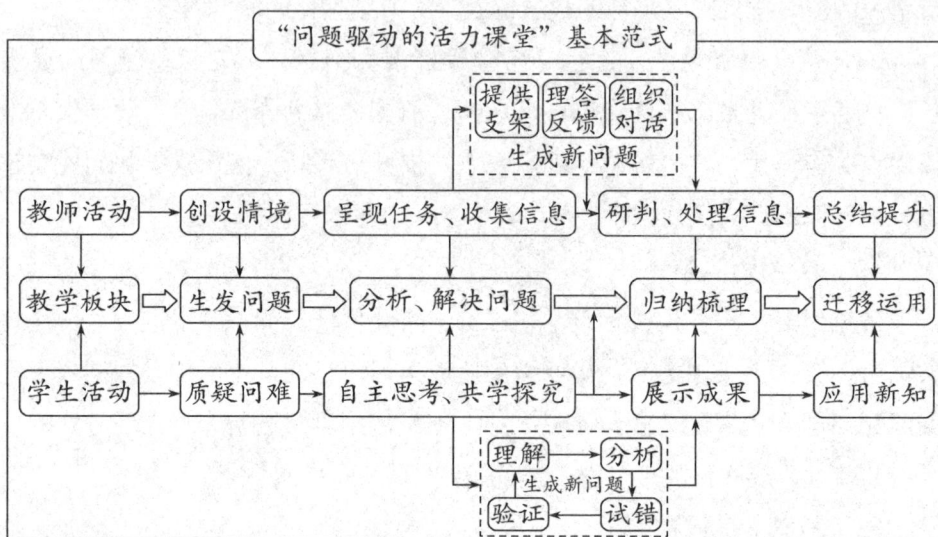

"问题驱动的活力课堂"基本范式

3. 结课——学用贯通，精准指导学后反思

一节课、一个单元、一个主题教学结束后，教师要引导学生对所学语文关键知识和能力进行回顾、梳理与反思，构建知识结构，形成正确的观念。课时结课可以是归纳式、反馈式、拓展式；单元结课可以是问题解决探究课、学习成果展示课。结课要立足所学内容，依据学情，设计学后反思支架和路径，引导学生对标反思。

（二）重视"积累表达"，夯实学生语文素养

丰富的语言积累，灵动的语言表达，是衡量语文素养水平的重要标准。教师要引导学生注意语言积累，在广阔的空间里学语言、用语言，提升学生语文素养。

1. 博观约取，积累语言素材

（1）课前自主积累

课前阅读《书香·印记》，借助学本、视频微课、语言等资源，自主进行诵读和积累，其中词语盘点、诗词诵读是必修任务，千古绝唱、阅读点津、拓展阅读为选做内容。

（2）课中渗透积累

对于语言优美的段落或是表达有特色的篇章，课上通过填空补充式、关键词提示、提纲式背诵等方法进行积累。

（3）课外海量积累

通过全科悦读、全员聊书，创设"真积累"场。间周班级举行"书韵芳菲"聊书会，"冷读期"聊故事情节，"温读期"聊书中人物形象，"热读期"聊整本书的主旨立意。关注写法，实现阅读的"自我反刍"，为表达能力的培养提供训练场。

2. 循序渐进，积累言语策略

低年级以识字朗读策略为积累点，积累字理识字法、字族识字法、形近字识字法、趣味识字法、查字典识字法等多种识字策略；学习特殊标点符号朗读技巧；学习典型短语朗读技巧。中年级以阅读理解策略为积累点，主要积累理解词语意思，把握课文主要内容的方法，遣词造句、布局谋篇的方法等。

3. 学以致用，提高表达能力

用好课本仿写，遴选出语言训练点，通过仿句、仿段、仿写作方法，在阅读中积累方法，习得表达方法。再造情境创写，变换文体练习写、发挥想象补充写、根据文意续写等，在迁移中运用表达方法，顺利实现由读到写的迁移。

（三）实施"凤慧工程"，保障家庭育人效能

实施凤慧"五个一"工程，倡导家长以书为媒、以爱为伴，培育良好家风，营造良好的书香家庭环境，和孩子在读书中共享乐趣、共同成长。

1. 每天共享一段亲子阅读时间

坚持将亲子阅读作为家庭的基本生活方式，在家中设置阅读区、书架，共同制订亲子阅读计划，帮助孩子养成"爱读书、多读书、读好书"的阅读习惯。

2. 每周进行一次家庭读书分享

定期开展家庭阅读体会交流，鼓励孩子畅谈阅读感受与收获，培育浓厚的家庭阅读氛围。

3. 每月走进一次公共文化场所

家长和孩子每月至少共同走进一次书店、图书馆、博物馆、展览馆等文化场所，帮助孩子获得多样文化体验。

4. 每学期进行一次校外研学实践

创造机会让孩子参与社区举办的节日和风俗活动，鼓励孩子对交通安全、家庭教育等方面的问题进行调查研讨，尝试写出简单的研究报告。

5. 每学年互写一封家书寄语

用文字传递浓浓亲情，表达对家人的感恩、对亲朋的祝福，沟通交流思想，传承优良的家教家风。

（四）推行"双微驱动"，赋能教师专业成长

推行"双微驱动"（微团队+微项目）教研模式，以"聚焦学科本质、深耕课堂实践、提升学生素养"为纲，扎实开展行动研究。

1. 遴选关键问题

将教学实践作为"研究之源"，围绕备课、上课、结课、测评等环节，聚焦语文教师工作中的真问题、真困难，以教研组为单位梳理问题清单、分析问题成因，遴选关键问题，确定微项目，有计划、分主题地展开研究。

2. 深耕关键课例

基于"教—学—评一致性"的语文课例研究，教师应抓住以下重点：一是研究目标，如何凝练单元主题，确立单元大概念？单元目标和课时目标如何体现层阶性？二是深研评价任务，如何基于真实情境设计挑战性的大任务？如何研制单元大情境统领下的结构化任务？三是深研评价工具，如何研制指向语用素养提升的评价工具？

3. 形成关键资源

以微团队构建校本资源建设共同体：一是围绕"真积累"，构建阅读

课程资源开发共同体，每年依据教材内容调整，不断完善、优化《书香印记》校本教材。二是围绕"真表达"，构建习作课程资源开发共同体，遴选名家名篇范例，开发中、高年级《妙笔生花》习作课程资源库。三是结合微项目研究的典型单元和关键课例，形成单元整体教学相关研究成果和实践案例。

五、课程评价

"生命之雅"课程评价包括过程性评价和终结性评价。过程性评价贯穿学习全过程，包括课堂表现、作业评价、成果作品展示等；终结性评价主要指学段终结时进行的纸笔测试或素养展评。

（一）过程性评价

评价项目	评价内容	评价方式	评价实施	评价结果的运用
基础性课程	课堂表现	结合每个学习任务群的教学要点，依据单元或课时目标，细化评价要点	课堂观察小组记录	① 课堂互动中，教师关注每个学生知识基础、认知过程、思维方式、态度情感等方面的表现，给予针对性的指导。 ② 课堂中小组合作、汇报展示等活动，依据评价标准开展师评、生评，由小组长记录组员表现	依据班级语文课堂评分细则，随机计入班级优化大师，每月评选班级"语文课堂之星"。学期末依据累计成绩分为A、B、C、D四个等级
	作业评价		作业批改汇报展示	依据单元目标，以单元任务框架为清单，设计完成作业的表现标准，通过教师批阅、汇报展示等方式进行评价	每日根据作业完成情况分等级赋分，计入班级优化大师，每月评选"最美作业奖"。学期末依据累计成绩分A、B、C、D四个等级

续表

评价项目		评价内容	评价方式	评价实施	评价结果的运用
拓展性课程	传统文化	诗词朗读 诗词背诵 经典赏析	日常抽查 专项比赛	利用晨读、传统文化课、寒暑假开展诗词诵读，定期检查学生诗词经典积累情况；每学期，举行两次古诗擂台赛，展示经典诵读学习成果	完成本学期诗词积累目标即为班级"国学小名士"。在年级、校级比赛中获奖，即为年级、校级"国学小名士"
	经典诵读				
	翰墨飘香	书写习惯 书写质量	书写素养大赛	每月结合所学内容，举行书写素养大赛，按评价标准对书写作品进行等级评价	每月书写作品依据质量分为A、B、C、D四个等级，评选"金笔奖""银笔奖""铜笔奖""进步奖"
创生性课程	书韵芳菲	阅读态度 阅读方法 读书笔记	作品展评 读书活动	结合聊书会表现、读书摘抄本展评进行评价	依据读书表现，每学期评选"书蕴少年"
	雏凤清音	口语表达 书面表达	主题活动	结合阅读书目，每学期举行绘本故事创作大赛、读书小报评选、校园朗读者大赛、课本剧大赛等	依据赛事评价标准评选单项奖，如"最美朗读者""最佳小演员""凤坛小讲师"等

（二）终结性评价

终结性评价主要指一个学期结束时进行的语文纸笔测试或语文素养展评。依据"双减"政策，一、二年级开展"童趣闯关"素养展评活动，三至五年级进行纸笔测试。

学段	评价内容	评价形式	评价实施	评价结果运用
1—2 年级	字词积累 美文朗读 口语交际	闯关游园	依据学期课程目标，每学期设计期末情境游园主题和系列闯关任务，如拼音王国、识字万花筒、妙语连珠、伶牙俐齿等关卡，通过记录闯关表现反馈学期学习成果	依据闯关积累划分等级

学段	评价内容	评价形式	评价实施	评价结果运用
3—5年级	积累运用 快乐阅读 真情习作	纸笔测试	每学期末，使用区教研中心试题，组织统一测试	A：100—85分 B：75—84分 C：60—74分 D：60分以下

六、课程管理与保障

（一）组织保障

为进一步深化语文学科课程改革，结合校情，学校成立以业务校长为组长，学科分管主任、教研组长和备课组长为主的语文课程规划领导小组和实施小组。（名单略）

（二）制度保障

为了保障学校语文课程建设扎实有效地展开，在语文学科课程规划的研发与实施过程中，重点健全课程审议制度、课程评价制度、课堂开放制度、素养展示制度和成果推广制度。（具体内容略）

（三）资源和条件保障

1. 构建书香校园

打造图书馆式学校，营造爱读书、读好书、读书好的书香校园氛围，丰富图书馆藏书，不断扩大读书场地，建立阅览室、走廊书吧、班级图书角、云上书城等，实现人在书中，书在手边。

2. 加强学科培训

聘请课程专家到校开展课程理论与实践培训，邀请语文教研员定期到校指导，派相关校领导、骨干教师参加区市级学科相关培训，提高教研品质，促进教师发展。

贰 小学语文四年级上学期课程纲要

本课程由凤林小学王善红组织开发，适用于部编版《语文》（五四学制）四年级上册，计划课时为126课时。

一、课程标准、教材、学情综合分析

（一）课程标准分析

分析维度	分析内容
识字与写字	**识字**：累计认识常用汉字2500个左右，其中1600个左右会写。通过观察、分析、整理，感受汉字的构字组词特点，体会汉字的文化内涵。 **写字**：能用硬笔熟练、规范、端正、整洁地书写正楷字，养成良好书写习惯
阅读与鉴赏	**整体感知**：用普通话正确、流利、有感情地朗读。 **理解阐释**：能联系上下文，在文本意义情境中解释具体词句的内涵和作用。 **整合信息**：在阅读过程中能提取主要信息，能复述读过的故事，概括文本内容。 **推断探究**：结合关键词句解释作品中人物的行为，分析和评价人物。 **积累语言**：积累课内外阅读和生活中获得的语言材料
表达与交流	**陈述与叙述**：学会认真倾听，听人说话时能把握主要内容，并能简要转述。 **描绘与表现**：能按一定顺序讲述见闻，说出自己的感受和想法。讲述故事力求具体生动。 **介绍与说明**：观察周围世界，能不拘形式地写下自己的见闻、感受和想象，注意把自己觉得新奇有趣或印象最深、最受感动的内容写清楚，能用便条、简短的书信等进行交流。学习修改习作中有明显错误的词句

续表

分析维度	分析内容
梳理与探究	**归整与分类**：观察大自然，观察社会，积极思考，运用书面或口头方式，并尝试用表格、图像、音频等多种媒介，呈现自己的观察与探究所得。 **搜集与组合**：能选择自己感兴趣的角度主动搜集信息，共同讨论，尝试用流程图和文字记录学习活动过程，并向他人展示学习成果

（二）教材分析

版块	指向课标	单元	教材内容
识字与写字	识字写字	各单元	认识"盐、屹"等250个生字，包含"系、雀"等19个多音字。会写"盐、据"等300个字
		二单元	能借助形声字的构字规律，认识"驻、钞"等12个生字
		四单元	学习与花有关的8个词语，认识"圃、卉"等10个生字
		六单元	借助生活中常见的蔬菜认识"韭、芥"等8个生字
		八单元	借助熟字加偏旁的方法，认识"纲、授"等12个生字
阅读与鉴赏	理解阐释	一单元	边读边想象画面，感受自然之美
		三单元	体会文章准确生动的表达，感受作者连续细致的观察
		六单元	学会用批注的方法阅读。通过人物的动作、语言、神态，体会人物的心情
	整合信息	四单元	了解故事的起因、经过、结果，学习把握文章的主要内容。感受神话中神奇的想象和鲜明的人物形象
		七单元	关注主要人物和事件，学习把握文章的主要内容
		八单元	了解故事情节，简要复述课文
表达与交流	陈述与叙述	一单元	"我们与环境"：围绕话题发表看法不跑题，判断别人的发言是否与话题相关
		三单元	"爱护眼睛，保护视力"：小组讨论时，注意说话音量，避免干扰其他小组。不重复别人说过的话

续表

版块	指向课标	单元	教材内容
表达与交流	描绘与表现	六单元	"安慰"：选择合适的方式进行安慰；借助语调、手势等恰当表示自己的情感
		八单元	"讲历史人物故事"：使用恰当的语气和肢体语言，让讲述更生动
	介绍与说明	二单元	"小小'动物园'"：抓住家人与动物的相似之处，写出家人特点，外貌、喜好、性格等，综合表现人物的特点
		一单元	"推荐一个好地方"：把推荐的地方介绍清楚，推荐理由充分清晰
		三单元	"写观察日记"：进行连续观察，用观察日记记录观察对象的变化。观察细致、内容准确
		四单元	"我和_____过一天"：从阅读积累中，选择喜欢的神话、童话人物，突出人物个性特点，通过问题展开想象
		五单元	"生活万花筒"：写亲身经历或看到的、听说的事情，按照起因、经过、结果的顺序把事情发展过程中的重要环节写清楚
		六单元	"记一次游戏"：按一定顺序，根据问题提示把过程及印象比较深刻的地方写清楚，写出自己的想法和感受
		八单元	"我的心儿怦怦跳"：选取一件感受强烈的事，写清楚事情的经过和自己的感受
		七单元	"写信"：应用文交流，用正确的格式写一封信，做到内容清楚，感受书信在互通消息、交流情感中的作用
梳理与探究	搜集与组合	二单元	开展"我是提问家"评选活动，能根据学习和生活经验提出问题，共同讨论，尝试运用语文并结合其他学科知识解决问题
	归整与分类	三单元	开展"我是观察小达人"实践活动，在活动中亲自种植、认真观察，借助表格、图片等记录观察所得，形成观察日记
		八单元	大家一起玩一个游戏，可以拍摄一些游戏场景，帮助我们更好地写好游戏过程

（三）学情分析

识字与写字	**已有经验**：能通过偏旁归类、生活中识字、组词等方法学习、整理字词，能初步建立汉字与生活中事物的联系，初步体会汉字的内涵。已有一年钢笔字书写经验，能端正、规范书写汉字。 **最近发展区**：借助形声字的构字规律、生活中常见的事物及熟字加偏旁等学习、整理生字，根据具体语境纠正常见错别字。进一步熟练、整洁地书写汉字
阅读与鉴赏	**已有经验**：初步学习有感情地朗读，分角色读，读出语气。学习联系上下文，结合生活经验，理解难懂的词语和句子的意思。能从几个方面理解文章的主要内容，能感受作品优美的语言，表达对文章中优美语言的感受。积累有新鲜感的词句。 **最近发展区**：能有感情地朗读课文。学习抓住事情的起因、经过、结果，关注主要人物和事件，了解故事情节，把握文章主要内容。体会文章准确生动的表达，感受鲜明的人物形象。通过批注、摘抄积累语言材料
表达与交流	**已有经验**：学生已有24次口语交际经验，包括"商量""注意语气"等主题。多次看图写话和8次习作经验，习作主要以童话、写人、写游戏为主。 **最近发展区**：发表看法不跑题，不重复别人的话，学会使用恰当的手势、语气表达。本学期习作主要以写人记事为主
梳理与探究	**已有经验**：学生已有书写素养大赛，小组、班级聊书，观察植物等经验。 **最近发展区**：连续观察，有条理地表达

二、课程目标

1. 通过查阅工具书、阅读文本、参加书写素养大赛等方式，识记250个汉字，会写300个生字和200个生词，规范、端正、整洁地书写硬笔楷书。积累和梳理语言材料，发现汉字的构字规律，在真实的语言文学运用情境中独立识学写字，体会汉字的文化内涵。

2. 通过边读边想象画面、做批注、关注主要人物和事件等方法，解释关键词句在情境中的内涵。把握文章的主要内容，表达对文章中优美语言、鲜明的人物形象和文章思想感情的阅读感受。在课外阅读中实践运用所学阅读方法，进一步提升阅读能力和审美情趣。

3. 通过读书交流会，综合性学习等实践活动，与他人分享故事内容、阅读感受和学习成果。观察周围世界，按一定的顺序写下自己的见闻、感受和想法，把新奇有趣或印象深刻、最受感动的内容写清楚。尝试在习作中运用平时积累的语言材料，根据表达需要正确使用标点符号，进一步提升语言文字的运用能力、表达与交流能力。

4. 观察大自然，积极参与语文实践活动，尝试用流程图和文字记录学习活动的过程，乐于向他人呈现自己的观察与探究所得。尝试运用语文并结合其他学科知识解决问题，提升解决实际问题的能力和思维意识。

三、学习主题/活动安排

本册教科书安排了126课时的教学内容。教学内容及课时数安排如下：

课程维度	课程安排		课程内容	课时分配及占比	学习方式
基础性课程	上学期	语文	学习部编版小学语文四年级上册内容，包括6个阅读单元，1个阅读策略单元和1个习作单元	单周7节双周6节	小组合作情境实践作业完成
拓展性课程	上学期	传统文化	诵读原创经典，感怀名人志士，了解古人生活中的一些规矩和礼节，感受优秀传统文化中的细节，懂得"笃学善思""博文约礼"	每周1节	诗词朗读经典赏析学习闯关
		经典诵读	背诵哲理主题和节俗主题的十四首古诗和《大学》节选。开发校本课程资源	利用早读或中午、晚上等碎片化时间进行积累	诗词朗读诗词积累古诗擂台赛
		翰墨飘香	巩固钢笔书写，结构合理。继续学习软笔书写笔法和姿势。了解欧体的书写特点	每周1节+每天习字15分钟	日常练字参与书写素养大赛

课程 维度	课程 安排		课程内容	课时分配 及占比	学习方式
创生性 课程	上学期	书韵 芳菲	学习《书香·印记》(四年级上册),阅读《中国神话传说》《世界经典神话故事与传说》等书籍	间周1节+课外时间	课外阅读 阅读批注 思维导图
		雏凤 清音	学生学讲神话故事,通过聊书活动创造性地复述神话故事,感受神话中鲜明的人物形象	课前展示+活动评选	小组展示 参与小讲师评选

四、评价设计

根据学期目标,从基础性课程、拓展性课程、创生性课程三个方面进行评价设计。评价项目包括过程评价(30%)和结果评价(70%)两部分。具体内容如下:

过程性评价(权重:30%)				
评价项目		评价要素	评价等级描述	评价方式
基础性 课程	课堂学习 (权重5%)	主动参与 独立思考 合作探究	根据思考、交流、合作的程度,分为A、B、C、D四个等级,分别得5分、4分、3分、2分	课堂观察 小组记录
	作业评价 (权重5%)	表达能力 书写水平 语文意识	根据作业完成情况,分为A、B、C、D四个等级,分别得5分、4分、3分、2分	常规检查 师评互评
拓展性 课程	传统文化 经典诵读 (权重5%)	诗词积累 数量 传统文化 素养	根据学生积累诗词数量,分为班级、年级、校级"国学小名士",校级5分、年级4分、班级3分	日常评价 古诗擂台 诗词大会
	翰墨飘香 (权重5%)	书写习惯 书写质量	根据书写能力层级,分为A、B、C、D四个等级,分别得5分、4分、3分、2分	书写素养大赛

续表

过程性评价（权重：30%）				
评价项目		评价要素	评价等级描述	评价方式
创生性课程	书韵芳菲（权重5%）	阅读数量 读书摘抄 阅读质量	记录每日阅读打卡情况，每本书阅读批注以及积累笔记情况，分为A、B、C、D四个等级，分别得5分、4分、3分、2分	书蕴少年评选
	雏凤清音（权重5%）	阅读质量 表达能力	每学期举行绘本故事、读书小报、讲故事、演故事等比赛，或者开展一次读书交流活动等，按学生表达能力分别赋5分、4分、3分、2分	凤鸣小讲师评选 最美朗读者
终结性评价（权重：70%）				
低年级		童趣闯关	知识素养60%　阅读素养20%　表达素养30%	
高年级		纸笔测试	积累运用40%　快乐阅读30%　真情习作30%	

评价结果处理：

本学期学业评价总分100分，所有成绩最后将转化为对应等级，成绩≥85分为优秀，70~84分为良好，60~69分为及格，低于60分为不及格。评价结果的反馈用于学生成长档案、教师绩效考核、学困生转化。

小学语文四年级上册第五单元教学方案　叁

本方案由凤林小学姜媛元组织设计，适用于部编版小学语文五四学制四年级上册第五单元，计划课时为7课时。

一、背景分析

（一）依据语文要素，对接学段目标

语文要素		对应的学段目标（第二学段）
阅读	了解作者是怎样把事情写清楚的	阅读与鉴赏	2.体会课文中关键词句表情达意的作用。 3.能初步把握文章的主要内容。 4.初步感受作品中生动的形象和优美的语言
习作	写一件事，把事情写清楚	表达与交流	4.观察周围世界，能不拘形式地写下自己的见闻、感受和想象，注意把自己觉得印象最深、最受感动的内容写清楚

（二）运用课标分解法，分析学段目标

阅读：通过借助关键词句、带着问题默读或了解故事的起因、经过、结果的方法，概括文章的主要内容，感受作品中美好的人物和童话形象。通过联系上下文、联系生活实际、想象画面等方法，圈画关键词句，说出并读出作者表达的情感。

习作：能通过多种方式观察周围的事物，按一定顺序写下自己看到的、听到的、想到的事情，把事情发展过程中的重要内容写清楚。

（三）分析单元内容，制订单元目标

1. 单元整体说明

本单元是习作单元，包括精读课文（《麻雀》《爬天都峰》）、交流平台、初试身手、《我家的杏熟了》《小木船》习作例文和习作《生活万花筒》，旨在落实阅读要素和习作要素。文本内容的选择、课后习题的设计及语文园地内容的安排，均紧紧围绕语文要素，从不同角度逐步推进。

2. 单元内教材分析

对单元教材进行分析，梳理出单元每一板块所承载的教学价值：

交流平台	内容	显性知识	
		按一定顺序写	重要内容写清楚
（1）写一件事，要把事情的起因、经过、结果写清楚。	《麻雀》	按照事情的起因、经过、结果的顺序	写出自己看到的、听到的、想到的，展现重要内容
（2）把看到的、听到的、想到的都写下来。	《爬天都峰》	按照"爬山前—爬山中—爬上峰顶后"的顺序	抓住怎么想、怎么说、怎么做，把过程写清楚
（3）时间、地点、人物要交代明白。	《我家的杏熟了》	按照事情发展的顺序	通过动作和语言把过程写清楚
（4）写事情要按照一定的顺序	《小木船》	按照事情发展的顺序	通过怎么说、怎么做、怎么想，重点描写过程

3. 单元间教材分析

学生"写一件事"，要经历"写完整—写清楚—写感受—写具体"的能力进阶。在本单元学习中，学生要在"写完整"的基础上迈向学习"写清楚"的高层级。因此，学生在习作方面的生长点为将一件事写完整。"写清楚"也在把"事情写完整"的基础上进行。

4. 学情调研

为精准把握学生实际情况，通过对学生日记"记一件印象深刻的事"进行综合分析，重点剖析三个问题：

"写清楚一件事"学情调研问题设计

测评内容	指向目标	具体指标
记一件印象深刻的事	选择印象深刻的事	能否选择自己亲身经历或看到的、听到的典型事例
	把事情经过写清楚	能否按一定的顺序，把起因、经过、结果写清楚
	把重点内容写清楚	能否把看到的、听到的或想到的内容写清楚

"写清楚一件事"学情调研分析结果

指标	基本达成	存在问题	问题占比	现状分析
（1）能否选择自己亲身经历或看到的、听到的典型事例	23	22	48.9%	**存在问题**：选取的内容不够典型、新颖，不能给人留下深刻印象。 **问题说明**：没有捕捉生活素材的意识，对待印象深刻的事无记录习惯
（2）能否按一定的顺序，把起因、经过、结果写清楚	28	17	37.8%	**存在问题**：不能按照事情发展顺序把事情写完整，语言存在反复，或是重点写起因，略写经过和结果。 **问题说明**：存在流水账现象，根据口语经验，只是交代事情，要素不全
（3）能否把看到的、听到的或想到的内容写清楚	16	29	64.4%	**存在问题**：内容平铺直叙，缺乏真实生活代入感。不能把事情当时发生的情况写清楚，或是只重点记录无用的对话。 **问题说明**：平均用力，对于事情过程的描写不详细

二、单元目标

1. 能认识11个生字，读准1个多音字，会写25个字，会写25个词语。

2. 能借助角色关系图和情节发展图把握文章的主要内容，知道按事情发展的顺序把事情写清楚，体会作品中美好的形象。

3. 能通过品读关键词句，知道抓住怎么想、怎么说、怎么做，把事情发展过程中的重要内容写清楚，体会文章的思想感情。

4. 能运用所学方法按一定顺序把印象深刻的事写清楚，表达自己对生活的热爱。

三、评价设计

（一）单元表现性大任务：

学习了写清楚一件事的方法，便可以用笔记录生活中那些令人印象深刻的事情，与人分享。最近我们班要制作一期"生活万花筒"班级小报，现在号召全体同学参与设计编辑，最终评选出优秀作品进行展示，期待你的精彩表现！

（二）单元过程性评价：

评价目标	评价任务	评价标准	工具
1. 能借助角色关系图和情节发展图把握文章的主要内容，知道按事情发展的顺序把事情写清楚，体会作品中美好的形象	任务一：明确任务，记录日常生活	说出《麻雀》故事的起因、经过、结果	课堂回答
		说出《爬天都峰》的主要内容，说出课文是按照"爬山前—爬山中—爬上峰顶后"的顺序来写的	
2. 能通过品读关键词句，知道抓住怎么想、怎么说、怎么做，把事情发展过程中的重要内容写清楚，体会文章的思想感情	任务二：走进作家，破解写作密码	圈画出描写老麻雀的词句，说出并读出老麻雀的勇敢无畏	课本
		圈画出体现天都峰高和陡、"我"与老爷爷相互鼓励的语句，说出"我"不敢爬的原因。圈画出表现天都峰高、陡和爬山过程的语句，说出爬上顶峰的原因，读出"我"的敬佩之情	课堂学习单

评价目标	评价任务	评价标准	工具
3. 能运用所学方法按一定顺序把印象深刻的事写清楚，表达自己对生活的热爱	任务三：小试牛刀，实践表达方法	写出在母鸡救子视频中看到的动作、听到的声音及内心感受；选择感受最深的一幕，写出比赛时怎么想、怎么说、怎么做；写清楚做家务的过程，写清楚看到的动作；按照一定顺序写清楚过生日的过程，选择重点内容写出看到的、听到的、想到的内容	练笔评价量表
	任务四：大显身手，分享生活故事	按一定顺序写；完整写出人物、时间、地点等要素；写清楚事情的起因、经过、结果。写清楚印象深刻的部分，写出自己看到的、听到的、想到的，以及过程中怎么说、怎么做、怎么想	习作评价量表

四、学与教活动设计

本单元以单元任务群中的四个子任务为引领，开发了四种课型，即习作开启课、习作方法建构课、习作方法迁移课、习作成果展示课，并对单元内教材结构进行调整和重组，安排7个课时，下设13项学习活动。

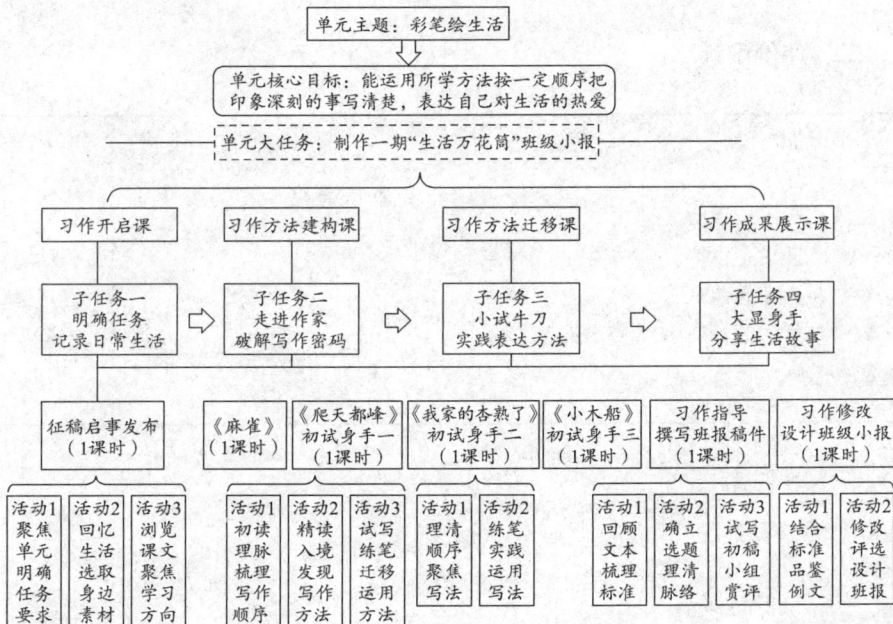

单元主题：彩笔绘生活

单元核心目标：能运用所学方法按一定顺序把印象深刻的事写清楚，表达自己对生活的热爱

单元大任务：制作一期"生活万花筒"班级小报

习作开启课	习作方法建构课	习作方法迁移课	习作成果展示课
子任务一 明确任务 记录日常生活	子任务二 走进作家 破解写作密码	子任务三 小试牛刀 实践表达方法	子任务四 大显身手 分享生活故事

征稿启事发布（1课时）	《麻雀》（1课时）	《爬天都峰》初试身手一（1课时）	《我家的杏熟了》初试身手二（1课时）	《小木船》初试身手三（1课时）	习作指导 撰写班报稿件（1课时）	习作修改 设计班报 评选班级小报（1课时）

活动1 聚焦单元 明确任务要求 / 活动2 回忆生活 选取身边素材 / 活动3 浏览课文 聚焦学习方向 | 活动1 初读 理脉 梳理写作顺序 | 活动2 精读入境 练笔 发现写作方法 | 活动3 试写练笔 迁移运用方法 | 活动1 理清顺序 聚焦写法 | 活动2 练笔 实践 运用写法 | 活动1 回顾文本 梳理脉络 | 活动2 确立选题 理清标准 | 活动3 试写初稿 小组赏评 | 活动1 结合标准 品鉴例文 | 活动2 修改 评选设计班报

肆 《麻雀》课时教学方案

一、课时目标

1. 认识"嗅、奈"等6个生字，会写"荫、嗅"等16个字，会写"打猎、林荫路"等16个词语。

2. 能抓住起因、经过、结果，说出主要内容，知道按事情发展的顺序把事情写清楚，体会老麻雀的无畏。

3. 通过品读关键词句，知道抓住看到的、听到的、想到的，把事情发展过程中的重要内容写清楚，体会母爱的伟大。

4. 通过观看视频，运用本节课所学的方法把母鸡救子的过程写清楚，表达对生命的敬畏。

二、评价设计

评价目标	评价任务	评价标准	评价工具
1. 能抓住起因、经过、结果，说出主要内容，知道按事情发展的顺序把事情写清楚，体会老麻雀的无畏	任务一：初读理脉，梳理写作顺序	说出故事的起因（猎狗要攻击小麻雀）、经过（老麻雀奋不顾身拯救小麻雀）、结果（猎狗被老麻雀的勇气震撼而退缩），理清课文写作顺序及初读课文后的体会	课本 学习单 现场反馈

续表

评价目标	评价任务	评价标准	评价工具
2.通过品读关键词句，知道抓住看到的、听到的、想到的，把事情发展过程中的重要内容写清楚，体会母爱的伟大	任务二：精读入境，发现写作方法	圈画出"像一块石头似的""挓挲""嘶哑的声音"等表现老麻雀母爱的关键词句，说出并读出老麻雀的伟大。说出作者抓住看到的、听到的、想到的，把事情的经过写清楚	
3.通过观看视频，运用本节课所学的方法把母鸡救子的过程写清楚，表达对生命的敬畏	任务三：试写练笔，迁移运用方法	抓住看到的（动作）、听到的（声音）以及想到的（内心感受），写出母鸡救子的勇敢无畏	

三、学与教活动设计

学与教活动设计
学习任务：初读理脉，梳理写作顺序

	学生活动	教师活动
环节一	1.明确课时任务，了解作者，齐读课题。 2.按照起因、经过、结果的把握主要内容的方法，回顾第四单元。 3.明确任务：自由朗读课文，思考课文围绕麻雀写了一件什么事。 4.交流展示 （1）抓住起因、经过、结果，说出课文的主要内容。同桌练说。 （2）知道要把事情写清楚，可以按照事情发展的顺序来写	1.出示单元进阶图，介绍课时任务、作者，板书课题。 2.按照起因、经过、结果把握文章主要内容的方法，谈话回顾第四单元。 3.下放任务：自由朗读课文，边读边思考课文围绕麻雀写了一件什么事。 4.处理信息 （1）提供支架，板书示意图。 （2）总结写作顺序：把事情写清楚，可以按照事情发展的顺序来写

设计意图：承接第四单元学习的方法，学生借助支架迁移运用把握本节课的主要内容，实现学生能力的螺旋上升

续表

学与教活动设计	
学习任务：精读入境，发现写作方法	

学生活动	教师活动
1. 明确任务。 自主默读课文：找出印象最深的一幕。圈画出打动自己的关键词句。组内交流自己的体会并相互补充。 2. 交流展示 （1）抓住"像一块石头似的落在猎狗面前"，交流感受并朗读。 （2）抓住"挓挲"交流感受。想象老麻雀挓挲羽毛的样子，有感情地朗读句子。 （3）抓住"浑身发抖""嘶哑"，交流自己的体会并朗读。 3. 合作朗读课文四、五自然段，发现作者把事情写清楚的方法	1. 下放任务：如果让你在这个故事中选择一幅画面编入名家妙笔解密卡，你会选哪一幕？为什么？找出印象最深的一幕，圈画出打动你的关键词句。说说自己的体会，组内交流补充。 2. 处理信息 （1）质疑论辩：把句子改成老麻雀"像一片树叶似的落在猎狗面前"行不行？ （2）想象画面：老麻雀"挓挲"起全身的羽毛是什么样子，你能想象画面说一下吗？ （3）创设情境：播放麻雀嘶哑叫声的音频。补白内心：此时老麻雀心里会在想什么？ 3. 课文连读，总结把事情写清楚的方法

设计意图：设计一个挑战性任务，让学生自主去文本中探究，感受语言的魅力，发现写作的奥秘，充分展现学生的主体性

学习任务：试写练笔，迁移运用方法	

学生活动	教师活动
1. 观看母鸡救子的视频，交流自己看到的（动作）、听到的（声音）、想到的（内心感受）。 2. 明确任务及评价标准。 3. 借助支架书写片段并运用标准进行练笔赏评。 4. 明确作业	1. 补充资料：播放母鸡救子的视频。 2. 下放任务：抓住自己看到的（动作）、听到的（声音）以及想到的（内心感受），把母鸡救子的过程写清楚。出示评价标准。 3. 提供支架，组织学生书写并赏评。 4. 布置作业：课后整理名家妙笔解密卡，完成课后研学单

设计意图：设计试写练笔，补充与课文情境类似的母鸡救子视频素材，激发学生的写作兴趣，巩固运用所学写作方法，进一步感受伟大的母爱

环节二

环节三

2 济南市纬二路小学数学课程规划

案例点评

本课程将"学导课程"的实施融入课程设计，通过学生的"学"与教师的"导"双主体作用的发挥，强化课堂作用，有利于学生深化学习，实现数学知识结构化，培养核心素养。

课程设计内容完整、总体较为规范。该课程有以下亮点：第一，注重多样化课程资源，尤其是生成性资源的利用，有利于教师与学生在课堂中的交流互动，及时发现并解决问题，让活动过程保持一定的开放性，允许学生和教师的创造性发挥，拓宽了学习内容和形式。第二，在课程实施方面，关注学科实践，引导学生亲身试验和动手实践，结合生活情境展开数学教学。第三，贯彻"学导课堂"的教学组织模式，有利于生成情境性问题，培养学生独立学习和思考的能力。

小学数学学科课程规划方案

本课程规划方案由济南市纬二路小学傅其明、李书峰、石翠翠开发，适用于人教版《数学》（六三制）1–6年级。

一、引言

数学被誉为"自然科学之母"。在义务教育阶段，特别是小学阶段，数学课程是培养公民素质的基础课程，具有基础性、普及性和发展性。具体到小学数学学科的教与学，我们将可持续发展价值观教育作为学科教学的重要立足点，进行实践层面的探索尝试。纬二路小学以立德树人为根本任务，以课程标准为依据，尊重学生的认知规律，激发学生的学习兴趣，以"大观念""大单元""大情境"为引领，创造数学学习的"大空间"，培养学生有方向、敢批判、多角度的数学思维力；培养学生有理有据的数学表达力，实现从知识到能力，从内容到课程。深度关注学导课堂中，"导"为"学"的增值；深度关注学生在学习中的体验，让他们学得有趣又有价值；着力改进"学"与"导"两大系统，促进高质量学习的发生。

二、规划依据（背景分析）

（一）国家课程政策

《教育部关于全面深化课程改革落实立德树人根本任务的意见》指出："课程是教育思想、教育目标和教育内容的主要载体，集中体现国家意志和社会主义核心价值观，是学校教育教学活动的基本依据，直接影响人才培养质量。"因此，深化课程改革，是帮助学生形成适应终身发展和社会发展需要的核心能力和素养的重要载体，为研究和实践课程的育人价值指明了方向。《义务教育数学课程方案（2022版）》的颁布，为进一步实施课程改革提供了政策依据。

（二）学校教育哲学

学校力求最大限度地成全每一个生命，培养向上生长、自主发展、内心充盈的富有生命活力的纬二学子。

（三）学情、校情发展需求及课程资源条件

1. 优势

（1）文化底蕴深厚

学校拥有百年历史，积淀了深厚的历史文化。16年的生命化教育研究，打造了学校尊重生命、温暖生命、成全生命的教育底色。"学导课堂"的深入开展推动了新课程理念在课堂中扎根。

（2）课程建设基础较好

2006年以来，学校数学学科组致力于国家课程校本化实施研究，至今已经18个年头。数学团队始终立足于数学"学导课堂"校本化研究项目，攻坚克难，不断前行。以"最大限度地成全每一个生命"为教育追求，且行且思，笃定而行。

2. 劣势

（1）前期对生命化课堂的探索，虽然在对生命个体的关注理念与方法上有了突破，但学生的课堂学习还处于浅表化、被动化的层次，不能进入深度学习，素养目标难以真正落地。

（2）学生的能力分化较为明显，整体同步推进教学进度的实施难度增大，教师的分层教学能力跟进不足。

（3）近几年较多青年教师加入教师队伍，课程设计与实践能力有所下降。

3. 机会

我们围绕核心素养进行了较为前沿的课程设计与实践研究，指向核心素养的新课程标准（2022年版）的颁布为我们的课程建设提供了难得的机遇。

三、课程目标

（一）学生层面

1. 在合作学习中，获得适应未来生活和进一步发展所必需的数学基础知识、基本技能、基本思想、基本活动经验。

2. 沟通知识间的内在联系，在真实情境中发现和提出问题，提高分析和解决问题的能力。

3. 对数学学习具有求知欲，养成良好的学习习惯，形成质疑、反思和勇于探索的科学精神。

（二）教师层面

1. 以学习者为中心，创造性地实施课程。实现教师教学方式与学生学习方式的转变。

2. 提供丰富的学习资源，发展学生的深度思维，提高思维品质，体验数学思维活动的过程。

3. 在学生学习的过程中，通过多元评价全面了解学生数学学习的过程和结果，激励学生学习，改进教学方式。

（三）课堂层面

1. 课程教学要实现"教—学—评"一致性，教师在教学设计和组织上，一体化地考虑教什么、怎么教、为什么而教，明确教学应达到的预期学习结果。

2. 在"学导课堂"上，以学生的问题导学，合作学习，探索并解决问题，创造性地运用新知识，引导学生学会学习。

四、课程结构、内容与课时分配

（一）课程内容与结构

领域	学段		
	第一学段	第二学段	第三学段
数与代数	1. 数与运算 2. 数量关系	1. 数与运算 2. 数量关系	1. 数与运算 2. 数量关系

续表

领域	学段		
	第一学段	第二学段	第三学段
图形与几何	1. 图形的认识与测量	1. 图形的认识与测量 2. 图形的位置与运动	1. 图形的认识与测量 2. 图形的位置与运动
统计与概率	1. 数据分类	1. 数据的收集、整理与表达	1. 数据的收集、整理与表达 2. 随机现象发生的可能性
综合与实践	重在解决实际问题，以跨学科主题学习为主，主要包括主题活动和项目学习等。第一、第二、第三学段主要采用主题式学习，将知识内容融入主题活动中		

（二）课时分配

年级	周课时总数	数学课时占比	数学周课时数
一年级	26	13%—15%	4
二年级	26	13%—15%	4
三年级	30	13%—15%	4
四年级	30	13%—15%	4
五年级	30	13%—15%	5
六年级	30	13%—15%	5

五、课程实施

（一）细化分解课程标准，解读单元目标

通过分析陈述方式、表述结构和关键词→分析行为表现→确定行为条件→确定行为表现程度，叙写单元学习目标。

（二）编写学期课程纲要

制订学科课程纲要，让学生了解本学期要学习的内容、需达到的目标、应具备的能力、知识的应用范围和评价标准，学会规划学习。

（三）"教—学—评"一致性的逆向教学设计

把"评价任务"前置，做到"教学目标—评价任务—学习活动"的一致性，引导教师把"重环节"的视角转移到"重评价"上，关注学生在课堂上的"深度学习"。

（四）"学导课堂"研究实施

在"学导型自主学习课堂"中，通过师生课堂中双主体作用的发挥，经历"独立学习→合作学习→全班交流→课后反思"的学习过程，使学习与思维发展逐渐深入。

数学教学从核心素养出发，基于特点进行"学导课堂"的探索与实践。从"学"的角度形成课堂汇报的基本流程，规范学生课堂语言，同时建立小组合作学习的运行机制。教师在"导"上进行着力，研究课堂中何时导、如何导的基本路径和策略，最终形成"学导课堂"的基本范式。学习视野的开拓，不仅仅是课程的数量有多么丰富，宽度有多么延展，更重要的是促进学生的深度学习，触摸知识背后的思维、能力、情感等，让学习真正发生。"学导课堂"的创建，引导学生在独立思考与合作学习中，实现知识学习的结构化，逐步形成学科核心素养。

六、课程评价

数学评价要尊重学生的个体差异，关注学生的数学学习过程，注重学生的生活实际。

（一）以发展的眼光多元化评价学生

运用"小思徽章"电子评价系统，根据学生的课堂表现、学习兴趣、学习习惯、学业发展、经历记录等对学生进行即时性评价，全面记录学生的发展变化和成长历程，促进学生学会反思、学会学习。

（二）聚焦学科课堂，强化过程评价

改变以往只重视课堂教学的终结性评价的问题，依据《义务教育数学课程标准》的学业质量标准，落实"学—导—评"一致，强化过程评价。设计任务情境，让学生经历真实的学习过程，并收集相关学习信息；再根据收集的学习信息给予学生学习针对性的反馈；最后依照反馈结果为学生深度学习提供有效的"支架"。聚焦课堂的关键在于教师明确教什么、怎么教、教到什么程度，教师围绕学科关键能力对教材进行系统梳理，形成结构化认知，从而明确教学目标，进而设计有效教学策略及评价任务。

（三）命题改革

以核心素养为导向，笔试与实践测评相结合，兼顾基础性和综合性。利用命题细目分析表增强命题的科学性、灵活性。

题号	知识点	所属知识领域					数学核心素养考察点（可以有重叠）								难易程度	
		所在单元	数与代数	图形与几何	统计与概率	综合与实践	数感	符号意识	空间观念	几何直观	数据分析	运算能力	推理能力	模型思想	1级	2级
一1	运算定律、运算性质的理解	三	√				√	√				√		√	√	
一2	运算定律、运算性质的应用	三	√				√					√				√
一3（1）	乘法分配律的意义理解	三	√				√					√				√
一3（2）	运算定律意义、性质的理解	三	√				√					√				√
二1	乘法分配律的灵活运用	三	√				√					√				√
二2	灵活运用运算定律解决实际问题	三	√			√	√					√				√
三	探究数学规律的方法	三	√				√				√	√	√			√

七、课程管理与保障

（一）组织保障

学校探索出教师专业成长的实践路径。围绕成全生命的核心理念与"学导课程"需求，以数学低、中、高三个小教研组、"石榴林"工作坊等教师学研共同体为实践路径，有效激活教师自主成长和专业成长的源动力。

（二）机制保障

1. 同年级、同学科集体教研是学科教学保证质量、均衡发展、推进改革的基础性环节和根本保障。学科教研与传统的集体备课有着本质的不同，学科教研的重点是"研"。由教师的个人优势变为群体优势，集思广益、协同攻关。

2. 集体教研要形成制度和常态。校本教研要以提高教师专业素养为根本，以提高教学效率、提升学生质量为中心，以研究课标、教材和教法为重点。教务处、教研组（备课组）等要积极组织教学研究活动，不断完善校本教研制度。

3. 积极开展课堂教学研究活动，开展晒课、观课、评课、研课活动。每位教师每学期至少上好一堂研究课，以"纬二好课堂"推进教学研究。

（三）制度保障

优化校本教研制度，修订《教研组集体备课制度》《教研组专题教研制度》。优在"研"，优在"问题解决"，优在"个别化学生"需求上。教研制度主题化、流程化，走向目标的精准化，教师成长的专业化。

（四）资源保障

1. 专家资源保障

根据学科课程及教师专业成长需求，聘请国内专家进行指导。

2. 学习资源保障

畅通图书配备渠道，为教师提供各种学习机会。

小学数学六年级上学期课程纲要

一、与本学期相关的国家课程标准陈述

在理解小数和分数意义的基础上，能进行小数和分数的四则运算，探索数运算的一致性；形成符号意识、运算能力、推理意识。探索圆的面积的计算方法，会计算圆的周长和面积；形成量感、空间观念和几何直观。经历收集、整理和表达数据的过程，会选择合适的统计图表达数据，并作出简单的判断；理解百分数的意义，了解随机现象发生的可能性；形成数据意识和初步的应用意识。应用数学和其他学科知识与方法解决问题，积累数学活动经验，形成数感、量感、模型意识、应用意识和创新意识。

尝试在真实的情境中发现和提出问题，探索运用基本的数量关系，以及几何直观、逻辑推理和其他学科的知识、方法分析与解决问题，形成模型意识和初步的应用意识、创新意识。

对数学具有好奇心和求知欲，主动参与数学学习活动。在解决问题的过程中，体验成功的乐趣，相信自己能够学好数学，感受数学的价值，体验并欣赏数学美。初步养成认真勤奋、独立思考、合作交流、反思质疑的习惯。

二、课程标准、教材、学情综合分析

本学期课程内容丰富，更加关注学生的经验与体验、表达知识的形成过程、鼓励算法多样化，进而改变学生的学习方法。学生在轻松愉悦的环境中学习数学，感受数学的价值。具体表现如下：

1. 在数与代数方面，本册教材安排了分数乘法、分数除法，比、百分

数。分数乘法和除法是在前面学习整数、小数有关计算的基础上进行的，重在培养学生分数四则运算能力以及解决有关分数的实际问题的能力。分数四则运算能力是建立在整数四则运算顺序、法则以及简便运算等学习的基础上，进一步学习数学的重要根本技能，学生应切实掌握。比的初步知识是在学习了除法、分数等知识的基础上进行的，比在生活中有广泛应用，同时是后面学习圆周率、百分数、比例等知识的根底。百分数在实际生活中有着广泛的应用，理解百分数的意义、掌握百分数的计算方法，解决简单的有关百分数的实际问题，也是小学生应具备的根本数学能力。更为重要的是，找到比、除法、分数三者之间的关系，帮助学生初步感知知识间的联系。

2. 在图形与几何方面，本册教材安排了位置与方向（二）、圆两个单元。对于位置的教学，教师应在已有知识和经验的基础上，通过丰富的、现实的数学活动，让学生经历知识的形成过程，理解并学会用距离和方向表示位置；通过对曲线图形——圆的特征和有关知识的探究与学习，初步认识研究曲线图形的根本方法，促进学生空间观念的进一步形成。

3. 在统计方面，本册教材安排的是扇形统计图。在学习了条形统计图和折线统计图的基础上，教师引导学生学会看懂扇形统计图，认识扇形统计图的特点，进一步体会统计在生活和解决问题中的作用，发展数据分析观念。

4. 在用数学解决问题方面，教材结合分数的乘法和除法、比、百分数、圆、统计等知识，引导学生用所学知识解决生活中的简单问题，培养学生发现问题、提出问题、分析问题和解决问题的能力。

5. 在数学思想方法方面，教材除了结合分数的乘法和除法、比、百分数、圆、统计等知识，让学生体会、理解和掌握归纳法、类比法、演绎推理思想、转化思想、数形结合思想、统计思想等思想方法外，还安排了"数学广角"的教学内容，引导学生通过观察、猜想、推理等活动，理解和掌握数形结合思想、归纳法、演绎推理思想、极限思想，体会运用数学思想方法解决问题的有效性、优越性，发展学生的综合素养。

本册教材依据学生所学习的数学知识和生活经验，安排了两个数学综合与实践主题活动，让学生通过小组合作的探究活动或有现实背景的活动，运用所学知识解决问题，体会探究的乐趣和数学的实际应用，感受应用数学的愉悦，培养学生的数学应用意识和实践能力。

本学期课程内容知识点散、多，难度相比以前增大不少，但六年级的学生已具有一定的知识和生活经验，只要在平时的学习中，注重对思维能力、口头表达能力、动手操作能力的训练，养成踏实、细致的学习态度，应能顺利完成学习任务，并为今后的学习打下坚实基础。

三、课程目标

1. 结合具体情境，通过画图等方法，进一步理解百分数和分数的意义，理解算理、掌握算法，会进行简单的四则混合运算和简便计算，并解决生活中的问题。

2. 在具体情境中，理解比的意义和性质，会求比值和化简比，会解决有关比的简单实际问题。

3. 通过观察操作活动，掌握圆的特征，会用圆规画圆；在探索活动中理解并掌握圆的周长和面积公式，能够进行正确计算。知道圆是轴对称图形，进一步认识轴对称图形；能运用平移、轴对称和旋转设计简单的图案。让学生了解并感受数学文化的美。在动手操作与自主探究中，促进学生空间观念的发展。

4. 通过观察操作，能在方格纸上用数对表示位置，初步体会坐标的思想。

5. 通过观察操作，认识扇形统计图，能根据需要选择合适的统计图表示数据。培养数据意识，养成用数据说话的习惯。

6. 运用数形结合和知识迁移，逐步加强学生学习能力和应用意识的培养，初步形成观察、分析及推理的意识。

四、学习主题与活动安排

本学期将继续贯彻落实学校数学"学导课堂"的教学组织模式，借助"大单元""大观念""大问题"教育理念，有效创设问题情境，设置学生生成、探究、交流的问题，开展学习活动。学习过程以小组合作和讲练合一的方式进行，在课堂上积极开展小组合作并解决问题，培养学生独立学习、主动学习的能力，以此提高学生的综合素养。

单元	单元专题	学习内容	课程内容说明	课时	周次
开学第一课		作业展示课	作业展示	1	1
课程纲要分享课		分享《课程纲要》	大致了解本册书的内容	1	
数与代数	分数乘法	分数乘整数	分数乘整数	1	2
		一个数乘分数	分数、小数乘分数	3	
		乘法运算定律推广到分数	乘法运算定律推广到分数	1	
		解决问题	解决问题	2	
	分数除法	倒数的认识	倒数的认识	1	3
		分数除法	分数除法	4	
		解决问题	解决问题	3	4
	比	比的意义	比的意义	1	7
		比的基本性质	比的基本性质	2	
		比的应用	比的应用	2	
	百分数（一）	百分数的意义	百分数的意义	1	8
		百分数与分数、小数的互化	百分数与分数、小数的互化	2	9
		百分数的一般应用	百分数的一般应用	1	

单元	单元专题	学习内容	课程内容说明	课时	周次
图形与几何	位置与方向（二）	用方向和距离描述平面上两个点的相对位置关系	用方向和距离描述平面上两个点的相对位置关系	2	10
	圆	圆的认识	圆的认识	2	11
		圆的周长	圆的周长	2	
		圆的面积	圆的面积	1	
			解决问题	2	
		扇形的认识	扇形的认识	1	
统计与概率	扇形统计图	统计	扇形统计图	3	12
综合与实践		确定起跑线	确定起跑线	1	13
		节约用水	节约用水	1	
数学广角	数与形		例1：初步认识"数与形"	1	14
			例2：通过数形结合的方法，描述出数列的规律	2	
总复习		数学活动	数学活动	1	15
		综合练习	综合练习	2	

———◦ 实施要求 ◦———

1. 分数乘法：利用情境，通过理解分数乘法的意义，理解和掌握分数乘法的计算方法。借助直观图示，帮助学生理解算理，引导学生参与操作活动，借助直观、手脑并用、数形结合，在理解算理的基础上掌握算法，同时引导学生交流并归纳总结计算方法。

2. 位置：利用学生已有的生活经验和知识，通过观察、分析、独立思考、合作交流等方式，把用生活经验描述位置上升为用数学方法确定位置；

利用教材中提供的素材，教师在教学中适时渗透数形结合的思想和方法，引导学生感悟数对与位置的一一对应思想，发展数学思维，培养空间观念。

3. 分数除法：通过观察、分析，理解倒数的意义，掌握求倒数的方法；体会分数除法的意义，理解并掌握分数除法的计算方法，会进行计算，解决实际问题，体验解决问题策略的多样性。

4. 比：联系所学知识，引导自主学习，在探索的过程中不仅要知道"怎样做"，也要思考"为什么要这样做"。采取对比的方法，知道并理解比、除法、分数之间的联系和区别，使新旧知识融会贯通。

5. 圆：加强动手操作，如通过画一画、剪一剪、围一围等多种方式，认识圆的特征，探索圆的周长和面积的计算公式。引导用割补等方式把圆转化成长方形来计算面积，体会和掌握"转化"这种数学思想。

6. 分数：通过新旧知识——分数、百分数之间的联系和沟通，在已有知识的基础上进行迁移类推，进而掌握新知。充分利用教学资源，体会百分数与生活的联系。

7. 统计：利用已有知识，以百分数的意义引出扇形统计图，根据扇形中圆心角的大小决定扇形的大小来理解扇形统计图的特点。注重从统计的意义和作用出发，体会扇形统计图的特点和用途。引导学生根据不同的统计目的和数据特点，合理选择统计图。

8. 数学广角：通过观察、分析，尝试数形结合，相互印证，并感受用形来解决数的有关问题的直观性和简捷性。通过数形结合的方法，利用图形的规律，从不同的角度，尝试用自己的语言描述数列的通用模式。

五、评价活动与成绩评定

本学期课程评价由过程性评价和结果性评价两部分组成，以百分制计算，结果由等级呈现。其中，过程性评价占30%，结果性评价占70%。

评价项目	评价要素	评价等级	评价方式
课堂评价（10%）	1. 认真听讲，不做与学习无关的事情。 2. 认真思考，积极发言；回答问题语言规范，善于提出有价值的数学问题。 3. 敢于提出疑问，别人回答问题时认真聆听	A、优秀10 B、良好8 C、合格6	各小组长记录小组成员的发言及表现：学生自评、同学互评、教师评价
作业评价（10%）	1. 能够独立、正确、按时且高质量地完成课内外作业。 2. 及时订正作业中的错题，主动请老师再次批改。 3. 能正确完成"课前口算5分钟"，正确率至少达到90%	A、优秀10 B、良好8 C、合格6	通过作业批改记录及作业展览：学生自评，同学互评，教师评价，小组评价，家长评价
单元总结性评价（10%）	1. 单元知识梳理。 2. 单元测试。 3. 能独自全面、正确、清晰地梳理单元知识	A、优秀10 B、良好8 C、合格6	通过数学小报的展评，课堂发言：学生互评，教师评价，小组评价，家长评价
终结性评价（70%）	测试（以期末学业水平测试卷面成绩的70%计入）		

（一）过程性评价（30%）

过程性评价的评价细则如下表所示。

一级指标	二级指标	评价细则	评价等级
养习惯	学具准备	所需文具、课本、学具等摆放整齐，桌面干净整洁	
		所需文具、课本、学具等摆放有序，桌面比较干净整洁	
		所需文具、课本、学具等摆放到位，桌面比较干净整洁	
	预习	认真独立完成导学单，明确学习任务，书写规范	
		比较认真完成导学单，明确学习任务，书写规范	
		比较认真完成导学单，明确学习任务，书写比较规范	

续表

一级指标	二级指标	评价细则	评价等级
养习惯	双姿	坐姿端正，书写姿势规范	
		坐姿端正，书写姿势比较规范	
		坐姿比较端正，书写姿势比较规范	
	阅读	安静、全神贯注，带着思考阅读	
		比较安静、全神贯注，带着思考阅读	
		比较安静、能做到全神贯注地进行阅读	
善思考	倾听	认真倾听老师或者其他同学的发言，并做好课堂笔记	
		能比较认真地倾听老师或者其他同学的发言，并做好课堂笔记	
		能比较认真地倾听老师或者其他同学的发言，并对课堂内容有一定记录	
	表达	声音洪亮，能清楚地表达想法，做到有条理、不重复，态度大方	
		能清楚地表达想法，做到有条理、不重复，态度大方	
		能比较清楚地表达想法，做到不重复，不啰唆，态度大方	
	合作	能愉快地接受组长交给的任务，主动与他人互动交流、讨论，做好展示准备	
		能愉快地接受组长交给的任务，主动参与互动交流、讨论，做好展示准备	
		能愉快地接受组长交给的任务，参与互动交流、讨论，做好展示准备	
勤落实	堂堂清（课堂检测）	正确完成课堂检测，对题率达到85%以上	
		比较正确完成课堂检测，对题率达到70%以上	
		能完成课堂检测，对题率达到60%以上	

一级指标	二级指标	评价细则	评价等级
勤落实	日日清（基础+拓展）	能认真完成当天的学习任务，对出现的问题及时纠正	
		能比较认真地完成当天的学习任务，纠正出现的问题	
		能完成当天的学习任务，纠正出现的问题	

过程性评价＝"学导课堂"学科素养评价（20%）＋单元评价（10%）

课堂素养评价主要由生生互评和教师评价两部分组成。其中"养习惯"部分由同桌两人互评完成，课堂上"合作"的部分，由组长完成，其余部分由教师当堂评价完成。

（二）结果性评价（70%）

每学期末进行综合性检测评价。

叁 "分数除法"单元教学方案

一、背景分析

（一）课标的相关要求描述

人教版数学六年级上册第三单元"分数除法"隶属于数与代数领域中关于数与运算知识范畴。"分数除法"这一单元是小学阶段培养学生运算能力这一数学核心素养的重要载体。

1. 在《义务教育数学课程标准（2022年版）》中关于这一部分学习内容的目标要求如下："能进行简单的小数、分数四则运算和混合运算，感悟运算的一致性，发展运算能力和推理意识。"

2. 在《义务教育数学课程标准（2022年版）》中关于这一部分内容，对学生的学业要求是"能进行简单小数和分数的四则运算和混合运算（不超过三步），并说明运算的过程。能在较复杂的真实情境中，选择恰当的运算方法解决问题，形成运算能力和推理意识"。

（二）教材内容分析

分数除法的计算教学一直是小学数学教学的重点和难点。要合理有效地进行教学设计，就需要关注知识的内在联系，了解单元前后内容的内在逻辑。从本单元在教材体系中的地位可以看出，分数除法既是对分数乘法、整数除法等内容的深化和巩固，又是比、百分数等知识的基础，其中蕴含了多种数学核心素养。

运算能力、应用意识
推理能力、模型意识

核心素养

分数的初步认识
分数的意义和性质   巩固   分数除法   基础   比、百分数
分数乘法   深化
整数除法

解决问题

建模：一个数 $\div \dfrac{几}{几}$

一个数 $\div \left(1\pm\dfrac{几}{几}\right)$

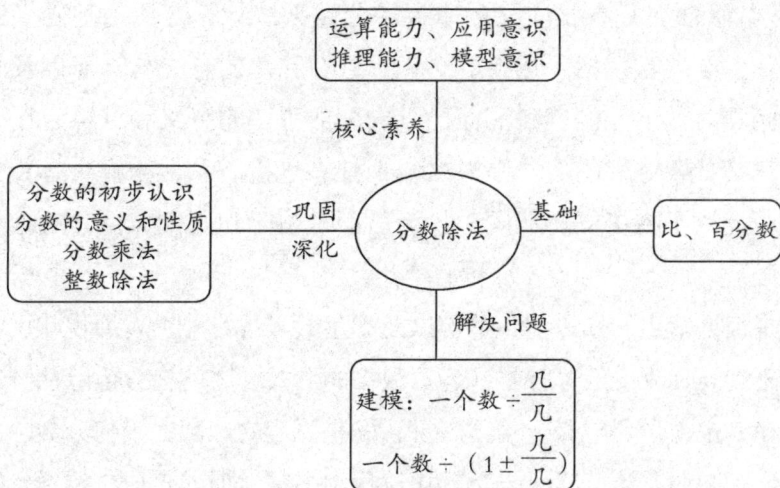

　　三年级"分数的初步认识"是根据具体的折一折、画一画等操作活动建立起几分之一的表象，渗透数形结合思想，有助于发展学生的数感，为之后分数的意义学习埋下伏笔。关于分数及分数运算相关知识的学习集中在第二学段，五年级学习分数的意义和性质，在经历分数产生的过程中感悟数学文化，引导学生在理解单位"1"的同时渗透模型思想。之后便开始进入分数运算——"分数的加减法"，这也是整数四则运算到分数四则运算的又一次飞跃。教材同样是通过数形结合的方式，引导学生理解同分母加减法的运算法则，并以分数单位作为桥梁，进一步启发学生解决异分母的加减法需要转化为同分母，这样就渗透了转化的数学思想。有了前期大量的分数知识和数学思想作基础，六年级第三单元开始正式学习"分数除法"。到后续学习比、比例、百分数等知识时，能进一步在化最简整数比、求比值、百分数应用中体会其与分数除法的联系。教材这样的安排符合小学生的认知规律，遵循了螺旋式上升的编排原则。

（三）学情分析

《分数除法》是在学生已经掌握了分数乘法计算方法的基础上进行学习的，其主要内容包括：倒数的认识、分数除法的意义与计算以及解决相关实际问题。本单元内容和前面已学的分数乘法的意义和计算应用、整数除法的意义、解方程的技能等很多知识都有直接联系，为解决有关分数的实际问题提供了更多支持，同时也为后面学习比和比例、百分数打下了坚实的基础。

但是根据学生的知识储备情况以及学生数学思维能力发展现状，学生是第一次碰到同时改变运算符号和运算数据的形式，因此在分数除法计算方法上还存在一定的学习障碍。具体来说，一是算理的理解，为何分数除法可转化为颠倒相乘的方法计算；二是转化过程中书写习惯的养成，要逐步掌握分数除法运算中的算式变化：把除号变成乘号，把除数改成倒数；三是要在运算过程中，特别是混合运算过程中，进行分数乘、除法计算方法的辨析，不混淆计算方法。

从核心素养的养成到《义务教育数学课程标准（2022年版）》对于这一部分内容都提出了"感悟运算一致性"的要求。鉴于以上对于"分数除法"这一单元的分析，我们力求通过大情景、大主题的方式，对这个自然单元重新架构，帮助学生在学习中构建知识团，感受"运算的一致性"。

二、单元目标

1. 通过自主探索、合作学习，掌握倒数的知识；理解分数除法的意义；掌握一个分数除以整数、一个数除以分数的算理并掌握计算方法；能够正确地利用分数除法解决生活中的实际问题。

2. 在猜测、验证等数学探究活动中，引导学生将整数除法、分数除法、小数除法的计算方法进行前勾后连，掌握除法的计算方法，提升思维深度，让学生体会知识体系的整体性和一致性。

3. 在数学活动中，能进行有条理的思考，清晰地表达自己的思考结果；获得探索知识的成就感。

三、评价设计

（一）构建"可见化多元评价任务体系"，培养数学素养

本单元根据学生学习方式、学习方法、思维能力以及知识点的掌握等情况，构建了"评价任务体系"，以可见化的方式评价、引导、激励学生，培养他们的数学素养。

评价内容	评价标准（关键词）	★★★	★★	★
前置性学习	独立完成			
	提出问题			
	主动交流			
	认真倾听			
课堂学习	主动发言			
	认真倾听			
	敢于质疑			
课后巩固	优秀			
	良好			
	一般			

（二）发展性评价，让学生获得成就感

设计基础题、拓展题两个层次的评价内容，全体学生在完成基础题部分的评价后，可选做拓展题，让不同层次的孩子都能获得成就感。

六年级上册第三单元"分数除法"命题细目表														
		所属知识领域				数学核心素养考察点（可以有重叠）							难易程度	
题号	知识点	所在单元	数与代数	图形与几何	统计与概率	综合与实践	数感	符号意识	空间观念	几何直观	数据分析	运算能力	推理能力	模型思想	1级	2级
一-1（1）	分数除以整数的计算方法	三	√				√					√			√	

续表

题号	知识点	所属知识领域					数学核心素养考察点（可以有重叠）								难易程度	
		所在单元	数与代数	图形与几何	统计与概率	综合与实践	数感	符号意识	空间观念	几何直观	数据分析	运算能力	推理能力	模型思想	1级	2级
一1(2)	整数除以分数的计算方法	三	✓				✓					✓				
一1(3)	分数除以分数的计算方法	三	✓				✓					✓				
一1(4)	分数除以分数的计算方法	三	✓				✓					✓				
一2	商与被除数的大小关系	三	✓				✓					✓	✓		✓	
二1	整数运算定律在分数计算中的应用	三	✓				✓					✓	✓			✓
二2(1)	分数除法解决实际问题	三	✓				✓					✓		✓		
二2(2)	工程问题	三	✓				✓					✓	✓	✓		
三	能够用线段图清晰地表达自己的思想并解决实际问题	三	✓			✓	✓					✓	✓			✓

四、学与教活动设计

（一）**教材重构**，体现数学教学的整体性，根据本单元教学内容和学习目标的特点，我们将课时视角转变为知识体系视角，力图构建知识的纵向结构，以便于进行领域和专题的研究。教师将之前学习的整数除法、小数除法知识进行关联，重新架构了本单元的知识网络。这种教材重组能够让学生由一种思想方法推断出另一种思想方法，也就是思想方法的生长，以学习过的旧知识为支撑，帮助学生进行知识构建，形成完整的知识体系，促进学生思维的发展，提升数学素养。同时，教材重构可以促进学生对知识点的正迁移，打通整数除法、分数除法、小数除法计算的壁垒，帮助学生建立知识体系，寻找"计算的通法"。

（二）**单元教学活动设计**

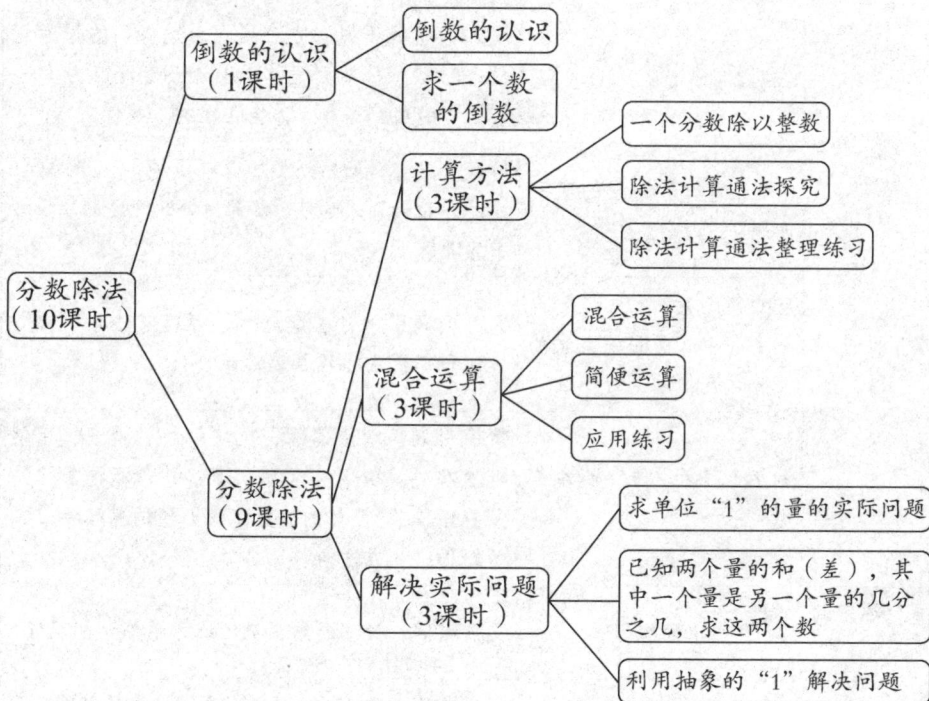

课时安排	知识点	活动设计
单元开启课（1）	倒数的意义和求法	算一算，观察两个乘积是1的数有什么规律；思考互为倒数的两个数有什么特点，会求一个数的倒数
主题探究课（3）	分数除以整数	动手操作：延续上节课的内容，折一折、算一算，结合具体情境和图形，分数除以整数的意义通过平均分的操作活动完成，初步探索分数除法的算法，体会"颠倒相乘"的合理性
	除法计算通法	借助直观图和算式，归纳推理出分数除法的算法。借助直观的面积模型，算一算、填一填，理解分数除法算理，验证算法。通过老师的问题引导进一步思考我们学过的所有除法，是否可以用这样的方法计算；引导学生寻找除法计算的通法
	分数混合运算	问题情境引入，阅读题目，找关键信息，理解题意，能用不同的方法列式表达自己的思考过程；联系整数四则运算，交流不含小括号和含小括号的运算顺序，体会内在的一致性
应用提升课（3）	求单位"1"的量的实际问题	情境引入，借助线段图理解题意，找到单位"1"，正确列式解答，加深对分数问题的数量关系的理解
	已知两个量的和（差），其中一个量是另一个量的几分之几，求这两个数	同类问题引入，理解题意，探究解法，交流方程法和算数法的解题策略
	利用抽象的"1"解决问题	情境引入，理解题意，大胆猜想、验证，用假设法解决分数工程问题。理解并掌握把工作总量看作单位"1"的分数工程问题的基本特点、解题思路和方法
单元练习课（1）	巩固练习	交流疑问，梳理总结，巩固练习本单元知识点
整理拓展课（1）	整理与复习	用喜欢的方法（思维导图、画图、表格等）回顾总结分数除法的相关知识，并进行小组展示

（三）教学活动实施策略

1. "大问题"导学

在本单元的学习中，除了引导学生自主学习、敢于质疑，在课堂中，教师应通过设计"大问题"进行导学，引导学生在大问题情境中开展合作探究，经历完整的学习过程。教师不仅要使学生"知其然"，更要使他们"知其所以然"。引导学生经历从特殊到一般的探索过程，从中领悟相关知识点。体验并学会有方向的思考，能进行批判的思考和多角度的思考，培养深度思维能力。

2. 运用迁移类推，打通知识关联

利用课前自学和质疑找准学生的认知起点，在学生已有的学习经验基础上，全面整合教学素材与资源，找到将零散的知识关联起来的主线。这条主线就是打通各个知识点的内核，即"被除数除以除数等于被除数乘以除数的倒数"。在学习活动中，教师引导学生通过操作、画线段图等方式，直观理解算理。在课程实施过程中，我们要舍得花时间让学生经历计算方法的探索过程，给予学生动手的机会和较充分的时间，在理解的基础上真正感悟算理，指导学生找到其中的相互联系，发现计算通法，提升学生的自主学习能力和思维能力。

3. 指向目标的"逆向教学"设计，提高学生的学习力

借助导学单明确学习目标和任务，在"为什么"的探究中，学生不断进行自我修正，让学习更加主动，提高了学习力。

4. 在"大情景"中提高学生分析问题和解决问题的能力

通过对"大情景"下系列问题的探究，学生在问题分析、问题解决的过程中经历了分析、抽象概括等数学思维活动，引导学生独立思考并反思，体会数学的基本思想和思维方式；让学生感受到分数除法在生活中的广泛应用，体会学习数学的价值。

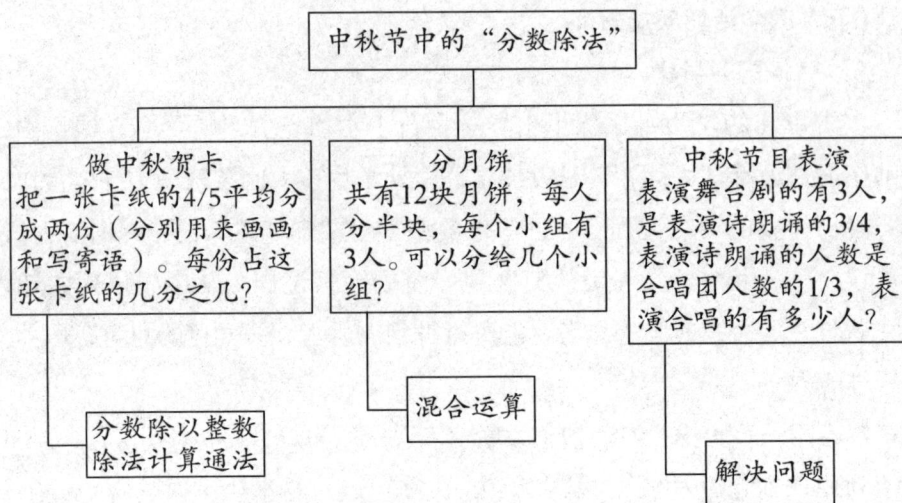

"解决'已知一个数的几分之几是多少，求这个数'的实际问题"课时教学方案

一、课时目标

目标1：借助画线段图理解，通过对比体验用方程解的优势，充分阅读理解后找出已知量与未知量，分析关键信息，通过合理猜想，理清数量关系。掌握"已知一个数的几分之几是多少，求这个数"这类实际问题的解题思路。

目标2：学会用线段图分析题目中的数量关系，并能正确写出等量关系式；在列数量关系时，经历问题解决的过程，提高阅读理解和分析能力。

二、评价设计

目标1：掌握"已知一个数的几分之几是多少，求这个数"这类实际问题的解题思路。

评价任务：1.小组交流预习单，认真倾听，主动发言。

2.全班汇报展示，相互质疑答疑，解决问题。

目标2：经历问题解决的过程，提高阅读理解能力和分析能力。

评价任务：1.在小组交流的基础上，学会用线段图分析题目中的数量关系，小组内能相互修正，并完善线段图的绘制。

2.全班汇报，用不同的解题方法解决实际问题。

3.利用已有的知识画线段图，在找到数量关系的同时，列出方程并解方程。

三、学与教活动设计

──────○ 导学单 ○──────

（一）课前热身：

某个儿童体重为35千克，他体内所含水分占体重的 $\frac{4}{5}$。他体内的水分是多少千克？

要求：先画线段图，列出数量关系后再解答。

（二）自主学习与合作探究：（通过比较复习题与例题1的联系与区别，分析数量关系，在组内讲述自己的解题思路和过程，总结出解决此类问题的方法。）

例1：中秋节来临之际，六（1）班的同学开展了"中秋·团圆"主题活动。其中表演舞台剧的有3人，是表演诗朗诵的 $\frac{3}{4}$。表演诗朗诵的有多少人？

（三）思路导航：

1.读题并理解题意，注意筛选与问题有关的条件，画出线段图来协助理解题意。

2.结合线段图理解题意，分析题中的数量关系，写出等量关系式。

3.这道题中什么是单位"1"？单位"1"是已知的还是未知的？怎样求？根据题中的等量关系列出方程。

4.回顾与反思。（检验所求结果是否正确）

──────○ 课堂活动 ○──────

（一）小组合作，交流预习单，生成问题。

1.组内交流预学单，达成共识并尝试进行归纳总结。

2.每个小组认领分享的预学单内容，进行详细的汇报讲解，达成共识。

3.其余小组可以提出自己的问题，并进行组间的互动交流。

──────○ 目标达成度及评价标准 ○──────

★★★：（1）通过自主学习能独立完成导学单，并能结合自己的预习提出问题。

（2）在小组交流中，能积极主动地参与交流，并能做到认真倾听组员的发言，同时大胆发表自己的意见和建议。

★★：（1）通过自主学习能完成导学单，并能结合自己的预习提出问题。

（2）在小组交流中，能参与交流，并能做到认真倾听组员的发言，敢于说出自己的想法。

★：（1）通过自主学习能完成导学单。

（2）在小组交流中，能参与交流，并能做到认真倾听组员的发言。

（二）创设情境，探索交流。

1. 出示例题。

2. 阅读与理解。

（1）根据学生的回答板书条件和问题。

（2）引导学生筛选有效信息。

3. 分析与解答。

（1）独立思考，理清关系。

（2）集体交流，解决问题。

学生尝试列式计算，可能有列方程解答的，也有用算术方法解答的。

（3）对比分析，优化方法。

4. 回顾与反思。

5. 课堂练习：教科书P37第1-4题。（学生独立分析题意，借助画线段图写出数量关系，正确列式计算解决问题，列方程或是算术法解答均可）

─────○ 目标达成度及评价标准 ─────

★★★：课堂中能做到认真倾听，积极主动发言，敢于提出疑问。同时能用规范的数学语言回答老师或他人提出的问题，对应的相关练习对题率在90%以上。

★★：课堂中能做到认真倾听，主动回答问题。同时能用规范的语言回答老师或他人提出的问题，对应的相关练习对题率在75%以上。

★：课堂中能做到认真倾听，能积极参与课堂中的学习与交流，对应的相关练习对题率在60%以上。

（三）回顾整理，反思提升。

通过本节课的学习，你有什么样的收获？

评价标准：

评价内容	评价标准（关键词）	★★★	★★	★
前置性学习	独立完成			
	提出问题			
	主动交流			
	认真倾听			
课堂学习	主动发言			
	认真倾听			
	敢于质疑			
课后巩固	优秀			
	良好			
	一般			

3

青岛市崂山区育才学校英语课程规划

案例点评

　　该课程规划从顶层设计到单元、课时教学方案，层层推进、环节完整，依托具体语境开展教学，培养学生学科素养，落实学科育人目标，教材分析透彻，落实大单元整体教学，在教学评价上，形成性评价与终结性评价相结合。在具体的教学活动设计中，体现了"教—学—评"一体化。

　　该课程规划方案有以下两点值得称道：一是根据对学生学情的分析，设计分层任务，用任务串的形式，引领学生从听、说、读、写等方面，逐层理解内容、锻炼技能，最终完成主任务，达成学习目标。二是在课堂上采取自主学习与合作学习的形式，引领学生总结教学内容，通过归纳性任务理解本单元相关知识，使学生的听、说、读、写都得到有效实践。

初中英语学科课程规划方案

本课程规划方案由青岛市崂山区育才学校陈金凯开发，适用版本为人教版《英语》7—9年级。

一、引言

英语课程体现工具性和人文性的统一，具有基础性、实践性和综合性特征。本课程资源以人教版教材为基础，以《义务教育英语课程标准（2022年版）》为指导，根据单元主题，结合学情，充分利用网络资源、报刊资源以及生活资源进行了适度拓展。学习和运用英语有助于学生了解不同文化，比较不同文化的异同，汲取文化精华，逐步形成跨文化沟通与交流的意识和能力，学会客观、理性地看待世界，树立国际视野，涵养家国情怀，坚定文化自信，形成正确的世界观、人生观和价值观，为学生终身学习、适应未来社会发展奠定基础。

英语课程是我校语文、数学、英语三大主学科之一，是学校育人必不可少的一环。自建校以来，本课程历经学科组教师的研究、实施、提升、改进，现已经形成了以"民主教学"为特征的实施特色。设计本课程方案，主要是为了进一步有效落实《义务教育英语课程标准（2022年版）》的要求，更好地落实立德树人根本任务。

二、背景分析

（一）国家课程政策分析

中共中央、国务院《关于深化教育教学改革全面提高义务教育质量的意见》提出，要"坚持'五育'并举，全面发展素质教育"，教育部印发的义务教育课程标准和课程方案（2022年版）对义务教育阶段的教学工作进行了具体指导。国家课程政策、通知、意见等文件，为学校建构英语课程体系提供了方向、规则和标准。

（二）社区发展分析

学校地处崂山新区，区域经济发展迅速，信息化程度高，相关建设速度快，人员数量急剧增加，学生的家庭背景多样，社区文化多元，学生的发展需求也呈现多元化。为满足学生多样化的发展需求，实现学生个性化的充分发展，学校不断优化智慧校园设备，丰富课程资源，创新课程实施方式，以促进学生核心素养的发展，满足社区对学校课程的期望。

（三）学校课程目标分析

我校总体课程目标为：经过九年的培育，每个学生都将成为一个"健康、进取、协作、创新"的青少年。"健康"是指具有健康的体质、精神和生活方式等，"进取"是指具有进取的精神，"协作"是指具有合作的能力，"创新"是指具有创新的思维能力。健康是根本，指向国家课程目标的责任和本领；积极和协作是关键，指向责任感和担当意识；创新是发展目标，指向理想和担当，是肩负使命、推动时代发展人才的必要素养。英语作为学校三大学科课程之一，负有充分实现课程目标、提升学科育人效能的职责。

（四）学情分析

随着崂山区经济的快速发展，多层次人才大量涌入，学校生源也日益多样化。总体来看，他们个性活泼、思维活跃、独立意识强、创新能力强，在学科、艺术和体育发展等方面成绩显著，不但在学习测评中居于区域前列，而且在艺、体、实践等方面多表现突出，个性化发展需求强烈。因此，学校需要充分发挥信息技术优势，丰富课程资源，完善"民主智慧"课程体系，以满足学生的多样化发展需求。

（五）课程资源条件

我校现有正高级教师2人，山东省特级教师1人，山东省优秀教师1人，英语市级教学能手8人等教师队伍中以年轻教师居多，创新能力强，是课程解构和建设的强大力量。同时我校作为区域规模最大、享誉区域内外的学校，受到政府、社区、家长的关注与支持，新形势下的多种教育资源也融入了学校课程体系。

（六）学校的教育哲学

以培养适应新时代发展需求的健康、积极、协作、创新人才为目标，学校在研究陶行知和杜威教育理论的基础上，从关注学生"生长"出发，提出了"民主教育"思想，将杜威教育思想与学生"生长"需求相结合，不断探索"素养"教育之路，逐渐形成了以"民主"思想为指导、以"活力"活动为组织形式的教学，重构了教育生态，也为英语课程建设提供了哲学依据。

三、课程目标

基于英语学科核心素养发展需求，学校设定如下课程总目标。

（一）发展语言能力

能够在感知、体验、积累和运用等语言实践活动中，认识英语与汉语的异同，逐步形成语言意识，积累语言经验，进行有意义的沟通与交流。

（二）培育文化意识

能够了解不同国家的优秀文明成果，比较中外文化的异同，发展跨文化沟通与交流的能力，形成健康向上的审美情趣和正确的价值观；加深对中华优秀文化的理解和认同，树立国际视野，坚定文化自信。

（三）提升思维品质

能够在语言学习中发展思维，在思维发展中推进语言学习；初步从多角度观察和认识世界、看待事物，有理有据、有条理地表达观点；逐步发展逻辑思维、辩证思维和创新思维，使思维体现一定的敏捷性、灵活性、创造性、批判性和深刻性。

（四）提高学习能力

能够树立正确的英语学习目标，保持学习兴趣，主动参与语言实践活动；在学习中注意倾听、乐于交流、大胆尝试；学会自主探究，合作互助；

学会反思和评价学习进展，调整学习方式；学会自我管理，提高学习效率，做到乐学善学。

四、学习主题与活动安排

（一）人与自我的主题

人与自我的主题，包括生活与学习和做人与做事主题群，具体内容如下。

1.丰富、充实、积极向上的生活；2.多彩、安全、有意义的学校生活；3.身心健康，抗挫折能力，珍爱生命的意识；4.积极的学习体验、恰当的学习方法与策略、勤学善思；5.自我认识、自我管理、自我提升；6.职业启蒙、职业精神；7.劳动实践、劳动品质与工匠精神；8.货币常识、理财意识、理性消费、信用维护；9.勤于动手、乐于实践、敢于创新。

（二）人与社会的主题

人与社会的主题，包括社会服务与人际沟通，文学、艺术与体育以及历史、社会与文化科学及艺术，具体内容如下。

1.良好的人际关系与人际交往；2.和谐家庭与社区生活；3.志愿服务与公共服务；4.交流与合作、团队精神；5.家乡和社会的变迁、历史的发展、对未来的畅想；6.跨文化沟通与交流、语言与文化；7.中外影视、戏剧、音乐、舞蹈、绘画、建筑等艺术形式中的文化价值和作品赏析，优秀的艺术家及其艺术成果；8.日常体育活动、重大体育赛事、体育精神；9.中外文学史上有代表性的作家和作品；10.世界主要国家的文化习俗与文化景观、节假日与庆祝活动；11.对世界、国家、人民和社会进步有突出贡献的人物；12.公共秩序与法律法规、个人信息安全与国家安全意识；13.身份认同与文化自信；14.社会热点与国际事务；15.科学技术与工程、人类发明与创新。

（三）人与自然主题

人与自然主题，包括自然生态、环境保护、灾害防范、宇宙探索等，具体内容如下。

1.世界主要国家的地理位置，不同地区的生态特征与自然景观；2.热爱与敬畏自然、与自然和谐共生；3.环境污染及原因、环保意识和行为；

4. 自然灾害与防范措施、人身安全与自我保护；5. 地球与宇宙探秘，航天事业发展。

主题	子主题	具体内容
人与自我的主题	生活与学习 做人与做事主题群	1. 丰富、充实、积极向上的生活；2. 多彩、安全、有意义的学校生活；3. 身心健康、抗挫折能力、珍爱生命的意识；4. 积极的学习体验、恰当的学习方法与策略、勤学善思；5. 自我认识、自我管理、自我提升；6. 职业启蒙、职业精神；7. 劳动实践、劳动品质与工匠精神；8. 货币常识、理财意识、理性消费、信用维护；9. 勤于动手、乐于实践、敢于创新
人与社会的主题	社会服务与人际沟通、文学、艺术与体育以及历史、社会与文化科学及艺术	1. 良好的人际关系与人际交往；2. 和谐家庭与社区生活；3. 志愿服务与公共服务；4. 交流与合作、团队精神；5. 家乡和社会的变迁、历史的发展、对未来的畅想；6. 跨文化沟通与交流、语言与文化；7. 中外影视、戏剧、音乐、舞蹈、绘画、建筑等艺术形式中的文化价值和作品赏析，优秀的艺术家及其艺术成果；8. 日常体育活动、重大体育赛事、体育精神；9. 中外文学史上有代表性的作家和作品；10. 世界主要国家的文化习俗与文化景观、节假日与庆祝活动；11. 对世界、国家、人民和社会进步有突出贡献的人物；12. 公共秩序与法律法规、个人信息安全与国家安全意识；13. 身份认同与文化自信；14. 社会热点与国际事务；15. 科学技术与工程、人类发明与创新
人与自然主题	自然生态、环境保护、灾害防范、宇宙探索等	1. 世界主要国家的地理位置、不同地区的生态特征与自然景观；2. 热爱与敬畏自然、与自然和谐共生；3. 环境污染及原因、环保意识和行为；4. 自然灾害与防范措施、人身安全与自我保护；5. 地球与宇宙探秘、航天事业发展

五、评价活动与成绩评定

评价策略包括评价方式与评价主体两部分内容。

评价方式：评价采取终结性评价和过程性评价相结合的方式，终结性评价占60%，过程性评价占40%。

评价主体：评价主体多元化，教师评价和学生互评以及家长参与相结合。

（一）终结性评价（60%）

1. 评价内容

对应语言能力目标：能基于具体情境中理解包括单词、形容词和副词的比较级和最高级、条件状语从句、一般将来时、一般过去时以及情态动词等知识的用法，说出这些用法的基本规则，具体应用中不出现知识性错误。在同等水平的语言材料方面进行听、说、读、写、用等方面的应用，语言应用准确，并能就生活中的相同主题进行自由交流和观点表达。

对应学习能力目标：能通过自主学习掌握基础知识，查找难点问题，能够通过合作学习和借助教师的点拨解决难点问题，并能通过总结学习经验，形成实用的个性化学习策略，并能够向别人解释清楚，形成一定的积极影响力。

对应思维品质目标：能对学习内容进行逻辑分析，回答相关高阶思维问题，并能在情境中应用英语解决问题，包括在节假日、课余活动、人的个性特征、居住的城镇、娱乐活动、生活目标、未来生活、食物制作、邀请和作决定等主题情境中，发挥高阶思维能力，解决新情境里的新问题。

对应文化意识目标：能在理解情境和语言内容的基础上，能简单描述相关国外文化，包括马来西亚、西方学生业余生活、动漫、科技、娱乐生活、食物、聚会，以及心理烦恼等方面的信息，能理解相关情境中的文化并按照该文化内涵进行恰当交流、表达和行动等，并据此解决有关文化理解的真实问题。

2. 评价形式

期末考试成绩（60%）。

（二）过程性评价（40%）

1. 评价内容

学生能够主动思考学习问题，积极回答问题，主动参与合作学习，能获得同伴支持，并积极完成相关任务；能够深入思考和主动表达自己的观点，面对失误能主动纠正，并坚持学习与应用，能形成符合社会主义核心价值观的价值观。

2. 评价形式

学习过程表现，包括学习态度、回答问题的积极性、自主学习效率、合作学习效率等，记录在课堂表现评价栏。（15%）

学生作业情况，包括作业正确率、书写等。（15%）

期中测试成绩。（10%）

贰　初中英语八年级上学期课程纲要

一、背景分析与本学期相关的国家课程标准陈述

《义务教育英语课程标准（2022年版）》强调了课程育人导向，将党的教育方针具体细化为本课程应着力培养的核心素养，课程实施要体现正确的价值观、必备品格和关键能力，要重视学科实践。在具体教学实践中，要以主题为引领，践行学思结合、用创为本的英语学习活动观，注重"教—学—评"一体化设计，并积极推进信息技术与英语教学的深度融合，促进立德树人根本任务在教学中的落实。

二、课程标准、教材、学情综合分析

（一）英语课程标准

《义务教育英语课程标准（2022年版）》强调，教学要依托语境开展，引导学生在真实、有意义的语言应用中整合性地学习语言知识。语音知识方面要能根据重音、意群、语调与节奏等语音方面的变化，实现更好地理解与表达；词汇知识方面要能学会运用词语在特定情境中理解和表达意义；语法知识方面，要帮助学生建立以语言运用为导向的"形式—意义—使用"语法观，引导学生在理解主题意义的基础上，认识到语法形式的选择取决于具体语境；语篇知识方面，要为学生提供接触和体验各种语篇类型的机会，指导学生学习不同文体特有的语篇结构和语言特征，关注语篇的各个组成部分及所用的语言是如何表达意义的，建立文体图式、内容图式和语言图式，避免单纯讲授语篇知识；语用知识方面，帮助学生树立语境意识，有效实现与他人的沟通与合作。

在实际教学中，要指导学生自主建构和内化新知，发展独立思考和合作解决问题的能力，引领学生在真实情境中，利用结构化新知完成真实任务，解决实际问题；积极开展英语综合实践活动，提升学生运用所学语言和跨学科知识创造性解决问题的能力。

（二）教材编排特点

本册教材共10个单元，每个单元都分为Section A和 Section B两部分，分别侧重通过听、说来体验、感知语言和通过读、写来巩固和运用语言。每个单元的内容设计采用了任务型模式，融会话、交际和语言于一体，结构化特征明显，易于学习和应用。教材内容有与时俱进的情感态度价值观渗透，有利于展现学生的时代精神风貌。

（三）教材内容特点

本册语法知识比较多，包括形容词和副词的比较级和最高级，条件状语从句，一般将来时，一般过去时以及情态动词的用法。本册教材话题包括节假日、课余活动、人的个性特征、居住的城镇、娱乐活动、生活目标、未来生活、食物制作、邀请和作决定等，与学生实际生活密切相关。

（四）学生学习、生活等情况

学生经过小学和七年级的英语学习，有一定的英语语言基础和能力，生活经验也能与教材话题情境对接，能够基于情境和经验理解相关知识，掌握并能灵活运用相关语言技能。学生在学校素养导向的教学中锻炼了自主和合作学习能力，有一定的研究学习能力，能够主动解决相关语言知识与技能难点，在一定程度上发展了用英语解决问题的能力。所以，在教师的指导下，学生能够发挥学习能力，主动完成学习任务，实现学习目标。

三、课程目标

（一）英语学科核心素养之语言能力方面

通过在情境中理解和应用英语知识、掌握英语语言技能，包括单词、形容词和副词的比较级和最高级，条件状语从句，一般将来时，一般过去时以及情态动词等知识的用法，并能在同等水平的语言材料方面进行听、说、读、写、用等方面的应用。

（二）英语学科核心素养之学习能力方面

通过自主和合作学习，在掌握知识与技能的同时，学会调整学习策略，总结学习经验，形成实用的个性化学习方法，并能对元认知策略进行自我评价和调整，提高学习效率。

（三）英语学科核心素养之思维品质方面

通过针对学习内容的逻辑分析、在情境中应用英语解决问题，包括在节假日、课余活动、人的个性特征、居住的城镇、娱乐活动、生活目标、未来生活、食物制作、邀请和作决定等主题情境中，用英语交流、沟通、做事，从而锻炼高阶思维能力，提升迁移能力，培养创新能力。

（四）英语学科核心素养之文化意识方面

通过理解情境和语言内容，深入理解中华优秀传统文化，了解相关国外文化，包括学生业余生活、动漫、科技、娱乐生活、食物、聚会、心理烦恼等方面以及解决此类问题的方式，能够理解相关文化下的观念和行为，拓宽视野，增强跨文化意识，坚定文化自信。

四、学习主题/活动安排

周次	教学内容	实施要求
第一周	Unit 1 Section A——Section B（1e）	创设度假情境，以How to talk about your vacations 为大任务，引领单元整体教学
第二周	Unit 1 Section B（2a）– Self Check；Unit 2 Section A–Section B（1e）	习题课：先学后教，以学生为主体。新授课：实施主问题引领下的大单元教学，完成课堂调查和课后调查活动
第三周	Unit 2 Section B（2a-Self Check），（2课时）；Revision of Unit 1+2，（2课时）	做好归纳整理，引领学生迁移应用，并结合生活进行表达训练

续表

周次	教学内容	实施要求
第四周	Unit 3 Section（1a）-Section B（2e）	问题引领，创设真实情境，引领大单元主题教学
第五周	Unit 3 Self-Check，（1课时）；Unit 4 Section A（1a）-Section B（2e），（3课时）	先学后教，以学生为主体；设单元主题的生活情境，引领大单元主题教学
第六周	国庆节假期	
第七周	Unit 4 Self-Check，（1课时）；Revision of Unit 3+4，（3课时）	归纳整理，迁移应用，并结合生活话题进行表达训练。
第八周	Unit 5 Section A（1a）-Section B（2e），（4课时）	通过问题引领学生表达对电视节目的观点，创设课堂主题的情境，引领单元主题教学
第九周	Unit 5 Check，（1课时）；Revision，（3课时）	问题引领，创设课堂主题的情境；归纳整理，迁移应用
第十周	Revision，（Unit 1-5）	归纳整理，形成知识系统；迁移应用，结合生活实际和学生个体经验进行表达训练
第十一周	Revision and mid-term examination，（3课时）	基于学生检测数据，引导学生分析、归纳检测中体现的优缺点
第十二周	Unit 6 Section A（1a）-Section B（2e），（4课时）	由What do you want to be when you grow up 引领学生表达对未来职业的看法，创设课堂主题的情境，引领单元主题教学
第十三周	Unit 6 Section B（3a）-Self Check，（1课时）；Unit 7 Section A（1a）-Section B（2e），（3课时）	学生自主完成教材习题，小组讨论，教师点拨；问题引领创设单元主题的情境，引领单元主题教学
第十四周	Unit 7 Section A（3a）- Self Check，（1课时）；Revision of Unit 6-7，（3课时）	引导学生自主复习单元重点知识并形成体系；归纳整理，形成知识系统，迁移应用，结合生活实际和学生个体经验进行表达训练
第十五周	Unit 8 Section A（1a）- Section B（2e），（4课时）	引领学生思考和表达对食物的做法，创设单元主题的情境，引领单元主题教学

续表

周次	教学内容	实施要求
第十六周	Unit 8 Section B（3a）–Self Check,（1课时）；Unit 9 Section A（1a）–Section B（1e）,（3课时）	引导学生理解节日食品话题；创设邀请朋友参加聚会的情境，引发学生思考，创设单元主题的情境，引领单元主题教学
第十七周	Unit 9 Section B（2a）–Self Check,（2课时）；Revision of Unit 8–Unit 9,（2课时）	问题引领，引发学生思考，创设情境，引领主题教学；归纳整理，迁移应用
第十八周	Unit 10 Section A（1a）–Section B（2e）,（4课时）	问题引领，采取自主学习与合作学习的形式
第十九周	Unit 10 Section B（3a）–Self Check,（1课时）；Revision and final examination,（3课时）	归纳整理，巩固这两单元话题语言知识和语用能力，形成知识系统，迁移应用

五、评价活动与成绩评定

评价策略说明：评价采取终结性评价和过程性评价结合的方式：终结性评价占60%，过程性评价占40%，总评成绩低于总分60%的学生需要补考。

评价主体：评价主体多元化，教师评价和学生互评以及家长参与相结合。

（一）终结性评价（60%）

1. 评价内容

对应语言能力目标：能基于具体情境中理解包括单词、形容词和副词的比较级和最高级，条件状语从句，一般将来时，一般过去时以及情态动词等知识的用法；能说出这些用法的基本规则，具体应用中不出现知识性错误，在同等水平的语言材料方面进行听、说、读、写、用等方面的应用；语言应用准确，并能就生活中相同主题进行自由交流和观点表达。

对应学习能力目标：能通过自主学习掌握基础知识、查找难点问题，能够通过合作学习和借助教师的点拨解决难点问题，通过总结学习经验，形成实用的个性化学习策略，并能够向别人解释清楚，形成一定积极影响力。

对应思维品质目标：能对学习内容进行逻辑分析，回答相关高阶思维问题，并能在情境中应用英语解决问题，包括在节假日、课余活动、人的个性特征、居住的城镇、娱乐活动、生活目标、未来生活、食物制作、邀请和作决定等主题情境中，发挥高阶思维能力，解决新情境里的新问题。

对应文化意识目标：能在理解情境和语言内容的基础上，简单描述相关国外文化，包括马来西亚、西方学生业余生活、动漫、科技、娱乐生活、食物、聚会，以及心理烦恼等方面的信息，能理解相关情境中的文化并按照该文化内涵进行恰当交流、表达以及行动等，并据此解决有关文化理解的真实问题。

2. 评价形式

期末考试成绩（60%）。

（二）过程性评价（40%）

1. 评价内容

能够主动思考学习问题，主动回答问题，主动参与合作学习，能获得同伴支持，并积极完成相关任务，能够深入思考和主动表达自己的观点，面对失误能主动纠正，并坚持学习与应用，能形成符合社会主义核心价值观的价值观。

2. 评价形式

学习过程表现，包括学习态度、回答问题的积极性、自主学习效率、合作学习效率等，记录在课堂表现评价栏。（15%）

学生作业情况，包括作业正确率、书写等。（15%）

期中测试成绩。（10%）

（三）评价标准

作业（15%）					课堂表现（15%）			
页面整洁书写规范	5%	正确无误	5%	按时上交	5%	态度积极，有创新表现	8%	自主学习和合作学习效率高	7%
页面稍有杂乱，书写较规范	3%	少量错误，能自我纠正	3%	迟交，有漏写	3%	态度一般，无创新表现	6%	自主学习和合作学习效率低	5%
页面杂乱书写不规范	1%	错误较多，补写仍有错误	1%	不交或者抄袭	0%	较为被动，有扰乱课堂的情况	3%	自主学习和合作学习任务基本完不成	3%

初中英语八年级上册第一单元教学方案

叁

一、背景分析

（一）课程标准分析

《义务教育英语课程方案（2022年版）》强调了学科育人功能，要求在国家课程落实过程中要通过培育学生学科核心素养实现育人目标。该课程标准针对教学提出具体建议，要求通过大单元教学，用大概念、大任务统领教学活动，实施结构化教学，避免碎片化教学，从而让学生深入学习语篇、发展思维、提升文化意识、锻炼学习能力，实现学科核心素养的发展。

根据新课程标准要求，英语学科要推动大单元整体教学，在主任务引领下实施结构化教学，通过基于英语学习活动观的教学活动设计，引领学生进行主题意义的探究，逐步建构围绕单元主题的深层认知、态度和价值判断，促进学生核心素养的发展。八年级学生的英语语言技能目标要达到三级，结合本单元主题内容，课标标准的要求可以具体描述为：学生应该能够听懂相关度假主题听力内容，识别主题，获取主要信息；能在相关情境或者教师的提示下描述相关经历，能够读懂文本内容，理解大意，并能捕捉相关信息；能够就度假主题运用所学语言进行简单的书面表述。同时，在语言知识与能力的学习过程中，促进学生提高思维品质、了解国外相关文化、锻炼学习能力，实现学科核心素养的发展。

（二）教材分析

本单元的话题是度假，语篇主题是人与自我，通过谈论过去的度假事件，深入学习一般过去时，尤其是用一般过去时进行问答、表述，从而学会谈论过去发生的事件，并能表达自己的感受。本单元主要分为Section A和

Section B两部分。Section A 主要是听说课，初步感知谈论假期的相关知识，学习与度假有关的动作、行为的过去式等相关表达用语。Section B的内容是在Section A基础上的拓展，不仅要能介绍过去度假的相关经历，而且要能表达感受。课型主要是读写课，Jane到马来西亚度假的日记是主要学习范例，主人公与学生是同龄人，表述角度能引发学生学习兴趣。

重难点内容：在本单元中，一般过去时的问答和不定代词用法是新知识，且与汉语的用法区别很大，学生在理解方面有困难，是本单元的知识重难点。

（三）学情分析

八年级学生经过六、七年级的英语学习，有了一定的英语阅读和交流能力，并且乐于合作解决问题，有了一定的自我学习评价能力。学生在七年级下学期学习过一般过去时，所以能够初步谈论过去发生的事件，同时，学生都有假期游玩经历，一部分学生还有出国旅游经历，相关生活经历能够与本单元主题内容对接，而且大多数学生对于假期话题很感兴趣，有一定的学习主动性。

二、单元目标

本单元总目标为：通过单元主题任务"Please tell us about your vacation！"引领学生积极思考，通过听、说、阅读等课时，从听力到对话、从语法到课文，在听说读写看方面形成有关度假主题的结构化能力，如用英语进行相关度假主题事（交流、写作、思考等）的能力，并了解相关文化、增强文化自信。通过自学、小组合作学习等发展学习能力，最终促进学生学科核心素养的发展。

（一）语言能力目标

1.语言知识目标

通过学习能够掌握新单词的过去式（如visited，studied，did，went，bought等）及不定代词（如anyone，anything等）相关知识点；通过在度假主题情景中感受、理解、交流与应用学习内容，能够理解一般过去时的问答结构和意义，并能准确回答与教材内容相关的问题。

2. 语言能力目标

能在谈论实际度假话题时准确应用新学单词（如visited，studied，did，went，bought等），并能准确运用一般过去时交流度假经历；能书面表达度假经历，表述条理清晰、语法正确、用词恰当，并能清楚地表达个人观点。

（二）思维品质目标

通过单元主题任务"Please tell us about your vacation!"引领学生积极思考，激发学生学习兴趣。在教学过程中，通过大问题引领、任务串做支架，促进学生对度假内容的逻辑关系分析，提出自己的质疑、评价和建议，表达自己的观点，并结合自身经历用英语进行交流和表达，解决实际生活中度假过程里的真问题，促进学生的高阶思维能力发展，实现能力迁移。

（三）文化品格目标

通过对教材内容的听、说、读、写及问答活动，了解并能简单介绍马来西亚食品、建筑、景物、交通、风俗等西方文化，并能表达自己的感受，从而拓宽视野，提高文化意识，同时能应用所学英语语言知识介绍中华优秀文化，坚定文化自信。

（四）学习能力目标

学生通过自主学习解决识记、理解性知识，通过合作学习和教师的指导解决难点知识并进行分析、评价等高阶思维活动；能利用网络和生活中的度假主题资源，主动拓展学习和应用渠道，并基于学习过程和学习效果反馈，进行自我和相互学习评价，进而调整学习策略，不断提升学习能力。

三、评价设计

（一）语言能力目标评价

语言知识目标评价：能正确地说出动词过去式的构成规则，能识别、听懂、理解动词过去式（如visited，studied，did，went，bought）及不定代词（如anyone，anything等）的用法等，能理解度假主题情景英语内容，并就相关问题正确运用一般过去时进行问答，表述中语法、时态正确，内容准确。

语言能力目标评价：在谈论度假话题时新学单词过去式（如visited，studied，did，went，bought等）和一般过去时态等运用正确，并能书面表达过去的度假经历，表述时间或者地点等主线明确，一般过去时态应用正确，用词恰当，能清楚地表达个人观点。

（二）思维品质目标评价

在单元主题任务"Please tell us about your vacation!"的引领下，学生主动提问相关问题，讨论解决方法。在学习过程中，学生能就大问题和问题串展开对学习内容的深层思考，主动提出"why"层级的问题，并能针对内容准确表达自己的观点，说明理由。能用所学语言解决实际生活中度假过程里的真问题或者新问题，实现能力迁移。

（三）文化品格目标评价

能用所学英语介绍马来西亚食品、建筑、景物、交通、风俗等西方文化，用词准确，一般过去时用法正确，并能表达自己的心情和观点（如I felt like I was a bird.），在理解这些文化的同时，能应用所学英语语言知识介绍中国相关文化，如中国的名胜、水饺、面条等，增强对中国文化的自豪感。

（四）学习能力目标评价

能够借助音频、图片或者网络资源自主解决大部分单词、文本内容的理解任务，能回答相关基本问题；能通过合作学习和教师的指导，解决难点知识学习任务，准确完成相关题目。并能借助网络和生活中的度假主题资源，介绍相关主题的内容、故事，或者形成书面表达，在班级分享；能基于学习过程和学习效果反馈，进行自我和相互学习评价，找出自己学习方法的优点和缺点，介绍学习心得。

四、学与教活动设计

（一）课时与内容：第一课时Section A（1a-2d）

1.教学活动

创设谈论度假经历的情境，引领学生理解、谈论有关度假的短语和句子；用任务引领进行听力训练，学生记录相关目标信息；就听力内容进行讨论，训练一般过去时和不定代词用法；通过2d对话角色扮演训练，引领学生就自身度假经历展开对话交流。

2. 学习活动

以任务为目标，积极通过自主学习解决基础问题，梳理难点问题；小组合作解决难点问题；通过听、说训练，提高对度假话题的听与说的能力；通过角色扮演学习谈论度假主题的交流语言，并迁移运用在实际交流中；小组讨论总结知识点，同学对课堂表现相互评价、指导，巩固对一般过去式和不定代词的掌握。

3. 评价内容

学习态度是否积极，是否能够主动、有效地自学、合作学习；在听力训练中，是否能抓住目标信息并正确记录；能否掌握一般过去式的疑问句问答用法，掌握no one，something，nothing，everything等不定代词的用法；能否正确应用所学知识自由谈论度假经历。

（二）课时与内容：第二课时Grammar Focus-3c

1. 教学活动

提出语法总结任务，引导学生总结一般过去式的用法和不定代词的用法；视频、图片引入三亚和农场主题场景，引导学生完成相关主题对话和信件的选词填空任务；用表格提示语作支架，引导学生相互调查最近一次度假经历，巩固所学知识和技能。

2. 学习活动

小组讨论，总结一般过去式和不定代词的用法；自主完成选词填空任务，小组讨论答案，班级交流释疑；根据表格提示，在课堂运用所学知识对同学的度假经历进行调查并展示，然后进行相互评价。

3. 评价内容

学习态度是否积极，能否主动、有效地自学、合作学习；总结内容是否正确、有条理，是否系统说明一般过去时用法和不定代词用法；调查活动中英语应用是否正确、恰当。

（三）课时与内容：第三课时Section B（1a-1e）

1. 教学活动

提出主问题："How to describe something about your vacation?"，激发学生学习动机；用图片引导学生完成词图连线，理解delicious，exciting，terrible等词表达的情绪；通过听力训练，让学生在捕捉目标信息的同时，学会使用表达感受的单词，并以此简要复述Lisa的度假经历，说明其相关感受；引导学生谈论自己的度假经历，叙述相关经历和感受，培养语用实践能力。

2. 学习活动

自主完成连线题目、听力题目；小组讨论答案，班级交流释疑；简述自己的度假经历，表达相关感受，并进行相互评价。

3. 学习活动

学习态度是否积极，能否主动、有效地自学、合作学习；回答是否准确，用语是否正确；谈论个体经历时是否能够灵活应用一般过去式准确表达自己的感受。

（四）课时与内容：第四课时Section B（2a-2e）

1. 教学活动

播放马来西亚槟城的旅游视频，引发学生对Jane在该地度假日记的学习兴趣，并以"Did Jane have a good time on Monday?""What about on Tuesday?""Why？"作为本课主任务，引领学生阅读；用小任务和问题串引领学生进行分段阅读，逐层理解文本内容，完成对Jane度假经历的理解和行为与感受之间的逻辑理解；引导学生就Jane的度假活动给出合理建议；引导学生总结度假日记的写作特点，并参照其写一写自己的度假经历。

2. 学习活动

以任务为目标，通过积极自主学习解决基础问题，梳理难点问题；小组合作解决难点问题；将总结的写度假日记的方法，迁移运用在描述自己的度假经历上，并尝试写一篇度假日记。

3. 评价内容

学习态度是否积极，能否主动、有效地自学、合作学习；能否依据问题深入理解文本内容之间的逻辑关系，并说明理由；能否对文本内容提出个人观点或者建议；日记仿写格式、用语以及语法是否正确。

（五）课时与内容：第五课时Section B 3a- Self Check

1. 教学活动

以"Write a travel diary like Jane's"为本课主任务，引领学生展开学习；引导学生自主完成Self-Check，小组合作讨论和评价答案，解决难点问题，巩固对一般过去时和不定代词用法的掌握；引导学生自主完成3a日记填充，总结旅行日记的写法；小组根据3b提示问题讨论度假主题相关活动，为接下来的日记仿写作准备；学生根据讨论结果并结合自身度假经历仿写旅行日记，小组相互评价，并进行班级交流展示和评价。

2. 学习活动

以任务为目标，积极通过自主学习解决基础问题，梳理难点问题；小组合作解决难点问题；自主完成旅行日记仿写任务，小组讨论修改，并进行全班展示交流和评价，实现迁移能力的训练。

3. 评价内容

学习态度是否积极，能否主动、有效地自学、合作学习；能否准确完成一般过去时、不定代词以及情境主题的选词、补充填空题；能否根据讨论、交流结果，仿写个人的旅行日记，格式是否正确，一般过去时和不定代词应用是否准确，表达是否条理，是否有个人感受或者观点。

肆

课时教学方案1

"Where did you go on vacation?" Section A（1a–2d）

一、课时目标

（一）识记

掌握新单词、新词组如wonderful，quite a few等，能总结归纳动词不定式构成规则，掌握不定代词 anyone，anywhere等词的用法，总结出其作为单数和其形容词要后置的用法，并能正确诵读新单词。

（二）理解

能听懂教材1b，2a，2b的听力内容，捕捉到目标信息，并能就听力内容进行交谈；能理解2d对话内容，说出其中的人物、度假地点、度假活动以及感受等，并能就度假话题运用所学知识进行交流，表达正确。

（三）应用

能通过自主学习完成课前对学习内容的浅层次理解，解决识记性问题；能在课堂上通过小组合作学习和教师指导，完成难点理解和应用任务，合作解决有关听力和交流内容的难题；能运用一般过去时和不定代词等知识就个人度假经历进行交流，语法正确，表述有条理。

（四）迁移

引导学生通过对度假经历的感悟、分析，热爱人文旅游胜地，提升爱护自然、保护环境的意识。

二、评价设计

（一）识记

能够正确诵读wonderful，quite a few等新单词，发音正确，并能在语言内容中辨识出来。能说出动词不定式构成规则和不定代词用法，并正确运用动词的过去式、不定代词 anyone，anywhere等词完成相关表述。

（二）理解

能捕捉到教材1b，2a，2b听力内容的目标信息，在记录的同时能就听力内容进行交谈；能就2d对话内容准确说出其中的人物、度假地点、度假活动以及感受等，并能清晰有条理地简述个人度假经历，没有错误语法和用词。

（三）应用

自主完成课前导学案，正确回答识记性问题，总结出难点，在课堂上通过小组合作学习和教师指导，解决难点问题，完成表达任务时能正确运用一般过去式和不定代词。

（四）迁移

能用正确的语言表达对旅游胜地的喜爱或者观点，表达环保的重要性和个人如何做好环保工作。

三、学与教活动设计

Step 1　Lead in

Task 1：Free talk："Where did you go on vacation?""What do you think of it?"

Today，we'll learn how to talk about our vacation!

【评价】说出度假地点和主要感受，用词正确。

Step 2　Presentation

Task 2：1a：Match the activities with the pictures ［a-g］.

Task 3：Conclude the rules of the past tense：stay-stayed类；go-went类。

【评价】选项正确，能总结并说出动词过去式构成规则。

Step 3　Listen and say

Task 4：1b：Listen and number the people in the picture. ［1-5］

Task 5：Talk about the picture in groups：

> A：Where did Tina go on vacation?（Xiang Hua, Sally, Bob, Tom）
> B：she went to the mountains.（stayed at home，went to New York City...）

【评价】选项正确，讨论使用句式正确，并能相互评价。

Step 4　Listen and act

Task 6：Read 2a and 2b，try to predict the main idea of the hearing，and try to catch the key information to fill in the chart.

Task 7：Role-play conversations according to the hearing：

> A：Grace，where did you go on vacation?
> B：I went to New York City.
> A：Did you go with anyone?
> B：Yeah，I went with my mother.
> ……

Task 8：学生小组讨论并总结不定代词的形容词后置规律：形容词后置。

Task 9：学生小组讨论并总结 一般过去时的一般疑问句和特殊疑问句的结构及回答规则：助动词did后跟动词原形，要使用疑问语序。

【评价】表格完成符合题意，角色扮演能正确使用一般过去时，讨论使用句式正确，总结有条理且内容正确，并能相互评价。

Step 5　Role-play the conversation

Task 10：Listen to the conversation and tell out：the place，the activities，the ideas. Then，talk about the meaning of "wonderful" "quite a few" and some difficulties.

Task 11：Role-play the conversation in groups.

【评价】能准确抓住要点信息，角色扮演对话时语音、语调、节奏正确而恰当，相互评价较为恰当。

Step 6　Summary and check up

Task 12：Students talk about the points in this lesson and summary the points in groups.

Task 13：Exercises：

（1）Did you _____（visit）your uncle? Yes, I _____

（2）What did you _____（take）the photos? I _____（take）them in Hangzhou.

（3）Did you buy _____（anything, something）interesting?

Yes, I bought _____ _____（something cheap, cheap something）. They are very interesting.

【评价】总结要点全面，表述正确，题目完成较好，并能相互较为恰当地评价。

Step 7　Talk about your own vacation

Task 14：Take a conversation about your vacation with the help of the mind map.

【评价】表述有条理，一般过去时态应用正确，学生能就内容与语法相互评价。

Step 8　Homework

Task 15：A. Talk about your last vacation with others.

B. Ask and answer about others' vacations.

【评价】分层作业，学生自选。要求使用一般过去时态，对于度假的地点和活动以及其他方面表述正确，无语法错误。

课时教学方案2

"Where did you go on vacation?" Section B（1a–1e）

一、课时目标

（一）识记与理解

理解单词delicious，exciting，terrible，expensive等所表达的感受，并能准确区分所表达的情绪。

（二）应用与实践

能听懂教材1c，1d关于Lisa度假的谈话听力内容，捕捉到目标信息，尤其是对指定对象所表达的感受，并能就听力内容进行自由谈论，用词和时态正确。

（三）迁移与创新

能通过自主学习完成课前导学案的大部分题目，解决识记性问题，并能在课堂上通过小组合作学习和教师指导，完成难点理解和应用任务，合作解决有关听力和交流内容难题，并能运用一般过去时和不定代词等知识就个人度假经历进行交流，语法正确，表述有条理。

二、评价设计

（一）识记与理解

能够正确诵读delicious，exciting，terrible，expensive等词，能说出其所表达的感受，并能说出哪些词表达满意的感受，哪些词表达不满意的感受。

（二）应用与实践

完成教材1c，1d关于Lisa度假的谈话听力内容的习题，回答准确，并能就听力内容进行自由谈论，一般过去时态应用正确。

（三）迁移与创新

学习态度积极，在课堂上能通过小组合作学习和教师指导，解决实际问题。

三、学与教活动设计

Step 1　Lead in

Task 1: Free talk: "Do you know any words to describe the feelings?" Today, we'll learn how to show your feelings about your vacation!

【评价】说出单词如 exciting, interesting, boring等。

Step 2　Presentation

Task 2: 1a: Match the words with the pictures.

delicious, expensive, exciting, cheap, terrible, boring

Task 3: 1b: Tell out which words are "smiling", which words are "sad".

smiling	sad

【评价】选项正确，能准确总结并说出动词过去式构成规则。

Step 3　Listen and say

Task 4: 1c: Listen and answer the questions.

1. Where did Lisa go on vacation?
_____

2. Did she do anything special there? What was it?
_____

3. Did she buy anything for her best friend?
_____

4. Did Lisa like her vacation?
_____

Task 5: Listen again, and fill in the blanks:

What did Lisa say about...?	
her vacation	the fun park
the people	the food
the stores	others

【评价】听前熟悉听力习题，听中准确捕捉目标信息并正确填写，并能相互评价和纠正。

Step 4　Discussing in groups

Task 6: 1e: Ask and answer questions about Lisa's vacation in groups.

Where did...?	
What did...?	
How was...?	
How were...?	
Did she...?	
...?	

Task 7: Make a survey about other students' vacations, and show the results to the class.

【评价】表格完成符合题意，调查用语语法和用词正确，能相互恰当评价。

Step 5　Summary

Task 8: Students talk about the points in this lesson and summary the points in groups.

【评价】总结要点全面，表述正确，能对其他同学的总结发言做恰当评价。

Step 7　Homework

Task 9: A. Go over the points.

B. Make a survey about others' vacations.

【评价】分层作业，学生自选。要求使用一般过去时态，表达感受的用词准确。对于度假的地点和活动以及其他方面表述正确，无语法错误。

4

青岛第三十七中学物理课程规划

案例点评

　　本课程以情境创设为手段，以培养学生科学探究与实践能力为目标，贯串设计的全过程，充分利用、整合生活及家校资源，开展具有趣味的实验教学，有助于培养学生的科学探究能力和综合素养。

　　课程设计总体规范完整、内容丰富，具体要求和任务明确细致，以下亮点尤其值得称道：第一，目标表述清晰完整，采用三维化的表述方式，对目标中的"物理观念""科学思维""科学探究""科学态度与责任"都进行了清晰阐释，用"通过……的方式，达到……的结果"来表述目标，操作性强，有利于减少教师在教学中的阻力，达到预期教育目标。第二，在课程活动安排上内容详尽、条理清晰，以主题教学为主进行情境创设，不仅描绘了要创设什么样的情境，还对情境的作用及能达到什么样的效果进行了说明，课程方案清晰明了。第三，教学方式多样，以"整—分—合—补—测"五环节教学模式为主，交叉综合应用"小循环多反馈"、分类法、比较法、范例法等教学方式进行课堂巩固和反馈，有利于不同学生吸收学习，培养综合能力。第四，重视跨学科实践，每一级主题最后引入跨学科实践，即引导学生从生产生活、社会发展的实际出发，综合运用多学科知识，开展创新、设计制作、解决问题。这些都有助于学生开拓学科视野，培养运用知识解决综合问题的能力。

壹　初中物理学科课程规划方案

本课程规划方案由青岛第三十七中学原凤开发，适用版本为人教版《物理》8-9年级。

一、引言

义务教育物理课程是以一门以实验为基础的自然科学课程，与社会生活、生产实践的结合非常紧密，具有基础性、实践性和可迁移借鉴性等特点。在初中学段所有学科中，物理是探究性和实践性相结合最明显的学科，对学生科学素养的形成具有特殊的教育功能。

义务教育物理课程与小学科学和高中物理课程相衔接，与化学、生物学等课程相关联，旨在促进人类科学事业的传承与社会的发展，帮助学生从物理学视角认识自然、解决相关实际问题，初步形成科学的自然观，养成科学思维习惯，形成科学态度和正确的价值观，增强社会责任感、民族自豪感；激发学生热爱党、热爱祖国、热爱人民的情感，为培养德智体美劳全面发展的社会主义建设者和接班人奠定基础。与旧的课程标准相比较，《义务教育物理课程标准（2022年版）》最大的变化在于将"实验探究"和"跨学科实践"作为课程内容纳入了一级主题，凸显了物理学科独特的育人功能。

二、规划依据（背景分析）

根据《义务教育物理课程标准（2022年版）》中阐述的初中物理课程理念，在物理课程规划过程中应遵循以下几点：

（一）面向全体学生，培养学生核心素养。

义务教育物理课程以习近平新时代中国特色社会主义思想为指导，以学生发展为本，以提升全体学生核心素养为宗旨，为每个学生的学习和发展提供机会。所以，物理课程的设置应注重育人价值，培养学生适应个人终身发展和社会发展需要的正确价值观、必备品格和关键能力。另外，义务教育阶段是物理学科课程的启蒙阶段和基础阶段，在课程规划中应更注重物理基础知识、基本概念、基本规律等内容的教学。

（二）从生活走向物理，从物理走向社会。

物理学科知识贴近学生生活、社会生产实际，所以在课程开展中应多以具体事实、鲜活案例、生活经验和基本概念等引导学生进行理性思考，更要注重时代性，加强与生产生活、社会发展及科技进步的联系，凸显我国科技成就，引导学生增强文化自信，树立科技强国的远大理想。"知行合一、学以致用"，体现物理课程基础性、实践性的特点。

（三）注重科学探究，倡导教学方式多样化。

物理是一门以实验为基础的自然科学，在课程实施过程中应注重科学探究过程，以真实问题情境为导向，引导学生发现问题、不断探索，提高学生分析问题、解决问题的实践本领和科学思维能力。在教学中，教师应根据教学目标、教学内容、教学资源等的实际情况，灵活运用多种教学方式。

（四）发挥评价的育人功能，促进学生核心素养发展。

在课程实施过程中应以评价促进学生发展，构建目标明确、主体多元、方式多样和功能全面的物理课程评价体系，既重视对学生学习过程的评价又关注终结性学业成绩的考核，帮助学生建立学习物理的自信，激发学生学习物理的兴趣，充分发挥评价的育人功能。

三、课程目标

初中阶段的物理课程应立足学生全面发展，依据核心素养内涵及学生身心发展特点，确定课程目标，体现物理课程独特的育人价值。

（一）核心素养内涵

核心素养是课程育人价值的集中体现，是学生通过课程学习逐步形成的适应个人终身发展和社会发展需要的正确价值观、必备品格和关键能力。物理课程要培养的核心素养，主要包括物理观念、科学思维、科学探究、科学态度与责任。

因此初中教育阶段的物理课程应贴近学生生活，符合学生认知特点，激发并保持学生的学习兴趣，带领学生探索物理现象，揭示隐藏其中的物理规律，并将其应用于生产生活实际，以达到培养学生对物理的兴趣和探索精神、运用物理知识解决实际问题的能力、科学思维和实践能力、创新精神和团队合作能力，最终促使学生具有科学本质观、科学态度和社会责任。

（二）目标要求

物理课程旨在促进学生核心素养的养成和发展，引导学生学会学习、学会合作、学会生活，为学生的终身发展奠定基础。通过义务教育物理课程的学习，学生应达到如下目标：

1. 认识物质的形态、属性及结构，认识运动和力、声和光、电和磁，认识机械能、内能、电磁能及能量的转化与守恒；能将所学物理知识与实际情境联系起来，能从物理学视角观察周围事物，解释有关现象，解决简单的实际问题。初步形成物质观念、运动和相互作用观念、能量观念。

2. 会用所学模型分析常见的物理问题；能对相关问题和信息进行分析并得出结论，具有初步的科学推理能力；有利用证据对所研究的问题进行分析和解释的意识，能使用简单和直接的证据表达自己的观点，具有初步的科学论证能力；能独立思考，对相关信息、方案和结论提出自己的见解，具有质疑创新的意识。

3. 有学习探究的意识，能发现问题、提出问题，形成猜想与假设，具有初步的观察能力和提出问题的能力；能制订简单的科学探究方案，有控制实验条件的意识，会通过实验操作等方式收集信息，初步具有获取证据的能力；能分析、处理信息，得出结论，初步具有对科学探究过程和结果作出解释的能力；能书面或口头表述自己的观点，能自我反思和听取他人意见，具有与他人交流的能力。

4. 初步认识科学本质，体会物理学对人类认识深化及社会发展的推动作用；亲近自然，崇尚科学，乐于思考与实践，具有探索自然的好奇心和求知欲，有克服困难的信心和决心，能总结成功的经验，分析失败的原因，体验战胜困难、解决问题的喜悦，严谨认真、实事求是，善于跟他人分享与合作，不迷信权威，敢于提出并坚持基于证据的个人见解，勇于放弃或修正不正确的观点；能关注科学技术对自然环境、人类生活和社会发展的影响，遵守科学伦理，有保护环境、节约资源的意识，能在力所能及的范围内为社会的可持续发展作出贡献，具有实现中华民族伟大复兴的责任感与使命感。

四、课程结构、内容与课时分配

义务教育物理课程内容由"物质""运动和相互作用""能量""实验探究""跨学科实践"五个一级主题构成。"物质""运动和相互作用""能量"主题不仅包含物理概念和规律，还包含物理探究过程、研究方法，以及科学态度与价值观等；"实验探究"主题旨在强调物理课程的实践性，凸显物理实验整体设计，明确学生必做实验要求；"跨学科实践"主题侧重体现物理与日常生活、工程实践、社会发展等方面的联系。各一级主题均包含内容要求、学业要求及教学提示，内容要求含二级主题及活动建议，二级主题包含三级主题及样例。具体每一部分课程具体内容详见《义务教育物理课程标准（2022年版）》。

按照义务教育物理课程课时安排，物理课程从初中八年级开始实施，每周两课时，共学习两学年。以初中《物理》（人民教育出版社2023年版）内容为例，具体课时建议安排如下。

学年	教材	教学内容	课时
八年级 第1学期	八年级（上册）	第一章 机械运动	6
		第二章 声现象	6
		第三章 物态变化	7
		第四章 光现象	8
		第五章 透镜及其应用	8
		第六章 质量和密度	5
八年级 第2学期	八年级（下册）	第七章 力	5
		第八章 力和运动	6
		第九章 压强	8
		第十章 浮力	8
		第十一章 功和机械能	6
		第十二章 简单机械	7
九年级 第1学期	九年级（全一册）	第十三章 内能	5
		第十四章 内能的利用	3
		第十五章 电流和电路	7
		第十六章 电压和电阻	5
		第十七章 欧姆定律	5
		第十八章 功率	4
		第十九章 生活用电	3
		第二十章 电与磁	7
九年级 第2学期	九年级（全一册）	第二十一章 信息的传递	4
		第二十二章 能源与可持续发展	4
	中考总复习	中考一轮复习（按章节复习）	12
		中考二轮复习（按题型复习）	12
		中考三轮复习（中考模拟题）	6

五、课程实施

教师应根据课程理念、课程目标和课程内容等，结合教学实际情况创造性地开展物理教学，将培养学生核心素养贯串物理教学活动的全过程。

（一）围绕学生核心素养的发展设计教学目标

发展学生的核心素养是物理教学的根本目标，教师应在领会核心素养、理解课程内容、掌握学生学情的基础上，分别在物理观念、科学思维、科学探究、科学态度与责任这四个方面各有侧重、相互联系、相互促进地设计教学目标。

（二）灵活运用多种教学方式

物理教学应发挥不同教学方式独特的育人功能。教师应依据学生发展阶段、教学内容的特点、教学资源等情况，灵活选用教学方式，以促进教学目标的有效达成。

青岛市初中物理教学以"整—分—合—补—测"五环节教学模式规划课堂各环节，以"小循环多反馈"的教学模式进行课堂巩固和反馈，用"问题串"模式引导学生开展探究活动，并充分利用心理学效应激发学生学习兴趣，同时根据探究活动的内容，灵活运用多种"古代科学家的科学探究模式"进行探究。另外，在物理课程实施过程中，还应注意创设真实情境、合理运用信息技术、突出"做中学""用中学"。

六、课程评价

物理课程应改变过分强调知识传承的倾向，而应以让学生经历科学探究过程，学习科学研究方法，培养学生探索精神为教学目标。因此，初中物理课程应改革以单一的甄别和选拔为目的的评价体系，注重过程评价与结果评价相结合，构建多元化、发展性的评价体系，以促进学生素质的全面提高和教师的不断进步。具体评价活动与方法如下。

（一）课堂评价

课堂评价以过程性评价为主，注重学生在课堂教学真实情境中的行为表现，真实、准确地反映学生的优势与不足，在调动学生课堂学习积极性的同时，为学生进一步改进提供指导依据。

（二）作业评价

1. 以学业要求与学业质量标准为依据，设计层次分明、类型多样的作业，兼顾基础性作业、探究性作业、实践性作业，避免简单、机械的重复性作业，有效减轻课业负担。

2. 建立学生成长档案袋，将学生学习过程中的优秀作业、学习笔记、创新性小制作、研究性小论文、实践报告等收录在档案袋中，记录学生学习过程中的成果和发展。

（三）阶段性评价

1. 通过阶段性单元检测对学生所学知识达到的水平进行等级评价，前15%为A等级，16%-45%为B等级，46%-75%为C等级，后25%为D等级。

2. 通过实验操作测试对学生实验基本技能达到的水平进行等级评价，分为"合格"与"不合格"。

（四）跨学科实践评价

1. 设计具有综合性、实践性、开放性的跨学科问题情境，组织学生运用多学科知识和跨学科思维分析、解决问题，并对学生研究过程中的科学态度、团队协作能力、解决问题能力及最终成果进行评价。

2. 通过与学校、班级研究性学习活动、社会实践活动、励志教育活动、主题班会等相结合的方式，鼓励学生走出校园、走向社会，关注科学前沿、搜集院士故事，树立热爱科学、实事求是的探索精神，并对学生在活动中的表现和研究成果进行评价。

七、课程管理与保障

物理教学重在培养学生核心素养，这需要物理教师具备培养学生核心素养所需要的专业理论知识和教学实践能力。做好教师培训、加强教学研究可以促进教师深入理解课程理念、提高教学水平，为持续改进物理教学、提高教学质量服务提供支持，这是初中物理课程管理和顺利实施的保障。

（一）教师培训要点

1. 注重增强教师以课程标准指导教学的意识。

2. 注重体现课程育人的思想。

3. 注重培训内容的针对性和可操作性。

（二）教学研究的建议

1. 发挥各级教研部门的联动作用。

2. 建设区域教研的骨干教师队伍。组织学科专家、一线教学名师、骨干教师等组成骨干队伍，深入研修课程标准、课程实施策略等，在教学工作中发挥示范作用。

3. 开展形式多样的教研活动。如专家论坛、区域联合教研、主题教研、案例研讨、示范课、观摩课等。

贰　初中物理八年级下学期课程纲要

一、与本学期相关的国家课程标准陈述

义务教育物理课程是一门以实验为基础的自然科学课程，与小学科学和高中物理课程相衔接，与化学、生物学等课程相关联，具有基础性、实践性等特点。义务教育物理课程旨在促进人类科学事业的传承与社会的发展，帮助学生从物理学视角认识自然、解决相关实际问题，初步形成科学的自然观；引导学生经历科学探究过程，学习科学研究方法，养成科学思维习惯，进而学会学习；引领学生认识科学、技术、社会、环境之间的关系，形成科学态度和正确价值观，增强社会责任感、民族自豪感；激发学生热爱党、热爱祖国、热爱人民的情感，为培养德智体美劳全面发展的社会主义建设者和接班人奠定基础。

本学期物理教学内容围绕力学板块展开，对应《义务教育物理课程标准（2022年版）》一级主题"运动和相互作用"中的"机械运动和力"和一级主题"能量"中的"机械能"。同时，一级主题"实验探究"中还将本学期教学内容中的1个测量实验和4个探究实验规定为学生必做实验。具体摘录如下：

2.2　机械运动和力

2.2.3　通过常见事例或实验，了解重力、弹力和摩擦力，认识力的作用效果。探究并了解滑动摩擦力的大小与哪些因素有关。

2.2.4　能用示意图描述力。会测量力的大小。了解同一直线上的二力合成。知道二力平衡条件。

2.2.5 通过实验和科学推理，认识牛顿第一定律。能运用物体的惯性解释自然界和生活中的有关现象。

2.2.6 知道简单机械。探究并了解杠杆的平衡条件。

2.2.7 通过实验，理解压强。知道增大和减小压强的方法，并了解其在生产生活中的应用。

2.2.8 探究并了解液体压强与哪些因素有关。知道大气压强及其与人类生活的关系。了解流体压强与流速的关系及其在生产生活中的应用。

2.2.9 通过实验，认识浮力。探究并了解浮力大小与哪些因素有关。知道阿基米德原理，能运用物体的浮沉条件说明生产生活中的有关现象。

3.2 机械能

3.2.1 知道动能、势能和机械能。通过实验，了解动能和势能的相互转化。举例说明机械能和其他形式能量的相互转化。

3.2.2 知道机械功和功率。用生活中的实例说明机械功和功率的含义。

3.2.3 知道机械效率。了解提高机械效率的意义和途径。

3.2.4 能说出人类使用的一些机械。了解机械的使用对社会发展的作用。

4.1 测量类学生必做实验

4.1.6 用弹簧测力计测量力。

4.2 探究类学生必做实验

4.2.2 探究滑动摩擦力大小与哪些因素有关。

4.2.3 探究液体压强与哪些因素有关。

4.2.4 探究浮力大小与哪些因素有关。

4.2.5 探究杠杆的平衡条件。

二、课程标准、教材、学情综合分析

义务教育物理课程是以习近平新时代中国特色社会主义思想为指导，以学生发展为本，以提高全体学生核心素养为宗旨，为每个学生的学习和发展提供机会的自然科学基础课程。《义务教育物理课程标准（2022年版）》明确指出此阶段的物理课程不仅应注重科学知识的传授和技能的训练，还应注重落实物理课程的育人价值，培养学生适应个人终身发展和社会发展需要的正确价值观、必备品格和关键能力。

（一）重视实验教学，培养科学探究能力

在《义务教育物理课程标准（2022年版）》对本学期课程内容的陈述中，几乎每一个物理知识都是通过实验让学生获得的，同时在"实验探究"一级主题中明确规定了本学期1个测量类学生必做实验和4个探究类学生必做实验，即用弹簧测力计测量力、探究滑动摩擦力大小与哪些因素有关、探究液体压强与哪些因素有关、探究浮力大小与哪些因素有关、探究杠杆的平衡条件。教材是实施课程标准的素材，人教版物理八年级下册的实验教学内容十分丰富，几乎每节新授课学生都可以经历一次"提出问题—猜想与假设—设计并进行实验—获取并处理信息—得出结论—解决问题（应用）"的科学探究过程。这符合学生认知规律，不仅培养了学生的科学探究能力，同时也促进了学生交流、评估、反思能力的提升。

（二）重视情境的创设，从"生活走向物理，从物理走向社会"

在课程标准对本学期课程内容的陈述中，都涉及用所学知识解释自然界和生活中的现象、物理与人类社会生产生活的关系。人教版物理八年级下册教材内容是力学板块，这部分知识与生产生活实际联系紧密、生活实例丰富，学生在生活或实验中能够获得许多亲身体验。因此在本学期教学设计和实施过程中要重视情境的创设，从生活场景展开，设置情境问题，引导学生利用现有经验和知识储备尝试解答，激发学生学习兴趣，并鼓励学生通过实验来检验自己的猜想，从而得出科学答案，并继续应用科学结论解决更多相关生产生活实例。

（三）重视跨学科实践，发展学生跨学科运用知识解决问题的综合能力，体现物理课程独特的育人价值

在课程标准中，一级主题"跨学科实践"包括"物理学与日常生活""物理学与工程实践""物理学与社会发展"三个二级主题，要求教师在教学中紧密结合教学内容，选择综合性、实践性的课题，引导学生从生产生活、社会发展实际出发，综合运用多学科知识，开展创新、设计制作、解决问题等项目式活动。由于本学期课程内容与生产生活联系紧密，特别适合设计跨学科实践方面的活动，例如在力和运动单元学习中，可以与生活实际联系，调查关于乘车驾车安全问题、汽车在安全驾驶方面的功能设计等；再如压强与浮力单元的学习内容，可以与生物学科联系，研究鱼鳔的作用、人的呼吸、高原反应等；与地理学科联系，研究海洋密度流的形成及影响因素；与军事知识联系，制作潜水艇、了解深海探测器等。再如，以简单机械单元的教学内容为基础，可以设计制作杆秤、密度秤；或者与历史学科联系，研究人类使用机械、改良机械的历程；与生物学科联系了解人体中的杠杆等。在综合实践活动中，培养学生综合运用知识解决问题、创新制作的能力，最终促进学生物理学科核心素养的达成。

三、课程目标

（一）物理观念

1. 通过生活实例和实验，认识重力、弹力、摩擦力及力的作用效果；通过学习牛顿第一定律，认识力和运动的关系，并能与实际情境联系起来，运用所学知识解释生活中常见的惯性现象；知道二力平衡的条件，并能分析生活中常见的处于平衡状态的物体的受力情况。

2. 通过实验，理解压强的概念和增大、减小压强的方法，并了解其在生产生活中的应用；通过实验认识液体压强的影响因素，并应用其解释生产生活中的现象；了解流体压强与流速的关系及其在生产生活中的应用；通过实验认识浮力及浮力大小的影响因素，并学会运用物体的浮沉条件分析生产生活中的有关现象；初步形成运动和相互作用观念。

3. 知道简单机械、功、功率、机械效率；通过实验探究，了解杠杆的平衡条件，并能分析生活中常见杠杆的工作过程；了解功率、机械效率、是否省力是衡量机械性能的三个不同指标，三者之间并无必然联系；知道机械能以及机械能相互转化的实例，初步形成能量观念。

（二）科学思维

1. 建构力的示意图模型描述力的三要素，并学会使用该模型对物体进行受力分析；通过分析类似草地上滚动的足球、滑板车滑行等运动情况，勇于质疑亚里士多德的错误观点，并讨论物体运动状态改变的原因，体会科学推理、科学论证在科学研究中的作用；在探究阻力对物体运动的影响、二力平衡条件、摩擦力大小的影响因素实验中，学会运用逐渐逼近法、反证法、控制变量法、逆向思考法等科学研究方法和思维方法。

2. 能运用逆向思考法由增大压强的方法获得减小压强的方法；通过在液体中建立液柱模型，结合科学推理得到液体压强计算公式；在探究液体压强的影响因素、浮力大小的影响因素实验中，培养勇于表达自己观点的意识；在运用压强和浮力知识解释生产生活中的现象及应用时，能熟练运用控制变量法、比较法等进行科学推理；在阿基米德原理实验的基础上，勇于提出"阿基米德原理对于在水中漂浮、悬浮的物体是否也适用"的质疑，进而进行科学论证。

3. 根据杠杆平衡条件建立省力杠杆、费力杠杆和等臂杠杆的模型，并利用该模型分析生活中常见的杠杆；通过解决如何利用杠杆扩大弹簧测力计量程、如何将杆秤改装成密度秤等实际问题，培养创新科学思维。

（三）科学探究

1. 使用弹簧测力计测量身边物体的重力，体验不同力的大小，通过数据分析，与同学交流评估测量中存在误差的原因及减小误差的方法；通过讨论如何能把黑板擦干净的实际问题，探究影响摩擦力大小的因素，并能根据生活经验进行科学猜想、利用器材设计实验进行探究，得出科学结论。

2. 在探究液体压强的影响因素时，能利用压强计设计实验方案，分别探究液体压强与液体深度、液体密度、方向的关系，并能熟练运用控制变量法处理多个影响因素的实验探究；能完成多个流体压强与流速关系的实验，能通过分析实验现象，作出正确解释；做阿基米德实验时，通过交流与评估，调整实验步骤、减少误差，并能模仿课本实验，进一步设计实验验证阿基米

德原理对于在液体中漂浮、悬浮的物体同样适用。

3.在探究杠杆的平衡条件时，引导学生通过多次实验数据寻找定量关系，并通过交流与评估分析个别数据存在问题的原因，意识到需要多次实验才能避免偶然性，得到普遍规律；在测量滑轮组机械效率的实验中，通过交流与评估，能正确分析影响滑轮组、斜面机械效率的因素。

（四）科学态度与责任

1.通过了解伽利略勇于质疑权威、提出创新观点、多名科学家不断总结补充最终得出牛顿第一定律的物理学史，培养崇尚科学、实事求是、严谨认真的科学态度；通过运用惯性知识解释汽车急刹车、转弯时车内可能发生的现象，认识系好安全带的必要性，树立安全乘车、安全驾驶、遵守交通规则的安全意识。

2.通过了解我国"奋斗者号"载人潜水器的深潜信息，以及大连舰、海南舰、长征18号艇的相关信息，培养学生实现中华民族伟大复兴，"向海图强"的责任感和使命感；通过了解长江三峡水利工程及船闸，关注科学技术对自然环境、人类生活和社会发展的影响；通过压强和浮力单元的学习，加强安全线外候车、防溺水等安全教育。

3.通过了解人类使用简单机械的历史以及工业发展史，体会科学技术对人类社会发展的推动作用，并树立努力学习科学知识，为人类社会可持续发展作出贡献的信念。

四、学习主题与活动安排

根据国家课程教学课时建议，初中物理课程每周2课时。本学期共20周，合计40课时，学校对八年级物理第二学期课程实施进行如下规划。

主题一：力与运动单元

由于教材第7章"力"和第8章"运动和力"均为力学学习的基础，内容联系紧密，是一个完整的力学基础体系，故在教学中整合为一个学习单元实施教学和复习，共计10课时。

──────○ 情境创设 ○──────

视频片段：一名宇航员在太空中修理卫星时不幸被一枚钉子砸中，不但氧气罐漏气而且宇航服的动力装置也出现故障，生命危在旦夕。就在氧气即将耗尽的最后两分钟，无奈之下，他忍着剧痛掰断了自己已经冻僵的胳膊，用力抛了出去，幸运的是他成功返回了飞船，活了下来……

──────○ 情境创设说明 ○──────

这段视频给学生留下了深刻印象，尤其是宇航员为了自救掰断自己胳膊的场景更是触目惊心，对激发学生学习兴趣，调动学生思维十分有益。根据这段视频可以提出多个物理问题，如：为什么宇航员扔出胳膊能自救？为什么宇航员在太空中飘着？为什么扔出去的胳膊能够运动很远的距离？……要回答这些问题，就需要通过学习本单元内容，逐一解决。

第1周：

课时	课题	教学内容	教学方法
1	§7-1力	力的定义、作用效果、三要素、示意图及性质	"实际问题—科学问题—分类—解决问题"探究模式、辐集式组合法、转换法、模型法、双重印证法
2	§7-2弹力	弹力的产生原因、三要素、弹簧测力计的工作原理、使用方法	"提出问题—猜想—实验检验—得出结论"探究模式、等价变换法、分类法

第2周：

课时	课题	教学内容	教学方法
1	§7-3重力	重力的产生原因、三要素、重力与质量的关系	"提出问题—猜想—实验检验—得出结论"探究模式、等价变换法、模型法
2	§8-1牛顿第一定律	探究阻力对物体运动的影响、牛顿第一定律、生活中的惯性现象	"提出问题—猜想——实验反驳—得出结论"探究模式、"分解—组合"探究模式

第3周：

课时	课题	教学内容	教学方法
1	§8-2二力平衡	探究二力平衡条件、运用二力平衡条件解决问题	"提出问题—猜想—实验检验—得出结论"探究模式、反证法、比较法
2	§8-3摩擦力（1）	摩擦力产生的原因、三要素、探究影响滑动摩擦力大小的因素	"提出问题—猜想—实验检验—得出结论"探究模式、控制变量法、转换法、分类法、比较法

第4周：

课时	课题	教学内容	教学方法
1	§8-3摩擦力（2）	增大和减小摩擦力的方法、摩擦力的分类	分类法、比较法、"小循环多反馈"教学模式
2	受力分析专题	运用力和运动的关系对物体进行受力分析	范例教学法、"小循环多反馈"教学模式、小组合作学习方式

第5周：

课时	课题	教学内容	教学方法
1	力与运动单元复习	梳理本单元知识结构、讲解重点难点知识、习题讲解	"小循环多反馈"教学模式、范例教学、分类法
2	力与运动单元检测	对本单元两章内容进行检测	学生学习情况反馈

————○ 跨学科实践 ○————

分组调查乘车、驾车安全问题（如汽车上有哪些与安全相关的功能配置、交通法规中有哪些与安全相关的规定、道路规划建设中有哪些与安全相关的设施），进行交流评估，并举行"遵守交通安全法规"主题班会。

主题二：压强与浮力单元

浮力的产生是由于浸在液体中的物体上下表面受到大小不同的液体压力。压强知识是学习浮力的基础，同时这部分习题往往需要综合运用压强和浮力的知识进行解答，故教材第9章"压强"和第10章"浮力"在知识体系上联系紧密，在教学中整合为一个物理学习单元实施教学和复习，共计14课时。

◦ 情境创设 ◦

视频片段：2019年12月17日，中国第一艘国产航空母舰山东舰在海南三亚某军港交付海军；2020年4月23日，我国最新型战略核潜艇"长征18号艇"在海南三亚交付海军。

◦ 情境创设说明 ◦

"海洋强国，向海图强"，2020年是中国海军建军72周年，我国新型核潜艇和国产航母的入列视频片段能够深深吸引学生，激发他们的学习兴趣。约5万吨的"山东舰"为何能够在海面上航行？核潜艇如何实现上浮和下潜？什么是轮船的排水量？核潜艇能潜入水下多深呢？……同学们都将在本单元的学习中获得释疑。同时该情境的创设，有利于激发学生的爱国情怀，培养学生热爱海洋、开发海洋、利用海洋的意识，也是一个很好的海洋教育素材。

第6周：

课时	课题	教学内容	教学方法
1	§9-1压强	探究影响压力作用效果的因素、认识压强、增大和减小压强的方法	"提出问题—猜想—实验检验—得出结论"探究模式、等价变换法、转换法、控制变量法、"小循环多反馈"教学模式、范例教学
2	§9-2液体压强（1）	探究液体压强规律、液体压强的计算	"提出问题—猜想—实验反驳—得出结论"探究模式、转换法、控制变量法、模型法、范例教学

第7周：

课时	课题	教学内容	教学方法
1	§9-2液体压强（2）	连通器原理及其应用、液体压强的计算	"小循环多反馈"教学模式、范例教学
2	§9-3大气压强	大气压的存在及生活实例、托里拆利实验、影响大气压的因素、大气压的应用	缺点列举法、转换法、换元法、"小循环多反馈"教学模式、实验教学法

第8周：

课时	课题	教学内容	教学方法
1	§9-4流体压强与流速的关系	探究流体压强与流速的关系、解释生活现象	"小循环多反馈"教学模式、实验教学法
2	压强计算专题	固体压强计算、液体压强计算、压强综合计算	范例教学法、平行矫正教学法、归纳总结教学法

第9周：

课时	课题	教学内容	教学方法
1	期中阶段复习	梳理运动和力、压强知识体系、综合习题讲解	"小循环多反馈"教学模式、范例教学、小组合作学习
2	期中阶段检测	期中阶段检测试题	学生学习情况反馈

第10周：

课时	课题	教学内容	教学方法
1	§10-1浮力	认识浮力、浮力的方向、产生原因、测量方法	实验教学法、模型法、公式推导法、"小循环多反馈"教学模式
2	§10-2阿基米德原理	探究阿基米德原理	"提出问题—猜想—实验检验—得出结论"探究模式、等价变换法、控制变量法

第11周：

课时	课题	教学内容	教学方法
1	五一假期	自制潜水艇、密度计、气压计	小组合作学习、项目式教学、自主探究学习
2	§10-3物体的浮沉条件及应用（1）	物体的浮沉条件分析	"小循环多反馈"教学模式、模型法、受力分析法、范例教学法、公式推导法

第12周：

课时	课题	教学内容	教学方法
1	§10-3物体的浮沉条件及应用（2）	轮船、潜水艇、飞艇、密度计的工作原理和使用方法	"实际问题—分析—解决问题"探究模式、"小循环多反馈"教学模式、小组合作探究模式、运用控制变量法分析问题
2	浮力计算专题	浮力计算方法归纳、典型题目讲解	"小循环多反馈"教学模式、范例教学法、小组合作学习法

第13周：

课时	课题	教学内容	教学方法
1	压强与浮力单元复习	压强与浮力知识体系梳理、压强与浮力典型综合习题讲解	"小循环多反馈"教学模式、小组合作探究模式、范例教学法
2	压强与浮力单元检测	对本单元内容进行检测	学生学习情况反馈

———○ 跨学科实践 ○———

结合生物知识，组织学生分组展开关于鱼鳔的系列研究，并进行交流：

① 自选器材设计实验探究鱼鳔如何控制鱼的上浮和下潜。

② 深海鱼是没有鱼鳔的。查阅资料了解深海鱼如何上浮和下潜。

③ 查阅资料，了解鱼鳔在生产生活中的应用。

主题三：功和机械单元

教材第11章"功和机械能"和第12章"简单机械"在知识体系上联系紧密，在教学中整合为一个物理学习单元实施教学和复习，共计12课时。

———○ 情境创设 ○———

视频片段：从古至今，我国劳动人民使用简单机械完成各种工作的场景，从最初的撬棒、扁担、斜面、辘轳、滑轮，到现在的起吊装置……大大提高了工作效率。

———○ 情境创设说明 ○———

该情境的设置涵盖了本单元学习的知识。衡量机械优劣的指标有是否省力、功率、效率等，而我们使用机械就是为了做功。通过视频情境创设，让学生对本单元内容有大致了解，同时让学生意识到现代科学的强大，激发学生热爱科学、热爱美好生活的情感。

第14周：

课时	课题	教学内容	教学方法
1	§11-1功	功的定义、做功的两个必要因素、不做功的三种情况、功的计算	实例分析法、范例教学法、分类法、"小循环多反馈"教学方法
2	§11-2功率	功率的物理意义、定义、定义式、单位及计算	范例教学法、类比教学法、等价变换法、控制变量法

第15周：

课时	课题	教学内容	教学方法
1	§11-3动能和势能	探究动能大小的影响因素、探究重力势能大小的影响因素、探究弹性势能大小的影响因素	"提出问题—猜想—实验检验—得出结论"探究模式、控制变量法、类比法、转换法、分类法
2	§11-4机械能及其转化	机械能的定义、动能和势能相互转化的实例解释	范例教学法、控制变量法、"小循环多反馈"教学方法、讨论式教学法

第16周：

课时	课题	教学内容	教学方法
1	§12-1杠杆（1）	杠杆的五要素、探究杠杆的平衡条件	模型法、范例教学法、"提出问题—猜想—实验检验—得出结论"探究模式
2	§12-1杠杆（2）	杠杆的分类及应用、斜面与轮轴的特点及应用	分类法、模型法、控制变量法、"小循环多反馈"教学模式

第17周：

课时	课题	教学内容	教学方法
1	§12-2滑轮（1）	探究定滑轮的特点、实质及应用；探究动滑轮的特点、实质及应用	"提出问题—猜想—实验检验—得出结论"探究模式、实验教学法、模型法、分类法、比较法
2	§12-2滑轮（2）	探究滑轮组的省力规律及特点	"提出问题—猜想—实验检验—得出结论"探究模式、实验教学法、归纳总结法

第18周：

课时	课题	教学内容	教学方法
1	§12-3机械效率	功的分类、机械效率定义及计算	分类法、比较法、等价变换法、范例教学法
2	关于滑轮组、斜面的机械效率	滑轮组、斜面机械效率的计算方法	范例教学法、"小循环多反馈"教学方法

第19周：

课时	课题	教学内容	教学方法
1	功和简单机械单元复习	梳理本单元知识结构、典型习题讲解	范例教学法、"小循环多反馈"教学法、小组合作学习
2	功和简单机械单元检测	对本单元两章内容进行检测	学生学习情况反馈

第20周：

课时	课题	教学内容	教学方法
1	期末总复习	梳理本学期知识结构、基础知识复习巩固	范例教学法、小组合作学习、"小循环多反馈"模式
2	期末阶段检测	对本学期三个主题单元知识的综合检测	学生学习情况反馈

制作杆秤，要求能较准确地测量出文具的质量，并通过查阅资料了解现在普遍使用的电子秤的工作原理。

五、评价活动与成绩评定

《义务教育物理课程标准（2022年版）》倡导"立足过程，促进发展"的学生学习评价，提倡运用多样化的评价方式促进学生全面而富有个性的发展。具体评价活动与方法如下。

（一）课堂评价

课堂评价以过程性评价为主，注重学生在课堂教学真实情境中的行为表现。课堂教学采取"小组合作探究学习模式"，将学生按照4—6人一组进行编组，建立"班级学生过程评价量表"，在课堂上随时记录学生在回答问题、积极思考、提出问题、实验探究、课堂参与度等各方面的表现，并根据个人过程表现折合成分数计入小组成绩。每学期评选优秀小组、进步小组等，真实、准确地反映学生的优势与不足，在调动学生课堂学习积极性的同时，为学生进一步改进提供指导依据。

（二）作业评价

1. 以学业要求与学业质量标准为依据，设计层次分明、类型多样的作业，兼顾基础性作业、探究性作业、实践性作业，避免简单、机械的重复性作业，有效减轻课业负担。

2. 建立学生成长档案袋，将学生学习过程中的优秀作业、学习笔记、创新性小制作、研究性小论文、实践报告等收录在档案袋中，记录学生学习过程中的成果和发展。

（三）阶段性评价

1. 通过阶段性单元检测对学生所学知识达到的水平进行等级评价，前15%为A等级，16%-45%为B等级，46%-75%为C等级，后25%为D等级。除了考查学生基础知识掌握情况，单元测试题还应适当考查学生在真实情境中提取变量、综合分析、创造性地解决实际问题等能力，在保护学生学习积极性的前提下，调动学有余力的同学进行知识技能的拓展。

2. 通过实验操作测试对学生实验基本技能达到的水平进行等级评价，分为"合格"与"不合格"。实验操作测试题目以本学期学生必做探究实验和测量实验为主，由教师根据学生实验操作的规范性进行评价。

（四）跨学科实践评价

1. 设计具有综合性、实践性、开放性的跨学科问题情境，组织学生运用多学科知识和跨学科思维分析、解决问题，并对学生研究过程中的科学态度、团队协作能力、解决问题能力及最终成果进行评价。

2. 通过与学校、班级研究性学习活动、社会实践活动、励志教育活动、主题班会等相结合的方式，鼓励学生走出校园、走向社会，关注科学前沿、搜集院士故事，树立热爱科学、实事求是的探索精神，并对学生在活动中的表现和研究成果进行评价。

"力与运动"单元教学方案 叁

一、背景分析

（一）课程标准陈述及分析

本单元物理教学内容对应《义务教育物理课程标准（2022年版）》一级主题"运动和相互作用"中的"机械运动和力"、一级主题"实验探究"中的学生必做实验。具体陈述如下。

2.2.3　通过常见事例或实验，了解重力、弹力和摩擦力，认识力的作用效果。探究并了解滑动摩擦力的大小与哪些因素有关。

2.2.4　能用示意图描述力。会测量力的大小。了解同一直线上的二力合成。知道二力平衡条件。

2.2.5　通过实验和科学推理，认识牛顿第一定律。能运用物体的惯性解释自然界和生活中的有关现象。

4.1.6　用弹簧测力计测量力。

4.2.2　探究滑动摩擦力大小与哪些因素有关。

力学在物理学中占有非常重要的地位，是物理学的基础，也是物理学及其他科学研究的典范。本单元内容主要是认识力的概念、认识三种力、认识力与运动的关系，这些都与学生日常生活有着密切的联系。学生在生活中对这些力学知识有很丰富的感性认识，但这些认识多是零碎的、肤浅的，表述上往往也是不科学的，要让学生形成科学的物理观念并非易事。《义务教育物理课程标准（2022年版）》尊重学生认知过程，反复强调通过实验、实例、现象等让学生学会这些知识，即让学生经历感知、描述、测量等认知过程，以达到逐步认识概念、深化物理观念，培养科学思维，学会科学探究，最终形成科学的人生观和价值观的目的。另外，该课程标准将"探究滑动摩擦力大小与哪些因素有关"规定为学生必做探究实验，要完成此实验既需要学生熟练使用弹簧测力计，又需要学生掌握二力平衡的知识。该实验是对本单元教学内容的综合应用，因此教学设计既要重视知识传授，又要重视实验和方法的教学。

（二）教材分析

本单元在人教版《物理》八年级上册第1章"机械运动"和第6章"质量与密度"的基础上进一步学习力学知识，它既是前面所学知识的延续，又是继续学习"压强与浮力"单元的预备知识，同时更是学生在高中阶段进一步学习力学知识的基础，起到了承上启下的作用。本单元包括第7章"力"和第8章"运动和力"，在获得力的概念之后，本应学习三种常见力，即重力、弹力和摩擦力，但由于摩擦力的测量需要用到二力平衡知识，故教材把摩擦力编入第8章第2节"二力平衡"之后。这两章内容相互联系，构成了一个整体，而且，只有在这两章内容学完之后，学生才能具备分析物体受力情况和研究物体运动状态的能力，才能为"压强与浮力"单元的学习做好铺垫，故在教学中将这两章整合为一个学习单元实施教学和复习，共计10课时。

（三）学情分析

学生在人教版《物理》第1章"机械运动"中已掌握了判断物体运动或静止的方法，并认识了匀速直线运动、变速直线运动和曲线运动，这些知识是本单元学习力的作用效果、牛顿第一定律的基础；学生在第6章"质量和密度"中学习了质量的概念，理解了质量是物质的属性，这是本单元学习重力大小的基础。在日常生活中，重力和质量往往被混为一谈，所以在重力学习过程中要做好重力和质量的概念区分。惯性现象是学生比较熟悉的，但他们对惯性概念的理解和惯性现象的解释不够科学，在教学中要注重该现象解释的规范性；另外，学生不易理解"惯性大小与速度无关"这个知识点，教师可结合高速限速、能量转化、汽车刹车等方面的知识帮助学生纠正错误观念。力学现象随处可见，与生产生活联系紧密，教学中多利用身边的实例和现象作为分析问题的情境，有利于激发学生学习兴趣。

（四）单元重点

1. 建构力的概念。

2. 重力、弹力、摩擦力的三要素。

3. 探究阻力对物体运动的影响、探究二力平衡的条件、探究滑动摩擦力大小的影响因素。

4. 用惯性知识解释生活中的惯性现象。

（五）单元难点

1. 理解牛顿第一定律的内容、明确运动与力的关系，形成初步的运动和相互作用观念。

2. 认识静摩擦力、判断摩擦力的方向。

3. 综合运用力与运动的知识分析物体的运动状态和受力情况。

二、单元目标

（一）物理观念

1. 通过生活实例和实验，认识重力、弹力、摩擦力及力的作用效果；知道重力、弹力、摩擦力的产生原因及三要素；能够区分重力和质量这两个物理量。

2. 通过学习牛顿第一定律，认识力和运动的关系，并能与实际情境联系起来，运用所学知识解释生活中常见的惯性现象。

3. 知道二力平衡的条件，并能分析生活中常见的处于平衡状态的物体的受力情况。

4. 通过对生产生活中的力学现象和实例进行分析，理解力与运动的关系，初步形成运动和相互作用观念。

（二）科学思维

1. 能够建构力的示意图模型描述力的三要素，并学会使用该模型对物体进行受力分析。

2. 通过分析类似草地上滚动的足球、滑板车滑行等运动情境，勇于质疑亚里士多德的错误观点，并讨论物体运动状态改变的原因，体会科学推理、科学论证、质疑创新在科学研究中的作用。

3. 经历探究阻力对物体运动的影响、探究二力平衡条件、探究摩擦力大小的影响因素实验，学会运用逐渐逼近法、反证法、模型法、控制变量法、逆向思考法、双重印证法等科学研究方法和思维方法解决实际问题。

（三）科学探究

1. 能够使用弹簧测力计测量身边物体的重力，体验不同力的大小，通过数据分析，与同学交流评估测量中存在误差的原因及减小误差的方法。

2. 通过讨论如何能把黑板擦干净的实际问题，探究影响摩擦力大小的因素，并能根据生活经验进行科学猜想、利用器材设计实验进行探究，得出科学的实验结论。

3. 除了学会运用如"提出问题—建立假说—实验检验（反驳）—得出结论"这样常规的探究模式进行实验探究外，还应学会运用中国古代科学家的探究模式进行实验探究，如梅文鼎和管仲的"实际问题—分类—科学问题—解决问题"探究模式、唐慎微的"分解—组合"探究模式，以及辅集式组合法这样的创造学技法。

（四）科学态度与责任

1. 通过了解伽利略勇于质疑权威、提出创新观点、多名科学家不断总结补充最终得出牛顿第一定律的物理学史，培养学生崇尚科学、实事求是、严谨认真的科学态度。

2. 通过运用惯性知识解释汽车急刹车、转弯时车内可能发生的现象，深刻认识系好安全带的必要性，培养学生安全乘车、谨慎驾驶、珍爱生命、遵守交通规则的安全意识。

3. 通过分析在生产生活中利用和防止摩擦力的实例、惯性的利用和危害实例，培养学生运用"一分为二"的观点看待问题的科学态度。

三、评价设计

（一）课堂与作业评价

课堂评价以过程性评价为主，注重学生在课堂教学真实情境中的行为表现；作业是课堂教学的延续，作业的设计本身就是多层次、多元化的，因此作业评价除了关注书面反映出的知识掌握情况，更应关注学生对待物理学习的态度以及课后进一步探究的成果。在物理教学中，教师可采取"小组合作探究模式"，设计如图《初中物理学习过程评价量表》，引导学生在学习过程中通过自评、互评、师评，多角度对自己的学习情况进行评价，有利于促进学生全面认识自我，也有利于教师更全面地了解学情。

初中物理学习过程评价量表

课题 _____
学校 _____   班级 _____   学生姓名 _____
任课教师 _____   组长 _____   小组成员 _____

评价项目	评价等级标准	自评	互评	教师评价	综合评价
课前准备（课前预习、复习及课前学案完成情况）	A.优秀　B.良好　C.合格 D.不合格				
知识与技能掌握情况（新授知识掌握情况、学案习题反馈情况、课堂回答问题情况）	A.优秀　B.良好　C.合格 D.不合格				
小组合作探究学习情况（学习态度、课堂活动参与度、创新思维情况、科学精神等）	A. 带领组内成员积极讨论课堂问题或带领组内成员完成实验探究活动，表现优秀。 B. 积极参与小组讨论课堂问题或完成分组实验探究活动，表现优秀。 C. 积极参与小组讨论课堂问题或完成分组实验探究活动，表现良好。 D. 能够参与小组讨论课堂问题或能够在小组成员帮助下完成分组实验探究活动				
探究模式、物理研究方法掌握情况	A.优秀　B.良好　C.合格 D.不合格				
课后复习与巩固情况（课后作业完成情况、课后复习情况、课后进一步探究情况）	A.优秀　B.良好　C.合格 D.不合格				
综合评价	A.优秀　B.良好　C.合格 D.不合格				
描述性评价	学生自评：				
	教师评价：				

填表日期 _____

（二）阶段性评价

本单元新授课内容结束后，设置1课时进行单元检测，旨在诊断学生本单元知识掌握情况，指导后续教学活动。试题命制注重考查学生在真实情境中综合运用所学知识解决问题的能力，同时合理控制试题难度，保护好学生学习积极性。阶段性单元检测成绩最终按照前15%为A等级，16%-45%为B等级，46%-75%为C等级，后25%为D等级进行划定。

（三）跨学科实践评价

本单元跨学科实践活动内容为：分组调查乘车、驾车安全相关问题。各小组自拟研究课题，通过查阅资料、实地考察、实验探究等多种形式进行研究，撰写一篇研究性小论文，并制作ppt。组织召开以"遵守交通安全法规"为主题的班会，并在班会课上进行交流展示，由教师和学生代表评选出一部分优秀成果，在学校宣传栏进行展览。

四、学与教活动设计

（一）教学活动设计

本单元教学共10课时，包括新授课、复习课和单元检测。根据教育部规定，初中物理学科每周2课时，预计5周完成本单元教学任务。具体每课时教学活动设计如下。

第1课时

课题	教学活动设计	学习方式	学习评价
§7-1力	1. 用"辐集式组合法"利用桌上器材（磁铁、铁块、气球……）以其中一个物体为轴心，自由制造各种力。对这些力进行归纳、分析，得出力的定义。 2. 用不同的方法将橱门打开。分析每种方法的不同点，归纳总结力的三要素。 3. 各小组利用周边物体选用不同方法砸核桃。通过分析将砸核桃的方法分类，得到物体间力的作用是相互的	小组合作探究 辐集式组合法 分类法 自主学习	交流与评估 学案习题反馈 评价量表

第2课时

课题	教学活动设计	学习方式	学习评价
§7-2弹力	1. 探究弹簧的伸长量与弹簧所受拉力的关系。 2. 使用弹簧测力计测量力	小组合作探究 自主学习	交流与评估 学案习题反馈 课评价量表

第3课时

课题	教学活动设计	学习方式	学习评价
§7-2重力	1. 探究重力与质量的关系（设计实验方案、进行分组实验记录、记录分析实验数据、描点法绘制$G-m$图像、得出结论）。 2. 确定物体的重心	小组合作探究 分组实验 自主学习	交流与评估 学案习题反馈 评价量表

第4课时

课题	教学活动设计	学习方式	学习评价
§8-1牛顿第一定律	1. 探究阻力对物体运动的影响。 2. 设计实验证明物体具有惯性	小组合作探究 分组实验 逐渐逼近法 自主学习	交流与评估 学案习题反馈 评价量表

第5课时

课题	教学活动设计	学习方式	学习评价
§8-2二力平衡	1. 探究二力平衡条件。 2. 小组讨论：总结力与运动的关系。 3. 小组讨论：列表比较一对平衡力与一对相互作用力的异同点	小组合作探究 分组实验 反证法	交流与评估 学案习题反馈 评价量表

第6、7课时

课题	教学活动设计	学习方式	学习评价
§8-3摩擦力（第1课时）	1. 小组讨论：摩擦力产生的条件。 2. 探究滑动摩擦力的影响因素（猜想、实验方案设计、分组实验、实验数据记录、得出结论）。 3. 设计实验证明"滚动摩擦比滑动摩擦小得多"	小组合作探究 分组实验 转换法 控制变量法	交流与评估学案习题反馈 学案习题反馈 评价量表
§8-3摩擦力（第2课时）	1. 小组讨论：观看视频，总结归纳增大和减小摩擦力的方法，并列表格进行比较。 2. 小组讨论：摩擦力的分类、如何确定静摩擦力的大小	小组合作学习 分类法 比较法 逆向思考法	交流与评估 学案习题反馈 评价量表

第8课时

课题	教学活动设计	学习方式	学习评价
受力分析专题	1. 运用"范例教学法"讲授典型受力分析题目，并采用"小循环多反馈"教学模式进行复习巩固。 2. 小组通过讨论，派代表为同学讲授相关的题目	小组合作探究 模型法 范例-模仿	交流与评估 学案习题反馈 评价量表

第9、10课时

课题	教学活动设计	学习方式	学习评价
力与运动单元复习	1. 小组合作绘制本单元思维导图并进行交流与展示。 2. 采取"小循环多反馈"教学模式，将本单元知识分板块进行复习和巩固。 3. 采取"平行矫正"教学方法进行强化训练	小组合作学习 自主学习	交流与评估 学案习题反馈 评价量表
力与运动单元检测	1. 课前按照青岛市初中物理习题编写题型要素，依据本单元知识内容编写一份单元检测习题。 2. 组织进行单元检测（检测时长45分钟）	自我诊断 查漏补缺	成绩评价 等级评价

（二）跨学科实践活动设计

牛顿第一定律告诉我们"一切物体都具有惯性"，惯性现象在生产生活中很常见。事物都有两面性，教学中要培养学生一分为二地去看待惯性现象，除了学会利用惯性为我们服务，还要学会防止惯性造成的危害。本单元跨学科实践活动围绕防止惯性的危害展开，学生通过了解惯性的危害，研究与乘车、驾车安全相关的问题，与班级班会课联合进行安全教育。具体活动设计如下。

课题	与乘车、驾车相关的安全问题研究
跨学科实践活动设计	1. 各小组通过讨论，确定具体的研究课题（如汽车上有哪些与安全相关的功能配置、交通法规中有哪些与安全相关的规定、道路规划建设中有哪些与安全相关的设施）。 2. 通过各种方式搜集、整理资料，撰写研究性论文。 3. 制作ppt演示文稿，并选出代言人在班会课上进行成果展示。 4. 确定教师代表和学生代表组成评定小组，制订评分规则并设计制作《评分明细表》。 5. 举行"遵守交通法规"主题班会，各小组展示研究成果，并评选"优秀研究成果奖"，颁发奖状和奖品，并在学校公众号或校园宣传栏进行展览
活动方式	查阅资料、实地考察、实验探究、班会交流
活动成果	撰写一篇研究性小论文、制作ppt演示文稿用于展示交流
活动平价	通过主题班会进行成果交流、评选出"优秀研究成果奖"

肆 "力"课时教学方案

一、一般信息

课时名称	力	学科	物理	课时	1
使用年级	八年级	班额	50	课程类型	必修
设计者	原 凤				

二、课时目标

（一）《义务教育物理课程标准（2022年版）》相关内容要求

2.2.3 通过常见事例或实验，认识力的作用效果。

2.2.4 能用示意图描述力。

（二）具体教学目标

1. 运用辐集式组合法展开想象，利用器材制造各种力，分析施力物体和受力物体，得出力的初步定义，并学会运用分类法对力的作用效果进行分类（物理观念、科学思维、科学探究）。

2. 解决实际问题"如何打开橱门"，通过对各种开橱门方式进行归类，发现力的大小、方向、作用点会影响开橱门的效果，理解力的三要素（物理观念、科学思维、科学探究、科学态度与责任）。

3. 通过讨论、创新、交流，最终建构出力的示意图来描述力的三要素，体会模型建构在物理学习中的重要作用（物理观念、科学思维、科学探究）。

4. 解决实际问题"剥核桃"，交流各种剥核桃的方法，并通过分析每种方法的施力物体与受力物体，发现物体间力的作用是相互的，并学会运用该知识点解释生产生活中的常见现象（物理观念、科学思维、科学探究、科学态度与责任）。

5. 学会运用中国古代科学家梅文鼎和管仲的"实际问题—分类—科学问题—解决问题"探究模式进行探究学习；学会运用中国古代科学家的研究方法（简化法、模型法、双重印证法）来解决问题；通过了解梅文鼎、管仲、王叔和、李冶、墨子等中国古代科学家的成就，培养学生崇尚科学、勇于创新的科学品质，激发爱国情怀，树立文化自信（科学思维、科学探究、科学态度与责任）。

6. 通过分析"宇航员断臂自救"的原因，学习宇航员面对困境永不言弃的勇敢精神；通过观看我国运动员奥运会自由泳夺冠的精彩瞬间，学习运动员奋力拼搏、坚韧不拔的体育精神；通过观看嫦娥五号发射成功的震撼画面，激发学生的爱国情怀（科学态度与责任）。

三、评价设计

本节课采取"小组合作探究模式"进行，将班级学生按照4人一组进行分组，使用如图《初中物理学习过程评价量表》，引导学生在课堂学习过程中按照表格项目，通过自评、互评、师评，多角度对自己的学习情况进行全面评价。课后该表格将存入学生个人成长档案袋，作为学生物理学习过程性评价材料之一。

初中物理学习过程评价量表

课题_____

学校_____　　班级_____　　学生姓名_____

任课教师_____　　组长_____　　小组成员_____

评价项目	评价等级标准	自评	互评	教师评价	综合评价
课前准备（课前预习、复习及课前学案完成情况）	A.优秀　B.良好　C.合格　D.不合格				
知识与技能掌握情况（新授知识掌握情况、学案习题反馈情况、课堂回答问题情况）	A.优秀　B.良好　C.合格　D.不合格				
小组合作探究学习情况（学习态度、课堂活动参与度、创新思维情况、科学精神等）	A.带领组内成员积极讨论课堂问题或带领组内成员完成实验探究活动，表现优秀。B.积极参与小组讨论课堂问题或完成分组实验探究活动，表现优秀。C.积极参与小组讨论课堂问题或完成分组实验探究活动，表现良好。D.能够参与小组讨论课堂问题或能够在小组成员帮助下完成分组实验探究活动				
探究模式、物理研究方法掌握情况	A.优秀　B.良好　C.合格　D.不合格				
课后复习与巩固情况（课后作业完成情况、课后复习情况、课后进一步探究情况）	A.优秀　B.良好　C.合格　D.不合格				
综合评价	A.优秀　B.良好　C.合格　D.不合格				
描述性评价	学生自评： 教师评价：				

填表日期_____

四、学与教活动设计

（一）教学活动设计综述

本节课按照青岛市"整—分—合—补—测"五环节教学模式进行划分，并运用"小循环多反馈"模式对学生学习情况进行反馈。本节课使用的探究模式来自中国古代科学家梅文鼎和管仲的榫卯组合模式：实际问题—分类—科学问题—解决问题。另外，本节课采用"小问题串"模式设计了36个问题激发学生思维，同时还运用了椰壳效应、蚁球效应、雁阵效应、灯塔效应等多种心理学效应，调动学生学习积极性。

（二）具体教学活动设计

1. 整体感知板块

（1）实际问题

① 播放视频：太空中宇航员断臂自救回到飞船。

② 提出问题：宇航员为什么扔出手臂就能回到飞船呢？

③ 学生讨论：通过这种做法可获得一个"力"进而自救。

（2）科学问题：引入课题——力。

教师告诉学生：只要学习了本节内容，就能解答这一问题，这就是为我们指明前进方向的灯塔（灯塔效应）。

2. 分1——什么是力

（1）实际问题

① 小游戏：以灯为中心进行辐射发散联想（树、头盔、手机、冰箱……）。

教师说明：这就是创造学技法中的"辐集式组合法"，可以在本节课中帮助我们进行发散联想——本节的"交通工具"。

② 学生活动：利用"辐集式组合法"，利用桌上器材（磁铁、铁球、气球、手、橡皮泥……）选取一个物体为轴心，自由制造力。

③ 各小组汇报展示力（教师汇总）。

（2）分类：引导学生分析每个力的情境：每个情境都有（至少）两个物体——分类——施力物体和受力物体。两个物体之间都有推、拉、提、压等作用。可见，一个力的情境是由施力物体、受力物体、它们之间的作用三部分组成。

（3）科学问题：究竟什么是力？

（4）解决问题

① 小组讨论，得到力的定义——力是施力物体对受力物体的作用。

② 轴心—辐射：引导学生由力想到牛顿，通过物理学史引出力的单位"牛"以及各种趣味力的大小。用辐集式组合图表示：牛顿（辐集组

合）——1牛两个鸡蛋、3N物理课本、1.2N手机……

（5）反馈练习：判断施力物体、受力物体，估算选择力的大小。

（6）小结

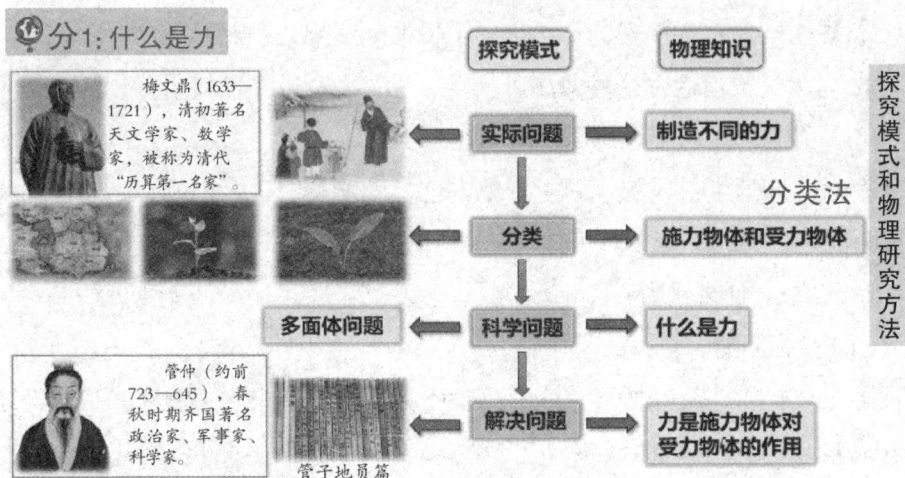

回顾上述学习过程，讲述梅文鼎、管仲的科学故事，介绍上述探究模式。目前还不能解释断臂自救问题，继续探究。

3. 分2——力的作用效果

（1）实际问题：用力做点事。用"辐集式组合法"找到任务，解决问题。

力（辐集式组合）——捏橡皮泥、折纸飞机、移动小车位置、小车拐弯、抛接球……分成几个小组，分别选一个任务完成，展示汇报。

（2）分类：力可以做许多事情，可以分为两大类。让学生讨论后进行分类：第一类：捏橡皮泥、折纸飞机……第二类：移动小车、小车拐弯、抛接球……

这两类分别改变了物体的什么？

学生讨论：第一类：改变物体的形状（捏橡皮泥、折飞机……）；第二类：改变物体的运动状态（拐弯、抛接球……）。

（3）科学问题：可见力作用在物体上，产生的效果往往是不同的。力有哪些作用效果呢?

（4）解决问题：在前面分类的基础上，得出力可以改变物体的形状和运动状态。

（5）反馈练习：判断各个实例，分别是哪一种力的作用效果。

（6）小结探究模式和研究方法：

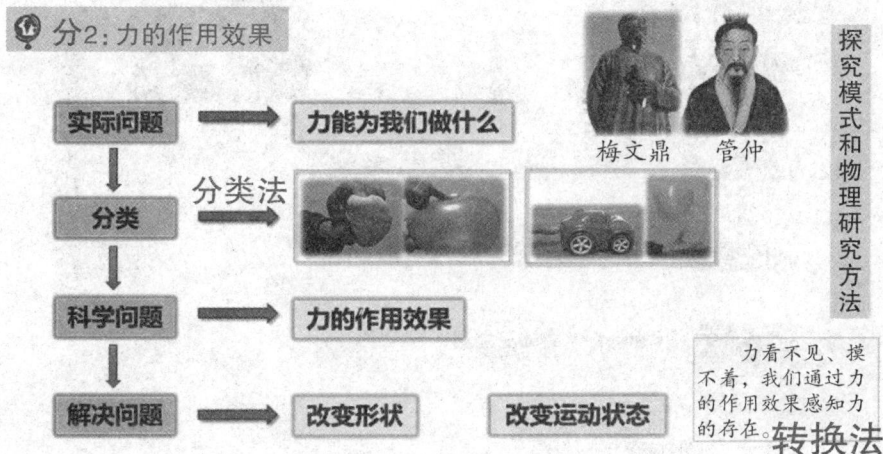

分2：力的作用效果

梅文鼎　管仲

探究模式和物理研究方法

力看不见、摸不着，我们通过力的作用效果感知力的存在。

转换法

4. 分3——力的三要素

（1）实际问题

问题解决：用各种不同的方法将橱门打开。每组派代表上台操作，不能与前面组的做法重样，并说出与前者的不同。

开门（辐集式组合）——直接通过门把、利用橱门上的棱角突出、利用工具、橱门上的挂钩、绳子……

（2）分类：分析上述用力开橱门的过程，各组做法不尽相同。将上述做法进行分类。

学生发现：不同方法的不同之处可以分为3类：力的大小不同、力的方向不同、力的作用点不同。

（3）科学问题：影响力的作用效果的因素。

（4）解决问题：力的大小、方向、作用点可以影响力的作用效果。因此，这三个方面可以描述出一个力，这叫作力的三要素。

（5）反馈练习：判断下列力的效果不同是由哪个要素造成。

（6）小结探究模式和学习过程

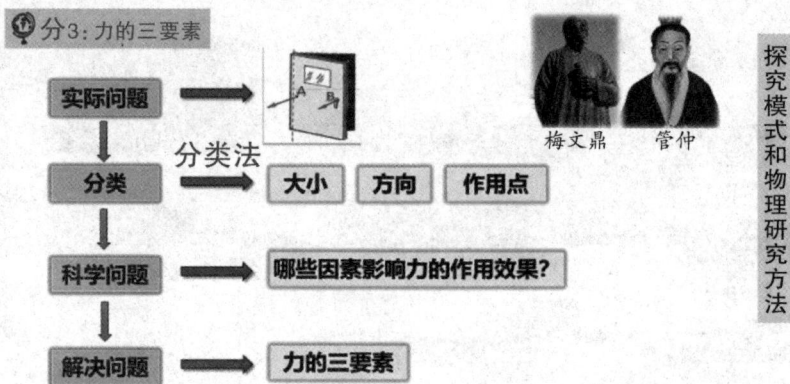

5. 分4——力的示意图

（1）实际问题：教师出示一些力，如推小车的力、按压气球的力……各组选取一个力，画出这些力的三要素。展示汇报各种画法。

（2）分类：根据三要素进行分类，分别汇总各组所画的力。

（3）科学问题：画法不同、繁琐程度、科学性也不同。如何用简图表示一个力？

（4）解决问题

① 引导学生讨论每一个要素的诸多不同画法，运用缺点列举法，最终找到三要素最简洁、最科学的表示方法，建构力的模型。

② 范例教学：选取上述其中一个力，用力的示意图表示。

（5）反馈练习：学生把其他的力用力的示意图正确画出。

（6）小结探究模式和学习过程

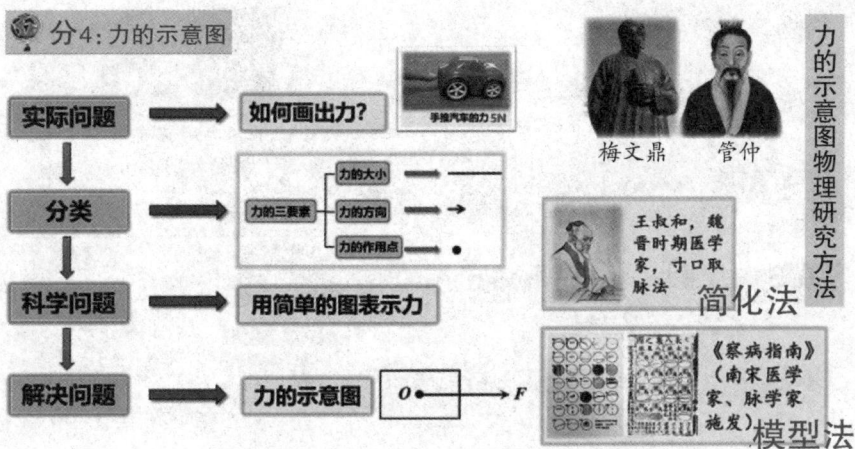

6. 分5——力的作用是相互的

（1）实际问题：剥核桃（学生用不同方法剥核桃）

（2）分类

① 将解决上述问题所用的各种办法（手砸、桌子压、摔核桃……）用力的示意图对核桃进行受力分析，并将核桃的受力情况分为两类：正向、逆向用力，或主动、被动用力。

② 由第二类情况（逆向、被动）发现核桃是施力物体，但它还是破裂了，可见它也是受力物体。

（3）科学问题：核桃既是施力物体也是受力物体，由此引出力的作用是否相互的问题。

（4）解决问题：在第二类情况分析的基础上，再对应分析第一类情况：核桃受力，但牙齿或门框被砹坏了，说明核桃同时也是施力物体。由此从正反两个方面得到力的作用是相互的这一结论。

（5）反馈练习：分析游泳比赛中的力，得出作用力与反作用力方向相反的特点。

（6）小结

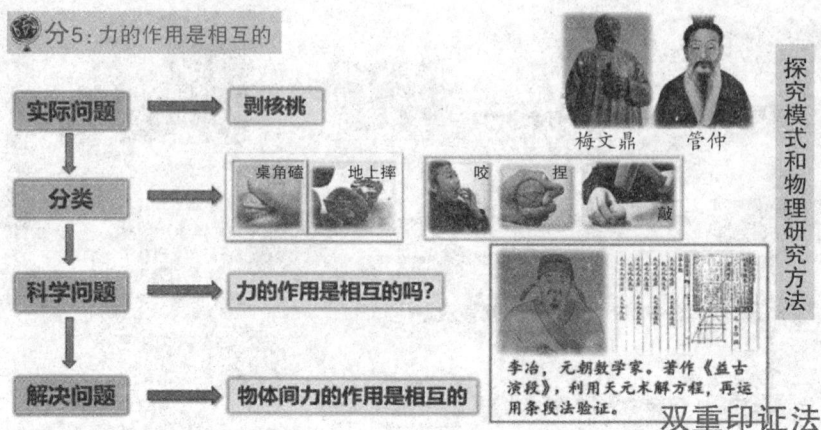

① 回顾探究过程，并简单介绍古代科学家李冶的"双重印证法"（李冶用条段法证明天元术）。

② 再续前缘——宇航员断臂自救问题终于解决，到达本节课的"灯塔"！

7. 合——知识梳理与方法总结

（1）知识梳理

① 展示本节探究路线图：力的定义、单位→力的作用效果→力的三要素→力的示意图→力的作用是相互的→科学解释断臂自救问题。

② 力的定义进化：力是施力物体对受力物体的作用，由于施力物体同时也是受力物体，因此，力的定义进化为物体对物体的作用。

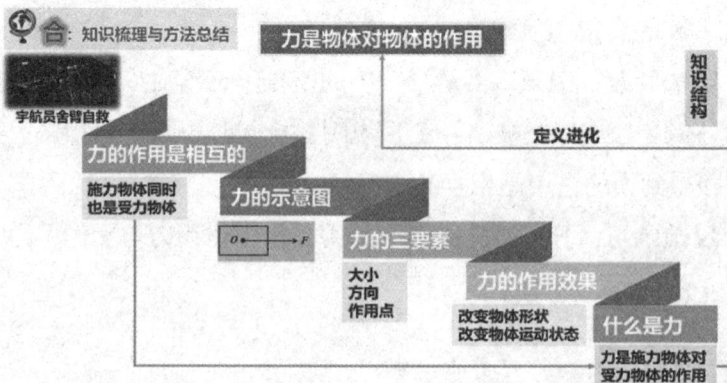

（2）探究模式、研究方法、科学态度小结

8. 查漏补缺板块

（1）讨论：力的作用是否需要相互接触？（磁力、万有引力）

（2）视频资料：自然界中引力、弱力、电磁力、强核力的形成。

9. 达标检测

观看"嫦娥五号"火箭升空过程，回答问题。

10. 课后进一步探究

5

淄博市淄川中学生物课程规划

案例点评

  高中生物学课程是科学领域的重要学科课程之一，是义务教育阶段相关课程的延续和拓展，其精要是展示生物学的基本内容，反映自然科学的本质。本课程围绕"分子与细胞"等相关主题开展了丰富的教学活动，旨在贯彻落实新课标的要求，有助于促进学生主动地参与学习，养成科学思维的习惯，形成积极的科学态度，树立终身学习理念及提高创新实践能力。

  该课程设计总体比较规范，整体的结构非常完整，尤其是以下几个方面非常突出：在教学过程中，小组合作探究、分组汇报交流进行"细胞核的功能"这一知识点的学习，构建结构模型、加深知识理解，进行"细胞核的结构"的学习，说明教学环节很清晰，学习活动设计与安排聚焦目标达成，学习方式多样化。在课程评价上，无论是评价内容、方式、实施还是结果处理，都是丰富多彩的，体现了多元发展评价观。

壹

高中生物学科课程规划方案

本课程规划方案由淄博市淄川中学董孝严、董梅、张菊花、彭玉霞、张洁开发，适用版本为人教版《生物学》高一至高三年级。

一、引言

（一）课程性质

生物学是自然科学中的一门基础学科，是研究生命现象和生命活动规律的科学。它是农业科学、医药科学、环境科学及其他有关科学和技术的基础。生物学的研究经历了从现象到本质、从定性到定量的发展过程。当今，它在微观和宏观两个方向的发展都非常迅速，并且与信息技术和工程技术的结合日益紧密，正在对社会、经济和人类生活产生越来越大的影响。

生物学有着与其他自然科学相同的性质。它不仅是一个结论丰富的知识体系，也包括了人类认识自然现象和规律的一些特有的思维方式和探究过程。生物学的发展需要许多人的共同努力和不断探索，生物学的学科属性是生物学课程性质的重要决定因素。

高中生物学课程（以下简称本课程）是科学领域的重要学科课程之一，也是义务教育阶段相关课程的延续和拓展，其精要是展示生物学的基本内容，反映自然科学的本质。它既要让学生获得基础的生物学知识，又要让学生领悟生物学家在研究过程中所持有的观点以及解决问题的思路和方法。生物学课程要求学生主动地参与学习，在亲历提出问题、获取信息、寻找证据、检验假设、发现规律等过程中习得生物学知识，养成科学思维的习惯，形成积极的科学态度，树立终身学习的理念及发展创新实践能力。学习生物学课程是每个公民不可或缺的教育经历，其学习成果是公民素养的基本组成部分。本课程是以提高学生生物学学科核心素养为宗旨的学科课程，是树立社会主义核心价值观、落实立德树人根本任务的重要载体。

（二）在学校整体课程体系中的定位

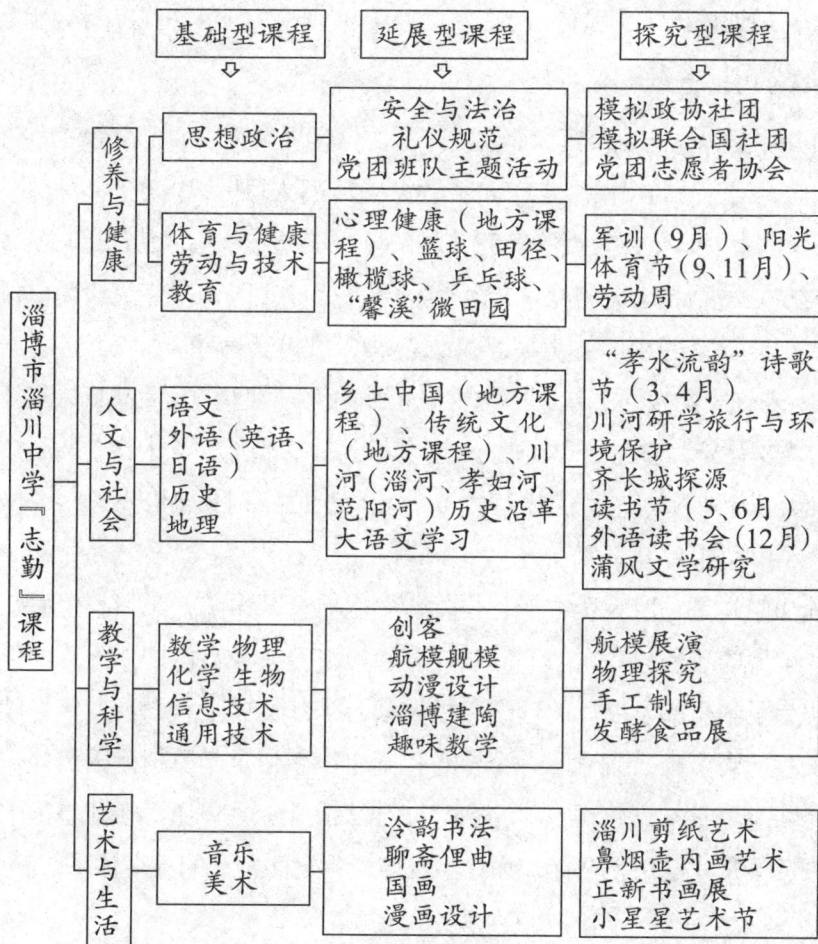

图1 淄博市淄川中学"志勤"课程结构示意图

新课程改革提出了"自主、合作、探究"的学习方式，强调课堂教学要体现学生的主体性，师生在教学中应该平等地交流等理念。新课程理念不仅改变着学生的学习生活，也改变着教师的教学模式。生物学学科核心素养的四个要素：生命观念、科学思维、科学探究和社会责任，是教师开展课堂教学的总目标。在转变教学理念的基础上，教师在教学中充分发挥自身主导作用、学生主体作用，在学生掌握必备知识的基础上，注重学生关键能力的培养。

二、规划依据（背景分析）

（一）学校课程哲学

淄川中学以"志存高远、勤达未来"的办学理念为引领，秉承"尚德、励志、明理、笃行"的校训精神，确定了学校如下育人目标：培养志向高远、德智体美劳全面发展的社会主义建设者和接班人。学校进一步明确特色建设项目：架构升学"立交桥"，全面培养"志勤"学子。以育人目标和特色建设为引领，学校积极实施核心理念为"志存高远、勤达未来"的志勤教育，即学校整体架构志勤文化，打造志勤教师团队，培养志勤学子，引领学生树立远大志向，规划科学的学习成长路径，通过勤奋拼搏，厚植爱国情怀，塑造完美人格，发展核心素养，实现崇高理想，全面培养德智体美劳全面发展的新时代合格公民。

（二）学情

淄川中学是一所完全中学，招收的学生居全区中游，学习、生活、行为习惯，学生的思想教育、心理健康教育、习惯养成教育仍需加强。学校坚持"一切为了学生的发展"的理念，根据核心素养发展三方面：文化基础、自主发展和社会参与，确立了六个核心：坚定理想信念、厚植爱国情怀、加强品德修养、增长知识见识、培养奋斗精神、提升综合素质。在此基础上，学校进一步落实立德树人目标，构建德智体美劳全面发展的教育体系。

三、课程目标

学生通过本课程的学习，能认识到生物学在坚持人与自然和谐共处、促进科技发展、社会进步和提高人类生活质量等方面的重要贡献；树立生命观念，能够运用这些观念认识生命现象、探索生命规律；形成科学思维的习惯，能够运用已有的生物学知识、证据和逻辑对生物学议题进行思考或展开论证；掌握科学探究的思路和方法，形成合作精神，善于从实践层面探讨或尝试解决现实生活问题；具有开展生物学实践活动的意愿和社会责任感，在面对现实世界的挑战时，能充分运用生物学知识主动宣传引导，愿意承担抵制毒品和不良生活习惯等社会责任，为继续学习和走向社会打下认识和实践的基础。

四、课程结构、内容与课时分配

（一）课程结构

高中生物学课程包括2个必修模块、3个选择性必修模块和3个选修模块。（图2）

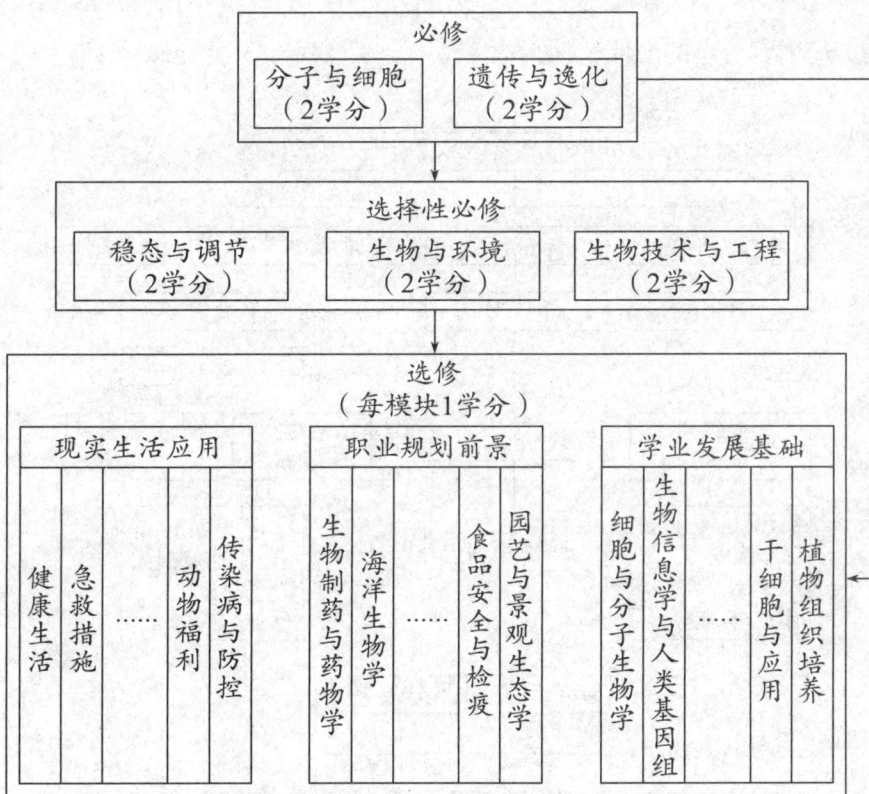

图2 高中生物学课程结构图

（二）学分、选课与课时分配

本课程的每个必修模块为2学分，每个模块的教学需36学时。在高一年级每个学生必须完成2个必修模块的学习，获得4学分。

学生在修满本课程必修学分的基础上，根据兴趣和志向学习选择性必修和选修课程。选择性必修课程每个模块为2学分，选修课程每个模块为1学分，每个模块的教学需18学时，可每个学期学习一个模块。

高一年级学习必修内容，每周2个学时，"六选三"分科后，高二、高三年级课时增加，每周4学时，三年总学时占所有学时的7.63%。

五、课程实施

（一）学校层面

学校依据《山东省普通高中教学指导意见》《普通高中课程标准（2017年版2020年修订）》的文件精神，认真落实国家课程方案。

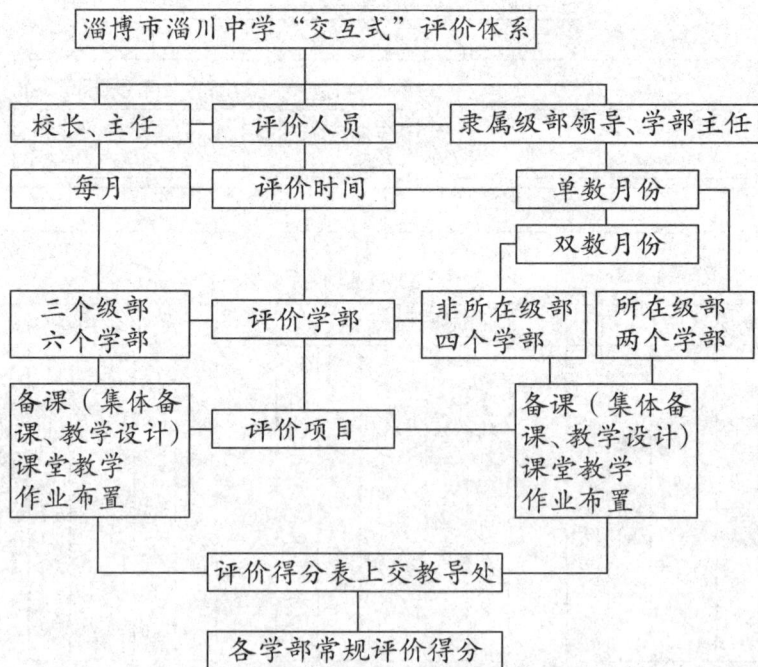

图3　淄博市淄川中学"交互式"过程性评价结构示意图

1.建立教学管理与教学评价机制，保障课程实效实施

一是完善教学管理制度，进一步健全教师工作激励评价和专业发展奖励机制。二是建立"交互式"过程性评价体系（图3），把听课、评课常态化，建立分层、分学部互评制度，督促激励教师精研备课、上课、作业布置等，保障课程实施的实效性。

2.完善教师专业素养提升机制，保障课程优质实施

一是全面落实"教师专业提升工程"，促进教师专业发展。构建"基于教师专业发展的学校学习共同体"；以教研组为单位，制订教师专业发展三年规划。二是打造"勤而细"的管理团队和"勤而谨"的骨干教师团队。三是推行"名师导师制"，提升青年教师的专业素养。

3.以研促教，课程实施生本化

开展基于"生本"教学的课堂模式研究课、课题成果展示课、教研论坛、教研成果交流等活动，打造学校"343生本素养课堂"，保障课程生本化实施。

（二）学科教学

生物学课程的根本任务是提高学生终身发展所需生物学学科核心素养。完成这样的教学任务，教师需要在教学过程中关注每一个学生，关注每一节课的学习过程，努力促进学生在原有基础上良好发展。为此，生物学教师在教学中要注重以下几个方面：一是高度关注生物学学科核心素养的达成。二是组织以探究为特点的主动学习是落实生物学学科核心素养的关键。三是通过概念的学习，帮助学生形成生命观念。四是加强和完善生物学实验教学。五是落实科学、技术和社会相互关系的教育。六是注意学科间的联系。七是注重生物科学史和科学本质的学习。

六、课程评价

（一）评价建议

课程评价以学生发展为本，以生物学课程内容、学业质量标准为依据，聚焦学科核心素养，促进教师的教和学生的学。

1. 评价原则

一是遵循立德树人的指导思想，促进学生爱国主义情操和社会责任感的形成。二是关注学生对生物学大概念的理解和融会贯通。三是指向学生生物学学科核心素养的发展。四是体现导向性和激励性。五是评价方式具有多样性。

2. 评价内容

评价内容以课程目标、课程内容和学业质量标准为依据，结合具体的教学内容，以生物学大概念、重要概念等主干知识为依托，检测学生生物学学科核心素养的发展水平。评价内容主要包括以下几点。

（1）学生是否逐步形成了认识生命的基本观念，学生能否运用生命观念探索生命活动规律，解决实际问题。

（2）学生是否逐步养成科学思维习惯，是否具备运用归纳与概括、演绎与推理、模型与建模、批判性思维、创造性思维等方法，探讨、阐释生命现象及规律的能力。

（3）学生是否具备观察能力、发现问题的能力、设计和实施探究方案以及探究结果的分析、交流等能力。

（4）学生是否具有关注社会重要议题的意识和社会责任感，以及开展生物学实践活动的意愿和能力等。

3. 评价方式

依据评价内容和对象的不同，应采用多元评价方式，将学生自评和互评、小组评和教师评结合起来。评价方法应该多样，如：学生成长记录、课堂行为观察、作业练习测验、实践与应用检测和阶段性纸笔检测等。

4. 结果反馈

对评价结果的科学分析和及时反馈，有利于提高评价的时效性。教师要根据教学目的，参照相关标准，对评价结果作出合理的解释。在这一过程中可利用评语、谈话等形式对学生学习情况及时进行反馈。教师应注重发现和发展学生的潜能，激发学生学习的积极性和主动性，促进学生生物学学科核心素养的养成。

（二）学分认定

学校设立由学分认定委员会、科目学分认定小组、班级评分小组构成的三级管理体系，遵循规范性、公正性和真实性原则，按照学分认定的条件和学分认定程序进行学分认定。

每一个模块的满分都是100分，其中，过程评价占60分（考勤20分，课堂表现20分，平时作业20分），模块考试或考查占40分。总分在85—100分、70—84分、60—69分、60分以下对应的等第分别为A、B、C、D，等第为A、B、C的都可获得相应学分，等第为D的不能获得学分。

七、课程管理与保障

（一）组织制度保障

一是我校成立了淄博市淄川中学课程建设委员会，下设学校课程领导中心组、学校课程指导专家组、学校课程资源研发中心、学生选课指导中心。二是教导处严格按照相关要求指导各级部制订好国家课程表，师生严格按照课程表进行学分修习。三是教导处指导组织备课组每周进行两次备课活动，教研组每月举行一次教研活动，学校指导学部确定活动主题，建立长效机制，建立管理干部参与教研组、备课组活动评价的创新机制，确保活动的正确导向和实效。

（二）资源条件保障

一是校内硬件方面，每间教室的智慧黑板和电子班牌的配备，建成交互式录播教室13间。自2021年以来，学校建成2个特色生物探究活动室、2个生物学科教室、"生命圃"学生种植基地。二是校外联合办学，学校先后与七河生物科技股份有限公司、川鹰酿造有限责任公司等建立生物学科学生校外实践基地，拓展了学校教育阵地，定期组织师生开展学科研学实践活动。

高中生物高一上学期课程纲要

贰

一、与本学期相关的国家课程标准陈述

概念1　细胞是生物体结构与生命活动的基本单位

1.1　细胞由多种多样的分子组成，包括水、无机盐、糖类、脂质、蛋白质和核酸等，其中蛋白质和核酸是两类最重要的生物大分子

1.1.1　说出细胞主要由C、H、O、N、P、S等元素构成，它们以碳链为骨架形成复杂的生物大分子

1.1.2　指出水大约占细胞重量的2/3，以自由水和结合水的形式存在，赋予了细胞许多特性，在生命活动中具有重要作用

1.1.3　举例说出无机盐在细胞内含量虽少，但与生命活动密切相关

1.1.4　概述糖类有多种类型，它们既是细胞的重要结构成分，又是生命活动的主要能源物质

1.1.5　举例说出不同种类的脂质对维持细胞结构和功能有重要作用

1.1.6　阐明蛋白质通常由20种氨基酸分子组成，它的功能取决于氨基酸序列及其形成的空间结构，细胞的功能主要由蛋白质完成

1.1.7　概述核酸由核苷酸聚合而成，是储存与传递遗传信息的生物大分子

1.2　细胞各部分结构既分工又合作，共同执行细胞的各项生命活动

1.2.1　概述细胞都由质膜包裹，质膜将细胞与其生活环境分开，能控制物质进出，并参与细胞间的信息交流

1.2.2　阐明细胞内具有多个相对独立的结构，担负着物质运输、合成与分解、能量转换和信息传递等生命活动

1.2.3　阐明遗传信息主要储存在细胞核中

1.2.4　举例说明细胞各部分结构之间相互联系、协调一致，共同执行细胞的各项生命活动

1.3　各种细胞具有相似的基本结构，但在形态与功能上有所差异

1.3.1　说明有些生物体只有一个细胞，而有的由很多细胞构成，这些细胞形态和功能多样，但都具有相似的基本结构

1.3.2　描述原核细胞与真核细胞的最大区别是原核细胞没有由核膜包被的细胞核

概念2　细胞的生存需要能量和营养物质，并通过分裂实现增殖

2.1　物质通过被动运输、主动运输等方式进出细胞，以维持细胞的正常代谢活动

2.1.1　阐明质膜具有选择透过性

2.1.2　举例说明有些物质顺浓度梯度进出细胞，不需要额外提供能量；有些物质逆浓度梯度进出细胞，需要能量和载体蛋白

2.1.3　举例说明大分子物质可以通过胞吞、胞吐进出细胞

2.2　细胞的功能绝大多数基于化学反应，这些反应发生在细胞的特定区域

2.2.1　说明绝大多数酶是一类能催化生化反应的蛋白质，酶活性受到环境因素（如pH和温度等）的影响

2.2.2　解释ATP是驱动细胞生命活动的直接能源物质

2.2.3　说明植物细胞的叶绿体从太阳光中捕获能量，这些能量在二氧化碳和水转变为糖与氧气的过程中，转换并储存为糖分子中的化学能

2.2.4　说明生物通过细胞呼吸将储存在有机分子中的能量转化为生命活动可以利用的能量

2.3　细胞会经历生长、增殖、分化、衰老和死亡等生命进程

2.3.1　描述细胞通过不同的方式进行分裂，其中有丝分裂保证了遗传信息在亲代和子代细胞中的一致性

2.3.2　说明在个体发育过程中，细胞在形态、结构和功能方面发生特异性的分化，形成了复杂的多细胞生物体

2.3.3　描述在正常情况下，细胞衰老和死亡是一种自然的生理过程

二、课程标准、教材、学情综合分析

《普通高中生物学课程标准（2017年版2020年修订）》指出：学科核心素养是学科育人价值的集中体现，生物学学科核心素养包括生命观念、科学思维、科学探究和社会责任4个方面。本节就从这4个方面，对本模块的育人价值进行举例分析。

教材中列举了很多鲜活的生命现象，并从结构与功能观、物质与能量观等角度帮助学生树立生命观念。比如第2章教材通过"氨基酸怎样构成蛋白质""核酸有由核苷酸连接成的长链"等内容，讲述蛋白质、核酸等物质在细胞中的功能是由其组成和结构决定的，帮助学生初步建立结构与功能相适应的观念。在学习第5章时，学生认识到细胞的生活不但需要物质基础，更需要能量驱动，从而建立"细胞的生存需要能量"这一重要概念。教材在阐述有关概念的过程中，注意体现细胞的能量供应和利用与物质变化的伴随关系，从而帮助学生初步建立生物学的物质与能量观。

新课标指出科学思维是指尊重事实和证据，崇尚严谨和务实的求知态度，运用科学的思维方法认识事物、解决实际问题的思维习惯和能力。教材很多章节的设计都体现了对学生科学思维的培养。例如细胞膜的成分、流动镶嵌模型的建立、分泌蛋白的合成和运输、细胞核的功能等，都是通过提供科学史及相关资料，需要学生运用不同的科学思维方法分析推测得出。再如，在细胞膜的研究过程中，教材渗透了运用模型研究的方法，本章安排了"利用废旧物品制作生物膜模型"与"尝试制作真核细胞的三维结构模型"，这些都体现了落实"模型与建模"的科学思维。

新课标中对科学探究核心素养的阐释如下：能发现现实世界中的生物学问题，针对特定的生物学现象，进行洞察、提问、设计实验、实施方案以

及对结果的交流与讨论的能力。简而言之，就是要学生熟悉科学研究的一般过程：观察现象、发现问题、设计实验、实施实验、分析结果、得出结论并进行表达交流。新教材中涉及的科学方法有：归纳法、差速离心法、建构模型、控制变量和设计对照实验、对比实验、假说—演绎法、自变量控制中的"加法原理"和"减法原理"等。这些科学探究方法在新教材中的出现从逻辑顺序上遵循科学认知以及学生科学探究能力发展的一般过程。

新课标中对学生发展社会责任核心素养的要求如下：关注社会议题、辨别迷信和伪科学；形成生态意识，参与环境保护实践；宣传关爱生命的观念和知识，崇尚健康文明的生活方式。新教材紧扣新课标的要求，处处体现了增强学生社会责任感的要求。例如：第2章第3节中提出肥胖、高血压、龋齿等常见疾病都与过量摄入添加糖有关，由此提出控糖建议：每天摄入的添加糖不应超过50g，引导学生养成健康的生活方式；"细胞分化"一节，在学生学习了干细胞功能后，紧接着在"科学·技术·社会"栏目中介绍了"骨髓移植和中华骨髓库"，其中提及通过骨髓移植可以拯救白血病患者的生命，但必须找到配型合适的HLA（组织相容性抗原）才能成功。为此，我国在2001年成立了中国造血干细胞捐献者资料库（中华骨髓库），截至2018年3月，已有242万志愿者登记了自己的资料，捐赠干细胞的人数突破了6000例，成功挽救了许多人的生命。这个事实能激发学生关爱生命、帮助他人的社会责任感。

学习本模块之前，学生在初中阶段已学过细胞，知道细胞的基本结构、植物细胞和动物细胞的区别和联系，知道细胞是构成生物体的基本单位。学生对细胞生活需要无机物和有机物有了一定的了解，对元素、化合物也有一定认知。关于细胞的结构与功能，学生已有初中学习的基础，如光学显微镜下观察细胞，细胞膜、细胞核的功能，线粒体与叶绿体的功能，哺乳动物红细胞的知识等。在初中阶段的学习中，学生已对植物细胞的吸水和失水有了感性的认识，知道一次施肥过多会导致植物"烧苗"。通过物理的学习，学生对物质分子的扩散现象也有基本的认知。这些已有的知识和经验可以作为教师创设教学情境的理想素材，帮助学生更好地理解物质跨膜运输的具体机制。学生在初中阶段做了"探究馒头在口腔中变化的实验"，对于"酶在温和的条件下促进化学反应的进行"已不陌生。学生做过"测量食物中的能量"的实验，学习了绿色植物的呼吸作用，以及人体内的能量来自细胞中有机物的氧化分解等基础知识，对于细胞的生活需要能量也有一定的了解。学生做过"绿叶在光下制造有机物"的实验，观察了"光合作用释放氧气"的演示实验，对于光合作用的原料、场所、条件、产物已经相当清楚。学生在初中学过"细胞通过分裂产生新细胞""受精卵通过细胞分裂和分化，形成组织、器官（系统），发育为多细胞的生物体"等内容。

因此，教师在教学时，可以利用学生初中的知识基础，通过恰当的教学策略，实现知识的迁移，使新知识有效地与学生原有的知识网络相整合，使学生头脑中的知识体系得到丰富和发展。

三、课程目标

1. 通过观察多种多样的细胞，说明这些细胞具有多种形态和功能，但同时又都具有相似的基本结构；（生命观念、科学探究）

2. 通过学习几大类组成细胞的有机物，能够从结构与功能相适应这一视角，解释细胞由多种多样的分子组成，这些分子是细胞执行各项生命活动的物质基础；（生命观念、科学思维）

3. 通过建构并使用细胞模型，阐明细胞各部分结构通过分工与合作，形成相互协调的有机整体，实现细胞水平的各项生命活动；（生命观念、科学思维、科学探究）

4. 能够从物质与能量视角，探索光合作用与呼吸作用，阐明细胞生命活动过程中贯穿着物质与能量的变化；（生命观念、科学思维、科学探究）

5. 通过观察处于细胞周期不同阶段的细胞，结合有丝分裂模型，描述细胞增殖的主要特征，并举例说明细胞的分化、衰老、死亡等生命现象。（生命观念、科学探究、社会责任）

四、学习主题/活动安排

学习主题/活动安排	课程内容	课时	实施要求提示
第1章 走近细胞	第1节 细胞是生命活动的基本单位	1	体会"归纳法"的重要作用，训练学生的科学思维
	第2节 细胞的多样性和统一性	1	渗透"结构与功能相适应"的生命观念
	学生实验课	1	掌握高倍显微镜的操作技能
第2章 组成细胞的分子	第1节 细胞中的元素和化合物	1	认同生命本质上是物质的
	学生实验课	1	明确生物组织中主要化合物的鉴定方法
	第2节 细胞中的无机物	1	采用归纳与概括、分析与比较等方法阐释生命现象与构成细胞的物质之间的内在联系
	第3节 细胞中的糖类和脂质	1	建构糖类与脂质的概念
	第4节 蛋白质是生命活动的主要承担者	1	掌握模型与建构、归纳与概况、分析与综合等科学思维
	第5节 核酸是遗传信息的携带者	1	形成"核酸是细胞内携带遗传信息的物质"这一概念
	第一次阶段性考试	2	考查必备知识、关键能力、学科素养和核心价值
第3章 细胞的基本结构	第1节 细胞膜的结构与功能	1	领悟"提出假说"这一科学研究方法
	课外探究活动	课外完成	体验模型制作在生物学研究和学习中的作用
	第2节 细胞器之间的分工合作	1	形成各种细胞器的结构与其功能相适应的观点
	学生实验课	1	熟练掌握高倍显微镜的使用

续表

学习主题/活动安排	课程内容	课时	实施要求提示
第3章 细胞的基本结构	第3节 细胞核的结构和功能	1	归纳概括"细胞核"这一重要概念
	模型构建：尝试制作真核细胞的三维结构模型	课外完成	建立结构与功能观、局部与整体观
	期中考试	2	考查必备知识、关键能力、学科素养和核心价值
第4章 细胞的物质输入和输出	第1课时 被动运输	1	归纳概括"被动运输"这一重要概念
	实验：探究植物细胞的吸水和失水	1	提升实验操作及显微镜观察的基本技能
	第2节 主动运输与胞吞、胞吐	1	归纳概括"主动运输""胞吞、胞吐"等重要概念
第5章 细胞的能量供应和利用	第1节 降低化学反应活化能的酶	2	归纳概括"酶"这一重要概念
	实验：比较过氧化氢在不同条件下的分解	1	认识到酶催化反应具有高效性
	第2节 细胞的能量"通货"ATP	1	归纳概括"ATP"这一重要概念
	第3节 细胞呼吸的原理和应用	2	归纳概括"细胞呼吸"这一重要概念
	实验：探究酵母菌细胞呼吸的方式	1	提升学生的逻辑推理能力和合作探究能力
	第4节 光合作用与能量转化	3	通过科学史的分析进一步构建高中阶段光合作用的概念
	实验：探究环境因素对光合作用强度的影响	1	培养学生的科学探究、科学思维能力

续表

学习主题/ 活动安排	课程内容	课时	实施要求提示
第6章 细胞的生命历程	第1节 细胞的增殖	1	归纳概括"细胞的增殖过程"
	实验：观察根尖分生组织细胞的有丝分裂	1	培养学生认真的科学态度和实事求是的科学精神
	第2节 细胞的分化	1	归纳概括"细胞的分化"这一重要概念
	第3节 细胞的衰老和凋亡	1	比较细胞的衰老与死亡
期末考试	《分子与细胞》		考查必备知识、关键能力、学科素养和核心价值

五、评价活动与成绩评定

1. 比较与分析（科学思维）：用列表分析的方法评价学生的课堂表现，比如：原核生物与真核生物结构的异同；细胞间的三种信息交流方式的异同；八大细胞器结构与功能的比较；有氧呼吸和无氧呼吸过程的比较等等。

2. 构建模型（科学探究）：设计构建"细胞膜的结构模型"；构建"真核细胞的亚结构显微结构模型"；构建有丝分裂过程中染色体和DNA的数量变化模型等，评价学生对科学家的研究事实进行推理，绘制模型和修正模型的课堂表现。

3. 归纳与概括（科学思维）：评价学生课堂归纳概括能力，比如：观察多种氨基酸，归纳出不同的氨基酸结构上的共性和差异；总结糖类、脂肪、蛋白质和核酸结构的共性，归纳出碳链是生物大分子的骨架，从而认同C是生命的核心元素；根据不同物质跨膜运输的方式，总结物质跨膜运输方式的类型及其特点；基于实验结果，归纳出细胞呼吸、有氧呼吸和无氧呼吸的概念。

4. 运用概念在陌生情境中进行科学解释（结构与功能观）：比如：维持肌肉的兴奋性和钠离子、钾离子有关；缓冲物质可以调节血浆的酸碱度等，评价学生分析讨论的课堂表现。

叁 "细胞的基本结构"单元教学方案

一、背景分析

（一）课标内容

1. 概述细胞都由质膜包裹，质膜将细胞与其生活环境分开，能控制物质进出，并参与细胞间的信息交流。

2. 阐明细胞内具有多个相对独立的结构，担负着物质运输、合成与分解、能量转换和信息传递等生命活动。

3. 阐明遗传信息主要贮存在细胞核中。

4. 举例说明细胞各部分结构之间相互联系、协调一致，共同执行细胞的各项生命活动。

5. 建构并使用细胞模型，阐明细胞各部分结构通过分工与合作，形成相互协调的有机整体，实现细胞水平的各项生命活动。

（二）课标分析

通过细胞膜的研究资料，分析细胞膜的分子组成、结构特点与功能的统一性，理解其在控制物质进出及参与细胞间信息交流中的作用。结合图片和细胞结构模型，认识细胞内具有线粒体、叶绿体、内质网、核糖体、溶酶体等相对独立的结构，理解它们各自在物质运输、合成与分解、能量转换和信息传递上的作用。认识遗传信息主要储存在细胞核中。教师通过开展制作真核细胞的结构模型和具体事例的分析，使学生形成细胞各部分结构既有分工又有合作，相互联系、协调一致，共同执行细胞的各项生命活动的认识。

（三）教材分析

本单元是落实课程标准"1.2细胞各部分结构既分工又合作，共同执行细胞的各项生命活动"的要求。通过本单元的学习，学生需要达到课标学业水平的如下要求：建构并使用细胞模型，阐明细胞各部分结构通过分工与合作，形成相互协调的有机整体，实现细胞水平的各项生命活动。本单元从系统的角度，着力体现细胞在结构和功能上的整体性，体现细胞各部分结构之间的分工与合作，协调与统一。

本单元的首页介绍了我国科学工作者人工合成胰岛素的伟大成就，渗透了爱国主义的情感教育。细胞作为最基本的生命系统，能够高效有序地进行生命活动，这与其结构密切相关。细胞的基本结构主要包括细胞膜、细胞质与细胞核等，学生主要学习的就是这些结构的特点与功能，教材从系统的视角展开介绍。

任何系统都有边界，细胞的边界就是细胞膜，所以，第1节内容是"细胞膜的结构和功能"。系统的内部包括不同的组分，这些组分不是机械地叠加，而是相互联系，构成既相互独立又相互联系的统一体。这一点在各种细胞器上表现尤为明显，因此，第2节内容是"细胞器之间的分工合作"。系统不同组分的分工与合作，需要系统具有调控机制，细胞系统的调控主要是由细胞核来实施的，因此，第3节内容是"细胞核的结构和功能"。在第3节的最后介绍了一种科学方法建构模型，接着安排了一个"探究·实践"活动"尝试制作真核细胞的三维结构模型"。不论是传统的实物模型的构建还是通过计算机制作三维动画模型，都能够将本单元所学内容进行整合并呈现出来，进一步加深学生对细胞是一个有机整体的认识和理解。

学生不熟悉细胞这个微观世界，也不易理解，但从系统的视角去认识就容易多了。系统都有边界、包括不同的组分，各组分有分工与合作、系统需要调控，这些系统的特点很容易被学生接受。顺着这些视角去看微观的细胞，既符合学生的认知特点和规律，又可以帮助学生理解细胞的结构与功能，形成生命的系统观。本单元既是对前面所学内容的深化，也是后面学习细胞的物质输入和输出、细胞的能量供应和利用等内容的基础。

（四）学情分析

在本单元学习之前，学生已经掌握了生命系统的结构层次，明确细胞是最基本的生命系统，掌握了组成细胞的元素和化合物。学生已经掌握了一定的自学能力和学习方法，具有一定的分析材料和辨别重难点的能力。

本单元的内容学生已有初中学习的基础。如在光学显微镜下观察细胞，细胞膜、细胞核的功能，线粒体与叶绿体的功能，哺乳动物红细胞的知识等。本章第2节中用C919飞机研发来类比细胞内的分工合作，利用的是大部分学生都了解的新闻报道。本章第3节"问题探讨"中的克隆牛的实例分析，学生已有基础，初中阶段已学习过克隆羊的事例。这些均为本节课的学习奠定了良好基础。细胞是比较微小的、是肉眼看不见的，关于细胞的内容，学生常常感觉距离自己的生活很遥远，所以缺乏直观感知。

二、单元目标

1. 从系统与环境关系的角度，阐释细胞膜作为系统的边界所具有的功能。

2. 通过分析细胞膜的成分与结构的探索过程，学会提出假说，并运用"结构与功能相适应"的观点构建、评价和修正细胞膜结构模型。

3. 认同科学理论的形成是科学精神、科学思维和技术手段结合下不断修正与完善的过程。

4. 在模型构建的基础上，概述流动镶嵌模型的主要内容。

5. 通过对比分析各种细胞器的结构和功能，培养比较和分类的科学思维方式，形成结构和功能相适应的生命观念。

6. 通过实验用显微镜观察叶绿体和细胞质流动，提高实验设计和观察的科学探究能力。

7. 运用模型与建模，构建分泌蛋白的合成过程；用系统观分析细胞中部分与整体、结构与功能的统一性。

8. 初步运用结构与功能观，阐明生物膜系统的结构组成及功能。

9. 通过阅读教材和绘制细胞核的结构示意图,阐明细胞核结构与功能相适应的关系。

10. 通过资料分析、模型建构,结合对细胞整体结构与功能的认识,认同细胞核是细胞生命系统的控制中心。

11. 通过尝试制作真核细胞的三维结构模型,体验建构模型的方法和过程,培养系统观。

三、评价设计

(一)评价内容

1. **比较与分析**(科学思维):列表分析并比较细胞间的三种信息交流方式的异同,列表比较八种细胞器的分布、形态、结构和功能,比较探究细胞核的四个经典实验的材料、过程、现象和结论,观察学生的课堂行为,评价学生的课堂表现。

2. **构建模型**(科学探究):问题引领重温科学探究之旅,设计构建"细胞膜的结构模型"。教师提供细胞器的平面自制教具,通过学生的小组合作探究,认识细胞器的形态结构和功能。按照细胞器的分布构建"动植物细胞的平面模型"。在认识细胞核结构的基础上,利用课余时间自选材料尝试构建"真核细胞的三维结构模型",评价学生对科学家的研究事实进行推理、绘制模型、修正模型和构建模型的表现。

3. **归纳与概括**(科学思维):阐述流动镶嵌模型的基本内容,评价学生对"细胞膜结构"这一概念的归纳概括能力;举例说明细胞各部分结构之间相互联系、协调一致,共同执行细胞的各项生命活动;阐明遗传信息主要贮存在细胞核中,评价学生对结构与功能相统一的系统观的理解。

4. **运用概念在陌生情境中进行科学解释**(生命观念):分析教材45页旁栏思考题和课后习题中的脂质体运输药物,评价学生分析讨论的课堂表现;分析教材53页和教材58页第一个拓展应用,进一步理解结构与功能相适应的系统观;分析教材58页第二个拓展应用,运用所学知识尝试找出不支持克隆人的论据,帮助学生树立生命意识,培养生命观念。

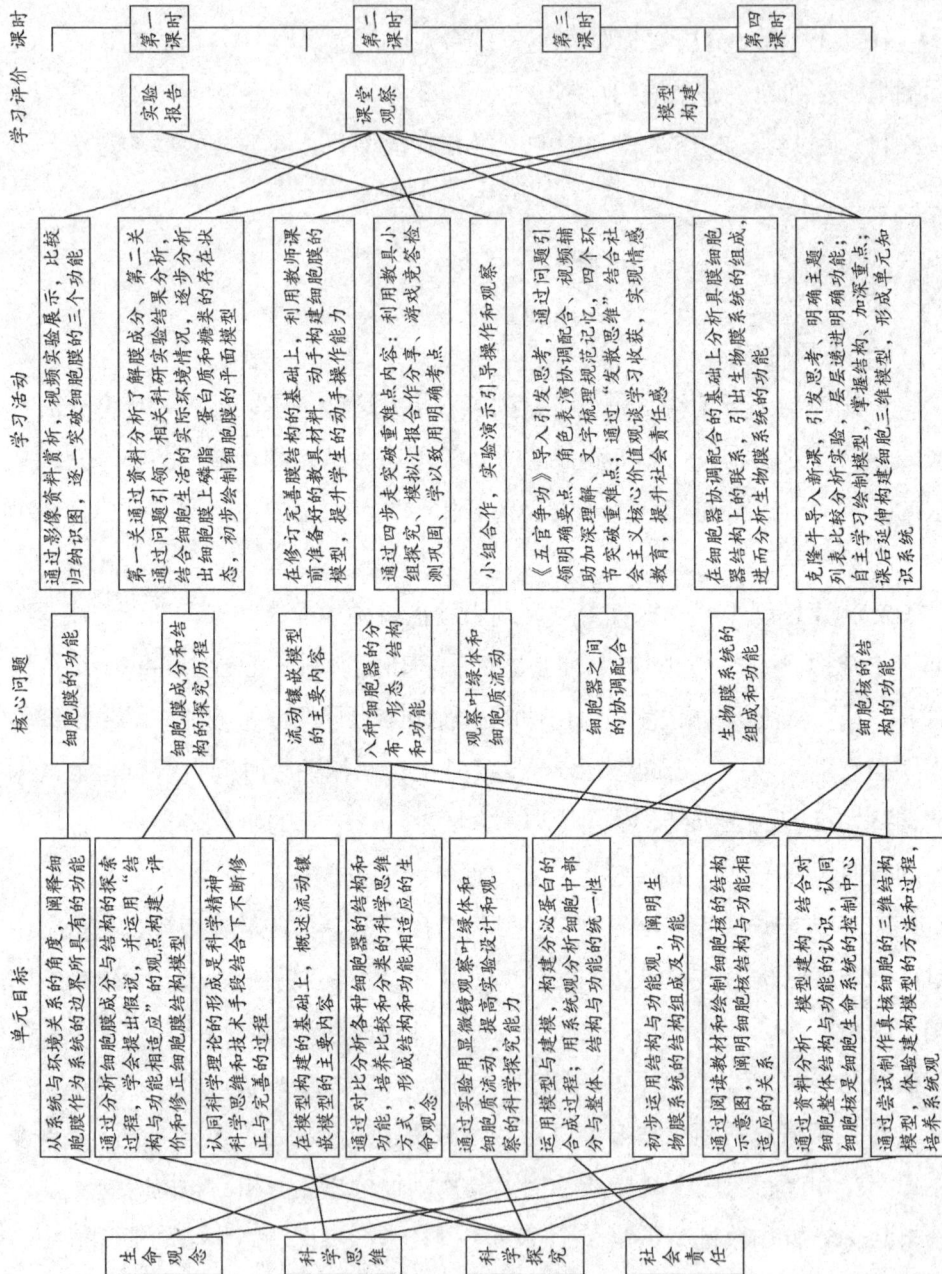

课时：第一课时　第二课时　第三课时　第四课时

学习评价：实验报告　课堂观察　模型构建

学习活动

- 通过影像资料赏析，视频实验展示，比较归纳识记，逐一突破细胞膜的三个功能
- 第一关通过资料分析了解膜成分，第二关结合细胞生活情况、相关科研实验情况，实际环境分析，逐步分析出细胞膜上磷脂、蛋白质和糖类的存在状态，初步绘制细胞膜的平面模型
- 在修订完善结构的基础上，前准备好的教具材料，动手构建细胞膜的动手作模型，提升学生的动手操作能力
- 通过四步突破重难点内容：小组探究、模拟汇报合作、测识图、游戏竞答，学以致用明确考点
- 利用教具先检测完成内容：模拟分享，实验竞答
- 小组合作，实验演示引导操作和观察
- 《五官争功》导入引发思考，角色表演协调配合，视频辅助加深理解，文字提纲规范记忆，四个环节突破"发展思维"，通过"发展学习收获"，实现情感教育，提升社会责任感
- 在细胞器协调配合的基础上分析具膜细胞的组成，引出生物膜系统的功能
- 克隆牛导入新课，引发思考，明确主题，列举实例比较分析实验，自主学习绘制细胞三维模型，掌握结构，加深重点，课后延伸构建细胞三维模型，形成单元知识系统

核心问题

- 细胞膜的功能
- 细胞膜成分与结构的探究历程
- 流动镶嵌模型的主要内容
- 入神细胞器的分布、结构形态和功能
- 观察叶绿体和细胞质流动
- 细胞器之间的协调配合
- 生物膜系统的组成和功能
- 细胞核的结构和功能

单元目标

- 从系统与环境关系角度，阐释细胞膜作为系统的边界所具有的功能
- 通过分析细胞膜成分与结构的探索过程，学会提出假说，并运用"结构与功能相适应"的观点，评价和修正细胞膜结构模型
- 认同科学理论的形成是科学精神、科学思维和技术手段结合下不断修正与完善的过程
- 在模型构建的基础上，概述流动镶嵌模型的主要内容
- 通过对比分析各种细胞器的结构和功能，形成结构和分类的科学思维方式，形成结构与功能相适应的生命观念
- 通过实验用显微镜观察叶绿体和细胞质流动，提高实验探究能力
- 初步运用模型建模，构建系统关系分析细胞物质结构与功能组成及关系
- 通过阅读教材和绘制细胞核的结构示意图，阐明细胞结构与功能相适应的关系
- 通过资料分析和模型建构，结合对细胞整体结构的认识，认识细胞核是生命系统的控制中心
- 通过尝试制作真核细胞的三维结构模型，体验建构模型的方法和过程，培养系统观

生命观念　科学思维　科学探究　社会责任

156

（二）评价工具及方式

1. 通过课上小组合作探究、交流分享、模型构建、实验报告单和课堂观察等进行课堂过程性评价。

2. 通过课后作业、检测和模型构建的完成情况等，对学生知识的掌握理解、深入学习参与的积极性、创新能力和动手操作能力进行综合性评价。

四、学与教活动设计

充分发挥学生学习主体的作用，学习过程中注重问题引领和活动的设计，将课上的学习思考与课下的巩固动手相关联；在课上建模的基础上，引导学生课下小组合作构建细胞膜、细胞器、细胞核的模型，进而完成真核细胞三维结构模型的构建，实现本单元所学知识的内化和形成系统观，在巩固必备知识的同时提升学生的综合素养和关键能力。

肆 课时教学方案1 细胞膜的结构和功能

一、课时目标

1. 从系统与环境关系的角度，阐释细胞膜作为系统的边界所具有的功能。

2. 通过分析细胞膜成分与结构的探索过程，学会提出假说，并运用"结构与功能相适应"的观点构建、评价和修正细胞膜结构模型。

3. 认同科学理论的形成是科学精神、科学思维和技术手段结合下不断修正与完善的过程。

4. 在模型构建的基础上，概述流动镶嵌模型的主要内容。

二、评价设计

1. 比较与分析（科学思维）：设计表格并组织学生比较分析细胞间的三种信息交流方式，评价学生对三种信息交流方式辨析情况的课堂表现。

2. 构建模型（科学探究）：设计构建"细胞膜的结构模型"这一课堂活动，评价学生对科学家的研究事实进行加工和推理以及将知识转化成模型和不断修正模型的课堂表现。

3. 归纳与概括（科学思维）：让学生阐述流动镶嵌模型的基本内容，评价学生对"细胞膜结构"这一概念的归纳概括能力以及将图形转化成文字的课堂表现。

4. 运用概念对陌生情境或生活情境进行科学解释（结构与功能观）：分析教材45页旁栏思考题和课后习题中的脂质体运输药物，评价学生对细胞膜的结构和功能这一概念应用情况的课堂表现。

三、学与教活动设计

──○ **情境导入，揭示课题** ○──

现场做一个"生活小常识"的实验：给学生提供两个鸡蛋（一个新鲜，一个不新鲜），让学生将这两个鸡蛋打入两个碗中，观察其蛋清和蛋黄的状态。（结果是一个碗中的蛋清和蛋黄界限分明，另一个碗中的蛋黄散了，并带些许臭味）

提出问题："为什么这个碗中的鸡蛋黄散了？怎样让另一个碗中的蛋黄也散了？为什么散黄的鸡蛋极其容易变质？"

学生讨论后认为，与蛋黄的边界有关，即与蛋黄外面的细胞膜有关。（此处点出课题）

──○ **多样活动，探究新知** ○──

（一）细胞膜的功能

思考：细胞膜作为系统的边界，它在细胞的生命活动中起什么作用？

1. 利用影像资料，从生命起源的角度认识原始细胞的形成离不开细胞膜的出现，帮助学生认同细胞膜对于细胞这个生命系统的意义。

2. 利用视频展示用台盼蓝染液鉴定细胞的死活实验，帮助学生直观地建立起"控制物质进出细胞"的功能。

3. 利用图像资料和表格，通过比较与归纳的方法，将"进行细胞间的信息交流"功能形象直观地介绍给学生。

（二）细胞膜的成分与结构的探究

第一关：资料分析　膜的成分

教师提供通关秘籍：资料一，欧文顿的细胞膜通透性实验，根据相似相容的原理，推出"细胞膜由脂质构成"；资料二，提取哺乳动物红细胞细胞膜检测成分，分析得知组成细胞膜的脂质有磷脂和胆固醇，其中磷脂含量最多；资料三，丹尼利和戴维森的细胞膜张力的研究结果，以及人们发现油脂表面附有蛋白质成分则表面张力会变低，推知细胞膜上可能还附有蛋白质。

第二关：模型建构　膜的结构

细胞膜的这些成分是如何排列的呢？

首先解决磷脂的排列。通过图片给学生介绍磷脂分子的分子结构，将磷脂分成亲水性的头部和疏水性的尾部两部分。

接下来，通过递进式的问题，引导学生小组合作、逐步绘制细胞膜的模型。

活动1：讨论构建磷脂分子在水——空气界面上的排布状态。教师提供事实：将磷脂分子全部放入水中，会形成一个个脂质小球体。引导学生进一步尝试构建小球体的模型，学生构建出单层的磷脂分子球体。

活动2：思考磷脂怎么在细胞膜中排列为连续的两层？教师进一步提出问题引导学生思考：脂质小球外有水，球内是否可以有水？若球内外都有水，磷脂分子将如何排布？最后构建出磷脂双分子层的模型。蛋白质是如何排布在磷脂双分子层上的？

继续展示科学家的成果：① 展示细胞膜的电镜照片、罗伯特森的细胞膜模型。学生构建出"三明治模型"。罗伯特森把细胞膜描述为静态的结构。不少科学家对其进行质疑：静态的细胞膜模型无法解释细胞的生长、变形虫的变形运动等现象。引导学生运用"结构与功能相适应"的观点去评价该模型，找出模型的不合理性。② 通过视频展示科学家做的"小鼠细胞和人细胞融合实验"，推出细胞膜具有流动性。（不断修正模型）③ 展示冰冻蚀刻细胞膜图片，着重让学生关注蛋白质的分布，是否对称？是否均匀？学生通过观察，总结出蛋白质以不同深度镶、嵌、贯串于磷脂双分子层中，教师介绍细胞膜功能的复杂程度与蛋白质的种类数量密切相关。学生还观察到膜外侧还有一些链状结构，教师介绍糖被及其功能。

活动3：完善并展示细胞膜的模型。

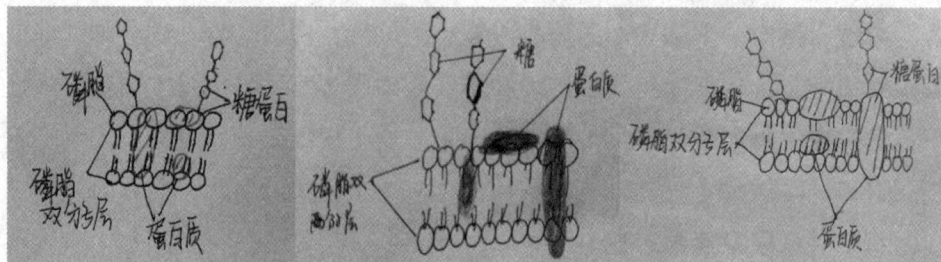

肯定学生的探究成果，让学生畅谈进行科学研究应该有什么样的态度和精神。

（三）细胞膜的流动镶嵌模型

活动4：让学生根据构建（绘制）的细胞膜模型，尝试利用教师提供的材料，动手构建细胞膜的流动镶嵌模型，选出代表阐述"流动镶嵌模型"的基本内容。

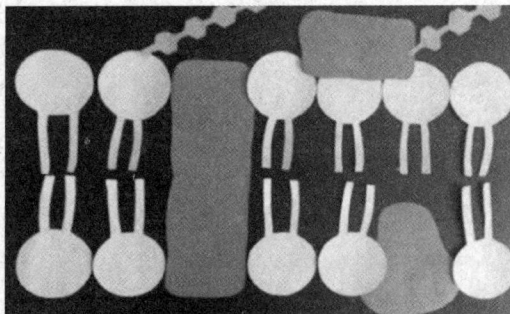

○———— **模型知识，迁移应用** ————○

情境一：水分子如何通过疏水性的磷脂双分子层？

初步了解水分子的自由扩散和协助扩散两种跨膜运输方式。

情境二：药物在人体内运输如何避免失效？

让学生分析46页课后题——拓展应用第2题，了解脂质体及靶向运药。

○———— **课后延伸，双基提升** ————○

学生寻找合适的材料，构建细胞膜的立体结构模型。模型展示加模型介绍，小组互评。（以下为学生构建的部分模型展示）

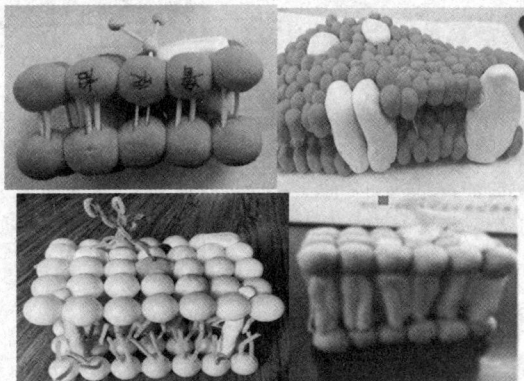

课时教学方案2　细胞器之间的分工合作（一）

一、课时目标

1. 通过对比分析各种细胞器的结构和功能，培养比较和分类的科学思维方式，形成结构和功能相适应的生命观念。

2. 通过实验用显微镜观察叶绿体和细胞质流动，提高实验设计和观察的科学探究能力。

二、评价设计

1. 比较与分析（科学思维）：列表比较八种细胞器，观察学生的课堂行为、评价学生的课堂表现。

2. 构建模型（科学探究）：通过小组合作探究，认识细胞器的形态结构和功能，按照细胞器的分布构建动植物细胞的平面模型，评价学生对知识的梳理、合作学习以及构建模型的表现。

3. 运用概念在陌生情境中进行科学解释（生命观念）：分析教材53页拓展应用，进一步理解结构与功能相适应的系统观、帮助学生树立生命意识，培养生命观念。

三、学与教活动设计

───○ **情境导入，揭示课题** ○───

视频展示C919飞机，引导学生阅读教材第47页"问题探讨"的相关内容，思考并讨论如下问题。

1. 如果缺少其中的某个部门，飞机还能制造成功吗？

2. 细胞中是否也具有多种不同的部门？这些部门也存在类似的分工与合作吗？

——○ 多样活动，探究新知 ○——

阅读教材第47页第一段文字，思考问题：细胞质、细胞质基质和细胞器之间有什么关系？

（一）细胞器之间的分工

探究1：分离细胞器的方法

问题驱动：细胞器有哪些？它们各自有什么功能？要研究细胞器的功能就要把它们分离开，逐个研究，我们应采用什么方法将它们分开？这种方法的原理是什么？

学生阅读教材第47页"科学方法"的内容，ppt展示差速离心法分离细胞器的详细步骤。分析每一支试管中的上清液与沉淀物。

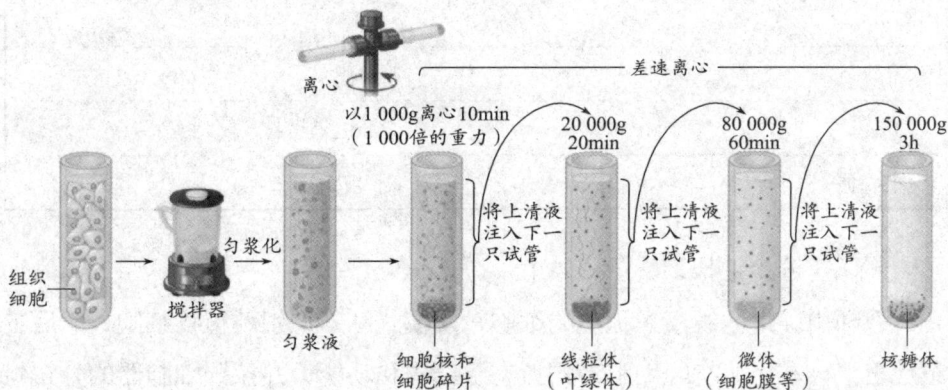

探究2：细胞器的结构、功能、分布（重点与难点）

活动一：初识细胞器

（1）【自主探究，明确分工】

每个小组针对课前拿到的细胞器模型，结合教材48-49页中的文字和插图，按照表一的内容提示组内自主学习，选出进行汇报交流的代表。

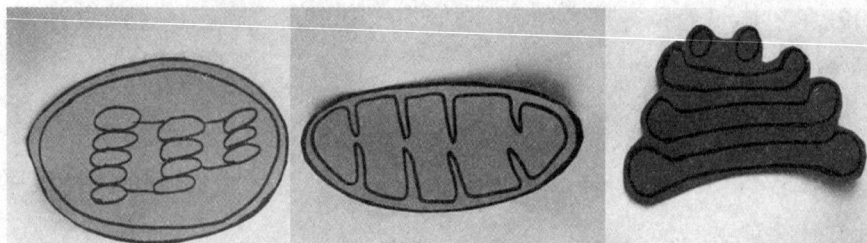

表一：细胞器的种类和功能比较

细胞器名称	分布（动物或植物）	有无膜结构（几层膜）	形态结构	功能
线粒体				
叶绿体				
核糖体				
内质网				
高尔基体				
溶酶体				
液泡				
中心体				

（2）【分组汇报，展示成果】

教师引导学生观察黑板上的细胞轮廓模式图，识别动植物细胞，之后各组代表汇报本组持有的细胞器的形态、结构和功能，并按照细胞器的分布将其粘贴在相应的细胞里。教师及时点评。

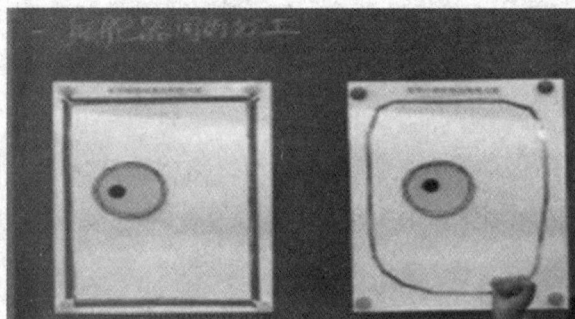

（3）【游戏表格，双重检测】

各小组汇报后，小组同学答题、纠正、交流、修订完善表一，教师通过问题抢答检测学生的知识掌握情况，并对各组完成情况进行评价。

（4）【学以致用，明确考点】

回看黑板上构建的模式图，通过典型习题巩固知识点。

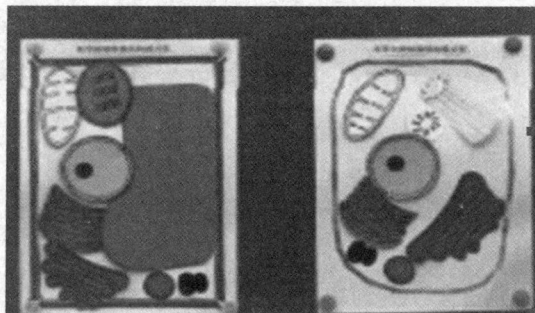

【尝试应用】1. 右侧为动植物细胞二合一亚显微结构模式图，请据图回答问题：

（1）图中右侧所示的是动物细胞而不是植物细胞的理由是：没有［8］细胞壁、［9］叶绿体、和［7］液泡、等典型的植物细胞结构。

（2）与图中［8］形成有关的细胞器是［4］高尔基体。

（3）图中［5］线粒体的功能是进行有氧呼吸的主要场所。

（4）与动物细胞有丝分裂有关的结构是［1］中心体，由膜连接成网状结构，与脂质合成和蛋白质加工有关的细胞器是［2］内质网。

（5）若左侧细胞是西瓜红色果肉细胞，则色素主要存在于［7］液泡。

（6）若某细胞含有左右两图中各种细胞器，则为低等植物细胞。

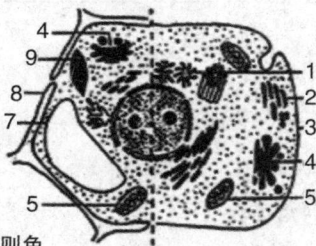

———◦ 知识拓展 ◦———

设置问题：思考总结线粒体和叶绿体的异同。

小组讨论交流后汇报。教师及时评价后进行知识拓展和发散思维。

1. 线粒体数目与细胞代谢的关系

科学家在研究线粒体时，统计了某种动物部分细胞的线粒体数量。通过对比可以发现心肌细胞的数量是最多的，为什么？从这些数据可以得出线粒体数目的多少跟什么有关?

2. 叶绿体的分布与功能的关系，呈现植物不同细胞细胞器的特点

3. 分析下列事实，思考结构和功能的关系

心肌细胞比唾液腺细胞具有更多的线粒体

胰腺细胞比心肌细胞具有更多的高尔基体

肠腺细胞比汗腺细胞具有更多的核糖体

典型细胞	细胞器特点
叶肉细胞	一般含有全部植物细胞器
根成熟区细胞	不含叶绿体
根分生区细胞	不含叶绿体和大液泡
形成层细胞	不含大液泡
干种子细胞	不含叶绿体和大液泡

活动二：细胞器的对比分类

按照表格二的要求对细胞器进行分类，小组讨论汇报。

按分布	动物植物都有	
	植物特有	
	动物和低等植物特有	
按细胞膜结构	具双层膜结构	
	具单层膜结构	
	不具膜结构	
与能量代谢有关的细胞器		
含有色素的细胞器		

（二）探究实验：用高倍显微镜观察叶绿体和细胞质的流动

1. 阅读教材第50页的探究实践，回答相关问题。

（1）实验原理是什么?

（2）实验材料有哪些?

（3）用流程图表示实验步骤。

学生汇报，教师点评并展示知识要点。

2. 选材标准：（1）叶片薄；（2）叶绿体少而大；（3）材料易得。

	观察叶绿体	细胞质的流动观察
选材	菜叶 稍带些叶肉的下表	新鲜的黑藻
原因	① 细胞排列疏松，易撕取； ② 含叶绿体数目少，且个体大	黑藻幼嫩的小叶扁平，只有一层细胞，存在叶绿体，易观察

3. 实验步骤

取材→制片→观察（先低倍镜，后高倍镜）→体验（描述与评价）

──────○ **探究活动** ○──────

1. 学生制作菠菜叶片细胞临时装片，并用显微镜观察黑藻叶片细胞，描述并记录观察到的现象，然后进行讨论与交流

2. 讨论完成以下问题

（1）描述观察到的黑藻细胞叶绿体的形态和分布。

（2）植物的叶片为什么呈现绿色？

（3）在制作临时装片时为什么要滴加清水？

（4）叶绿体的形态和分布与其功能有什么关系？

（5）细胞质的流动与新陈代谢的关系是怎样的？影响细胞质流动的因素有哪些？

（6）植物细胞质处于不断流动的状态，这对于活细胞完成生命活动有什么意义？

3. 学生活动

（1）利用所给材料制作临时装片并进行显微观察。

（2）记录和描述观察到的现象。

（3）小组交流，回答问题。

以小组为单位进行讨论、展示、校正。

展示高倍显微镜下的叶绿体和细胞质环流。

【小结】叶绿体的分布、形态和功能。

【巩固练习】

6

潍坊市寿光现代明德学校道德与法治课程规划

案例点评

　　道德与法治课程是义务教育阶段的思政课，旨在提升学生的思想政治素质、道德修养、法治素养和人格修养等，增强学生做中国人的志气、骨气、底气，为培养以实现中华民族伟大复兴为己任的有理想、有本领、有担当的时代新人打下牢固的思想根基。本课程围绕"在集体中成长"等相关主题开展了丰富的教学活动，旨在贯彻落实新课标的要求，有助于培养学生树立正确的人生观、价值观、世界观。

　　课程设计总体比较规范，整体结构非常完整，尤其是以下几个方面非常突出：在课程实施上，厘清了"教师怎么教"和"学生怎么学"，有助于促进师生平等对话，更好地引导和陪伴学生成长。在课程教学模式上，召开主题班会、情景剧表演以及合作制订班规等一系列方式，体现了注重教学的实践性和应用性，不断探索新的教学模式。在课程评价上，无论是评价内容、方式、实施还是结果处理，都是丰富多彩的，体现了多元发展的评价观。

壹　初中道德与法治学科课程规划方案

本课程规划方案由寿光市寿光现代明德学校陈坤、王永亮、张庆杰、张瑶、李超贤开发，适用版本为部编版《道德与法治》7—9年级。

一、引言

思政课是落实立德树人根本任务的关键课程，道德与法治课程是义务教育阶段的思政课，旨在提升学生思想政治素质、道德修养、法治素养和人格修养等，增强学生做中国人的志气、骨气、底气，为培养以实现中华民族伟大复兴为己任的有理想、有本领、有担当的时代新人打下牢固的思想根基。本课程具有政治性、思想性、综合性和实践性。

学校坚决贯彻党的育人理念，牢牢把握"守正"与"创新"的辩证关系，不断丰富思政教育的"打开方式"。通过"思政课"落实思想政策学习，凸显理论深度；实现理论向实践转化，突出实践力度；从课本知识走进学生生活，体现情感温度。全校师生共建"思政"育人体系，努力实现全员育人、全程育人、全方位育人，让学生坐得住、听得进、行得正，为学生筑牢理论之基，深植信仰之根！

二、规划依据（背景分析）

（一）国家课程方案

习近平总书记强调，课程教材要发挥培根铸魂、启智增慧的作用，必须坚持马克思主义的指导地位，体现马克思主义中国化最新成果，体现中国和中华民族风格，体现党和国家对教育的基本要求，体现国家和民族基本价值观，体现人类文化知识积累和创新成果。

新课程方案以习近平新时代中国特色社会主义思想为指导，全面贯彻党的教育方针，遵循教育教学规律，落实立德树人根本任务，发展素质教育，以人民为中心，扎根中国大地办教育；坚持德育为先，提升智育水平，加强体育美育，落实劳动教育；反映时代特征，努力构建具有中国特色、世界水准的义务教育课程体系；聚焦中国学生发展核心素养，培养学生适应未来发展的正确价值观、必备品格和关键能力，引领学生明确人生发展方向，成长为德智体美劳全面发展的社会主义建设者和接班人。

（二）道德与法治学科特点与要求

道德与法治教育基于社会发展和学生成长的需要，以正确的政治思想、道德规范和法治观念对学生进行循序渐进的系统化教育，在道德教育中发挥法治对道德的促进作用，在法治教育中发挥道德对法治的滋养作用，使道德教育与法治教育相辅相成、相得益彰，将学生培养成为担当民族复兴大任的时代新人。

（三）校情与学情

作为一所九年一贯制基础教育学校，寿光现代明德学校以"上好人生每节课"为校训，立志培育10—20年后能够胜任时代、领军时代的人才。学校高度重视思政课建设，以习近平新时代中国特色社会主义思想为指导，全面贯彻党的教育方针，依托培根课程体系，立足"五度课堂"，开展思政特色教学，把思政"小课堂"同社会"大课堂"结合起来。在思政教学中充分运用现实题材和先进典范，积极拓展教学资源和课堂阵地，持续创新教学方式和特色活动，不断提升学生的政治认同、家国情怀、道德修养、法治意识和文化素养；引导学生树立正确的世界观、人生观、价值观；增强学生的社会责任和时代担当，为党和国家培养合格的建设人才。同时，学校思政育人团队突破传统教学模式，打造"行走的思政课堂"，让学生在真实情境中让知识进耳、入脑、印心。

三、课程目标

（一）政治认同

1. 初步了解党史、新中国史、改革开放史、社会主义发展史，知道党的百年奋斗重大成就和历史经验，领悟伟大建党精神的内涵，能够以恰当的方式弘扬爱国主义精神，开展中国共产党人的精神谱系教育；了解我国决胜全面建成小康社会取得的决定性成就和全面建设社会主义现代化强国的新征程；理解中国梦的内涵，树立为中华民族伟大复兴而奋斗的理想。

2. 体会中华文化的源远流长与博大精深；理解中华优秀传统文化的核心思想理念、人文精神和传统美德，弘扬民族精神，具有强烈的中华民族自豪感；学习和理解社会主义先进文化和革命文化，坚定文化自信。

3. 了解中国共产党带领中国人民进行革命、建设、改革的历史性成就，认识中国共产党在国家独立、人民解放、国家富强、民族复兴进程中的领导作用；积极加入中国共产主义青年团。

4. 了解中国特色社会主义制度的优越性，坚定道路自信、理论自信、制度自信、文化自信，能够在生活和学习中自觉维护国家主权、尊严和利益。

5. 理解社会主义核心价值观的内涵及其重要意义，在日常生活和社会活动中自觉践行。

（二）道德修养

1. 形成健康、文明的生活方式，懂得生命的意义，热爱生活。

2. 遵守基本的社交礼仪，理性维护社会公德；理解诚信是做人的基本要求，做到言行一致；团结同学，宽容友爱。

3. 感念父母养育之恩、长辈关爱之情，能够以感恩的心与父母和长辈沟通，能够为父母分忧解难，尊重师长。

4. 维护公共秩序，讲社会公德，爱护公共财物，在公共生活中做一个文明的社会成员。

5. 感知劳动创造的成就感、幸福感，领会劳动对个人和社会的价值，形成诚实劳动、劳动创造美好生活的意识；初步了解职业道德规范，立志做未来的好建设者。

（三）法治观念

1. 了解法律对个人生活、社会秩序和国家发展的作用，理解法治的本质及特征。

2. 了解宪法的主要内容，明确宪法的地位与作用；认识国家基本制度和国家机构，知道中国共产党领导是中国特色社会主义最本质的特征，是中国特色社会主义制度的最大优势。

3. 了解以民法典为代表的、与日常生活相关的法律，理解法律是实现和维护公平正义的基本途径。

4. 认识违法行为及其法律责任，理解犯罪的特征及后果，主动预防未成年人犯罪。

5. 了解法律对国家安全的保障作用，自觉履行维护国家安全的义务。

（四）健全人格

1. 懂得生命的意义和价值，热爱生活，确立正确的人生观。

2. 正确认识自己，能够自我反思，不断完善自我，保持乐观的态度，学会合作，树立团队意识。

3. 能够自主调控自身的情绪波动，具有良好的沟通能力，主动建立良好的人际关系。

4. 养成自尊自信的人生态度，在生活中磨炼意志，形成良好的抗挫折能力。

5. 能够清楚表达自己的感受和见解，善于倾听他人的意见，自我改进。

6. 理解个人与社会、国家和世界的关系，积极适应社会发展变化。

7. 认识青春期的身心特征，建立同学间的友谊，把握与异性交往的尺度。

（五）责任意识

1. 自觉分担家庭责任，体会敬业精神的重要性，具有较强的责任感。

2. 关心社会，知道我国全过程人民民主制度的优越性，了解时政，主动参与社会公益活动和志愿者活动；在团队合作互动中增强合作精神和领导力。

3.具备国家利益高于一切的观念，能够以实际行动维护民族团结，捍卫国家主权。

4.敬畏自然，具有绿色发展理念，初步形成环保意识和生态文明观；能够在日常生活中自觉践行生态文明的理念。

四、课程结构、内容与课时分配

学期分配	课程内容	课时
七上	七年级上学期学生遇到的主要问题是走向新的学习生活，与同伴、老师和家人的交往。本册从引导学生生活、满足学生成长的需要出发，核心词是成长，以成长为核心，涵盖、整合有关学习、自我探索、交往和生命的话题	40
七下	伴随着学生身体和心理的迅速发育，独立意识逐渐增强，生活矛盾也开始凸显。七年级下册教材在设计中遵循学生的成长规律，提炼确定了青春时光、做情绪情感的主人、在集体中成长、走进法治天地四个学习主题。这些主题引领学生步入青春时光，体会成长的喜悦，积极面对成长中的烦恼；继而引导和鼓励学生珍惜青春，在学校生活中，主动参与集体建设，在集体中成长；在社会生活中，管理好自己的情绪，培育积极情感，依法行事	40
八上	初中道德与法治教材围绕"家庭与学校—社会—国家—世界"不断扩展的生活设计总体方案，八上以社会公共生活为平台，综合呈现道德、心理健康、法律和国情四个方面的教育内容。教材的编写以社会主义核心价值观为导向，坚持"回归生活"的德育理念。社会公共生活为平台的综合课程编制，围绕集中体现公共精神的学习主题组织教材，然后有针对性地进行思想引导、心理辅导、行为指导，尽可能保持开放性与参与性	40
八下	作为初中学段法治教育专册，本册教材的编写依据课标和《青少年法治教育大纲》，以培养有理想、有道德、有文化、有纪律的社会主义合格公民为中心，以宪法精神为主线，以增强学生公民意识和国家意识为主旨。尊重认知发展规律，遵循生活逻辑与知识逻辑相结合的原则，结合案例分析，以讲法律规范为主，重视宪法文本的价值	40

续表

学期分配	课程内容	课时
九上	进入九年级，学生感受、认识和参与社会生活的范围不断扩展，"做一个怎样的中国人"逐渐成为这一时期青少年思想和精神发育的核心主题。本册教材以社会主义核心价值观国家层面的"富强、民主、文明、和谐"为思想主轴，全景展现了中国腾飞的历史进程、取得的伟大成就、面临的时代挑战和作出的积极应对，引导学生心怀祖国，倾听与思考中国故事，感受与弘扬中国精神，凝聚与传递中国力量，追梦出彩，共享共创同祖国和时代一起成长与进步的机会，做自信中国人	40
九下	从国家层面的角度看，九下在九上社会和谐的基础上，强调中国与世界共同发展，努力营造"世界和谐"的外部环境；从社会层面的角度看，引导学生学会和其他文明对话交流，以平等的态度与其他民族和国家的人民友好交往，培养学生"平等"的观念和"友善"的态度；从个人层面的角度看，引导学生感受中国国际地位的提高，树立民族自信；认识到个人命运和国家命运相连，将个人的发展与国家的发展紧密联系在一起，培养学生的爱国主义情感；树立正确的择业观，培养学生"敬业"的态度。	40

五、课程实施

（一）学校顶层规划

1. 组织常态日教研。在定时间、定地点、定主题、定主讲人的常态教研组集体研讨与备课组日常教研中，从对课标的理解、对教材的把握和处理方式到对学情的关注分析，追求对教材、对学生研究的无缝隙与高实效，力求每位教师把每节课上成高效课。

2. 进行"课堂碰撞"。教研组长的引领课、新入职教师的展示课、外出学习教师的汇报课、人人参与的一人一堂课，以及随时可进行的推门课，一轮轮的反复磨课与"课堂碰撞"，让教师在实战中淬火，在课堂上获得新生。

3. 多维度观课评课。评课是对课堂的改进、建构过程，评得实才能讲得更好。针对不同的课型，组内确定的评课流程包括授课教师说课—听课教师分维度评课—教研组长总结提炼—个人消化落实四个基本环节。通过制订

"教—学—评"一致性的观课量表，在教师多维度观课研讨之后，由教研组长形成学科高效、落地的教学建议。

4. 师生同考制度化。教研组规定凡是教龄5年以内和新改思政学科的教师，大型考试要随学生一起进行，同考场、同要求、同标准，这既是检验思政教师个人业务水平的重要方式，也是师生平等对话、引导陪伴学生成长的有力举措。

（二）教师怎样教

1. 教学思想方面

（1）基于"教—学—评"一致性的教学思想，建立以目标为导向的"三位一体"的关系。

（2）遵循"妙趣·三生"的发展思想，以"妙"激发"趣"，"以生为本"。

2. 教学实践方面

结合课程实施的建议，立足核心素养的要求，在教学过程中教师应丰富和充实教学内容，创新教学实践。

（1）搭建"情感交流桥"，以情唤趣。在实际教学中，我们以"学生的情感"体验学生的生活，走近学生，做"爱心淘金者"，发现学生的闪光点，与学生真心交流。我们还设计反思札记，以此建立起学生之间的情感交流桥。这样的对话无疑会增强课堂的开放性，如何对课堂生成部分进行恰当的承接、整合、转化，是教师面临的挑战。教学中应加强课堂交互活动，鼓励学生表达自己、分享成果并相互质疑，促进反思与自我修正，以达成教学目标。

（2）以情境导课，以情激趣。注意关注生活，搜集社会生活热点、时政新闻，精心研究课例，选取最恰当、最准确的材料或视频等。创新开展"小课堂、大社会"的"新闻早班车"与"晚间主题新闻"课程，充分挖掘新闻课程作为学习资源的价值，激发学生学习的兴趣。

3. 设立"比武场"，以赛激趣。强化以学生发展为中心的活动设计，把对理论观点的阐述寓于社会生活和学生活动的主题之中。发挥辨析式学习过程的价值引领作用，强调通过范例分析、展示观点，在价值冲突中深化理解，在探究活动中拓宽视野。"比武场"形式多样，可以是教材的知识荟萃，可以是自己预习知识时绘制的思维导图，可以是时政新闻点评，在兴趣高涨的基础上，思想教育就变得顺理成章。

4. 创建"生活秀"，以动引趣。注重创设生活情境，引导学生多维度观察、多途径探究，进行综合分析。广泛开展系列化社会活动，将学科内容与社会活动相结合，开展丰富多彩的社会实践活动，促进教学内容和形式的有机结合。带领学生积极进行实践活动课，组织社会实践活动以及主题探究活动，让学生把社会与课堂结合起来，编写"润德笃行"学校德育校本课程，将学生的生活体验生本化。

5. 创建"展示台"，以展拓趣。在课堂内外创建"展示台"。基于学生、教师、学校和地区实际，因人而异、因地制宜，创造性地处理教材，开发教学资源，努力实现教材的严肃性与教学活泼性的有机统一，教材的相对稳定性与社会生活的不断变化性的有机统一，教材功能的发挥与学生成长的有效对接。除此之外，学校还积极推进"纵横辩论社"等一系列活动的开展，提高学生思辨问题的能力，帮助他们积极展示自我，树立正确的世界观和人生观。

（三）学生怎么学

1. 提前预习

预习能培养自学习惯和自学能力，有效提高独立思考问题的能力。预习课本内容是听课和完成学习任务的基础，教师应鼓励学生带着问题多角度去思考教材中的内容。在预习过程中，遇到自己不懂或者认为有趣的段落，可以用铅笔圈点。预习过程中学生需要理清知识结构，根据课本内容挑出知识脉络里的重点内容，在脑海里形成一张网络或者动手绘制思维导图，这样更容易理解课堂内容。

2. 课上多问

课堂上学习过程的中心环节，把握课上黄金学习时间有利于减少课后"重复学习"的时间。"问"也要有技巧地去问，建议同学们先自问，自问也是很重要的学习方法，可以提高学生的学习能力以及处理问题的能力。在"自问无解"的情况下，可以寻求老师的帮助，注意要练习时政热点，多角度、多层次地去问，对一个问题不断地追问，就能够不断深入，也就能思考得越透彻。

3. 课后回顾

课后复习首先要做的就是回顾课上知识，把握课上重点。结合课后练习，再次回忆课上重点，这是一个有效循环的良性过程。在做题、答题的时候，要注重关键词的提炼，这些往往是答题要点或者是得分点。对于背诵方面，我们要运用适合自己的背诵方法，例如：

（1）理解记忆：记忆是循序渐进、由浅入深的，运用理解记忆的时候要遵循"先理解、后记忆"的要求，把材料分成大小段落和不同的层次，找出它们之间的逻辑联系再去记忆。

（2）联想记忆法：利用联想来增强记忆效果的方法。互相接近的事物、相反的事物、相似的事物之间容易产生联想。用联想来增强记忆是一种很常用的方法。

（3）谐音法：许多学习材料很难记忆，在它们之间不易找出有意义的联系，可以利用谐音对这些学习材料添加某种外部联系，便于记忆。

（4）口诀法：把记忆材料编成口诀或合辙押韵的句子来提高记忆效果的方法。

4. 学会做笔记

做笔记的过程是帮助大脑再次记忆的过程，对于知识的巩固有着积极作用。在学习道德与法治的过程中，最重要的是把书吃透，熟练运用政治术语，理清层次框架。在记笔记的时候，不能胡子眉毛一把抓，要记重点。

六、课程评价

对本课程的评价主要包括教学任务的完成、教学环节的设置、教学预设与生成的处理、课堂气氛的调动、对学生学习兴趣的激发以及教师教学艺术等。对学生学习的评价，不仅要关注知识的评价，也要关注学生能力、情感、态度、价值观的评价。比如：学生的探究合作能力，学习的态度、习惯、方法，品德行为等。

评价内容：面向全体学生进行评价，评价内容包括学生在学习过程中的道德品行、价值观念、学习态度、课堂学习阶段目标的达成情况等。教师对学生核心素养的综合发展状况进行评价，兼顾学生学习态度、参与学习活动的程度以及对课程内容的理解应用水平等。

评价方式：综合运用观察、访谈、作业、纸笔测试等方法全面获取和掌握学生核心素养发展的相关信息，加强纸笔测试与观察、谈话等方式的结合，关注不同情境中学生日常品行表现，避免仅凭考试分数判断学生水平的传统单一评价方式。

评价实施：通过观察、提问、交流、记录等方式，了解学生在合作探究、交流展示以及实践反思等过程中的学习进程、行为表现，分析、把握学生的价值观念、学习态度、学习体验、学习困难，然后给予必要的指导。评价反馈应注重即时性、生成性、针对性，以鼓励为主，激发学生的积极性，同时指出存在的问题，帮助学生改进学习。

评价结果处理：本课程学习结果采用分项等级制加评语的方式呈现，避免了单纯以分数评价学生的弊端，也能够使学生准确了解自己的表现和结果，并知道今后的努力方向。学校立足于对学生核心素养发展状况进行全面评定，包括课堂评价、作业评价和期终考核的结果。

七、课程管理与保障

（一）组织保障

1.领导机构

建立本课程开发与实施领导小组，由学校业务领导和教师组成，负责对学校课程实施作出科学的决策和部署。

2.研究机构

分设校本培训项目组、校本教研组、教学课程开发组、考核评价组、课程实验宣传组，为领导机构的科学决策发挥参谋作用。

（二）制度保障

学校制订《课程运行流程图》和总体运行框架，并制订了一系列制度：课程实施方案、校本教研制度等，保证本课程的开发与实施工作不断完善和向纵深发展。

（三）条件保障

课程师资配备：以道德与法治教师为主，其他各年级班主任共同参与本课程的实施；集中学校在学生品德教育方面有一定实践经验的教师担任课程实施的专题指导；聘请热心于未成年人教育且有经验的家长及专业人士担任课程实施顾问。

课程培训保障：1. 通识培训。包括校本课程开发、开课与选课指导、课程组织运行和学生评估的培训。2. 学科培训。包括课程标准和课程方案学习、"教—学—评"一体化、课堂观察的技术和方法的培训。

（四）资源保障

1. 专家资源及校本课程等资源保障。教学设施设备完善，我们可以获得更快，更详细的资料。

2. 课程资源。学校地处市区中心地带，学校与社区有良好的合作伙伴关系；学校拥有革命文化教育、法治教育、国防教育等基地。

初中道德与法治七年级下学期课程纲要　　**贰**

一、与本学期相关的国家课程标准陈述

（一）核心素养内涵

1. **道德修养**：个人品德。践行以爱国奉献、明礼遵规、勤劳善良、宽厚正直、自强自律为主要内容的道德要求，在日常生活中养成诚实守信、团结友爱、热爱劳动等个人美德和优良品行。

2. **法治观念**：法律面前人人平等。了解公民的合法权益一律平等地受到法律保护，对任何人的违法犯罪行为都依法予以追究，不允许任何人有超越法律的特权。守法用法意识和行为。了解以民法典为代表的、与日常生活以及未成年人保护密切相关的法律法规，树立法治意识，养成守法用法的思维方式和行为习惯。

3. **健全人格**：自尊自信。正确认识自己，珍爱生命，能够自我调节和管理情绪，具备乐观开朗、坚韧弘毅、自立自强的健康心理素质。理性平和。开放包容，理性表达意见，树立正确的合作与竞争观念，能够换位思考，学会处理与家庭、他人、集体和社会的关系。友爱互助。真诚、友善，拥有同理心，相互支持，相互帮助，具有互助精神。

4. **责任意识**：主人翁意识。对自己负责，关心集体，关心社会，关心国家，维护祖国统一和国家安全，具备国家利益高于一切的观念。

（二）学段目标——第四学段（7-9年级）

道德修养：

1. 形成健康、文明的生活方式，懂得生命的意义，热爱生活。

2. 遵守基本的社交礼仪，理性维护社会公德；理解诚信是做人的基本要求，做到言行一致；团结同学，宽容友爱。

法治观念：

1. 了解法律对个人生活、社会秩序和国家发展的作用，理解法治的本质及特征。

2. 认识违法行为及其法律责任，理解犯罪的特征及后果，主动预防未成年人犯罪。

健全人格：

1. 正确认识自己，能够自我反思，不断完善自我，保持乐观的态度，学会合作，树立团队意识。

2. 能够自主调控自身的情绪波动，具有良好的沟通能力，主动建立良好的人际关系。

3. 能够清楚表达自己的感受和见解，善于倾听他人的意见，自我改进。

4. 认识青春期的身心特征，建立同学间的友谊，把握与异性交往的尺度。

责任意识：

在团队合作互动中增强合作精神和领导力。

二、课程标准、教材、学情综合分析

通过上学期的学习，学生对本学科已有了基本的认识，已熟悉这一学科的学习节奏和学习方法。但是，学生的学习体验感不足，因而形象化的知识讲解让学生感觉难以理解，而且知识的渐进性和逐步拓展对学生的接受能力和理解能力提出了挑战。这个时期的学生也存在着许多特点，比如，学生面对青春期成长过程中的问题会觉得束手无措、难以处理；存在着许多矛盾心理，情绪上也会出现波动；在集体生活中遇到的矛盾和冲突会相应增加，带来焦虑感和紧张感；学生受生理、心理发育的限制，辨别是非的能力不强，法治观念淡薄；社会生活经验不足，难以搭建起知识学习和现实生活之间的桥梁。

道德与法治课程以发展学生的核心素养为导向，以"成长中的我"为原点，由"自我认识"到"我与自然""我与家庭""我与他人""我与社会""我与国家和人类文明"，要求学生能够悦纳自己的生理变化，体会青春期的美好，学会克服青春期的烦恼，了解青春期闭锁心理现象及危害，积极与他人交往，体会交往与友谊对生命成长的意义。"我与他人"要求学生能够正确认识个人与集体的关系，主动参与班级和学校活动，有团队意识和集体荣誉感。但是，学生对于课程标准中这一学期内容的学习存在一定程度的障碍。

本学期七年级下册使用教材为2016年部编版《道德与法治》，课程标准明确规定：道德与法治课程是义务教育阶段的思政课，旨在提升学生思想政治素质、道德修养、法治素养和人格修养等。据此，教材改革力求彻底转变以"学科为中心"的课程观，教材的构架以学生成长的生活逻辑为主线，以相关学科知识为背景和支撑，统整了课程标准规定和要求的心理、道德、法律等几方面的内容，以培养学生在生活、成长过程中所需的思想道德素养和一些基本技能，发展学生自我管理、自我教育的能力。

三、课程目标

1. 通过写成长日记并举行"青春萌动"主题班会，至少列举出10个自己青春期身心变化的表现并说出与异性交往的正确做法，感受青春成长的力量，体会成长的美好。

2. 通过案例分析以及参加志愿者活动，灵活运用正确的方法来调节情绪，培养不断创造美好的情感体验，传递情感正能量的能力。

3. 通过春季远足，能条理地概括出集体生活对个人成长的意义以及正确运用所学知识处理个人利益与集体利益、小群体与集体之间的矛盾与冲突，树立在集体中尽职尽责、勇于担当的意识。

4. 通过观看法律专题讲座以及案例搜集，能完整复述出法律的特征和作用以及感受法律对青少年的关爱，树立自觉尊崇法律、依法办事的意识，做法治社会的合格公民。

四、学习主题/活动安排

时间	授课内容		课时	实施要求
	课次	框题		
第一周 3.13–3.19	第一课 青春的邀约	悄悄变化的我	1	
		成长的不仅仅是身体	1	
第二周 3.20–3.26	第二课 青春的心弦	男生女生	1	
		青春萌动	2	
第三周 3.27–4.2	第三课 青春的证明	青春飞扬	1	
		青春有格	2	
第四周 4.3–4.9	第一单元	第一单元复习	2	
		第一单元检测	1	
第五周 4.10–4.16	第四课 揭开情绪的面纱	青春的情绪	1	
		情绪的管理	2	
第六周 4.17–4.23	第五课 品出情感的韵味	我们的情感世界	1	
		在品味情感中成长	2	
第七周 4.24–4.30	第二单元	第二单元复习	2	
		第二单元检测	1	
第八周 5.1–5.7	期中复习、期中考试		3	
第九周 5.8–5.14	第六课 "我"和"我们"	集体生活邀请我	1	
		集体生活成就我	1	
第十周 5.15–5.21	第七课 共奏和谐乐章	单音与和声	1	
		节奏与旋律	1	
第十一周 5.22–5.28	第八课 美好集体有我在	憧憬美好集体	1	
		我与集体共成长	1	

续表

时间	授课内容		课时	实施要求
	课次	框题		
第十二周 5.29-6.4	第三单元	第三单元复习	2	
		第三单元检测	1	
第十三周 6.5-6.11	第九课 法律在我们身边	生活需要法律	2	
		法律保障生活	1	
第十四周 6.12-6.18	第十课 法律伴我们成长	法律为我们护航	2	
		我们与法律同行	1	
第十五周 6.19-6.25	第四单元	第四单元复习	2	
		第四单元检测	1	
第十六周 6.26-7.2	期末复习、期末考试		2	

五、评价活动与成绩评定

1. 反思自身的身心变化及与异性交往时的困惑，并将其记录到成长日记中，课间自愿同老师沟通交流。（检测目标1）

2. 举行"青春萌动"主题班会，小组讨论与异性交往时的正确做法，并派代表进行交流展示，达成共识。（检测目标1）

3. 观看情景剧，小组讨论制订正确表达自己情绪的方法。（检测目标2）

4. 去菜博会当志愿者，以小组为单位认领任务，用实际行动帮助他人服务社会，不断创造美好的情感体验，传递情感正能量。（检测目标2）

5. 在60分钟内完成期中检测试卷，包括选择题与非选择题，共计100分，易、中、难的比例为5：3：2。（检测目标1、2）

6. 在远足中感悟集体对自己的关怀与帮助，并在远足结束后在班内进行分享，说一说集体生活对个人成长的意义。（检测目标3）

7. 分析在远足过程中出现的"小群体"案例，结合所学知识，思考处理小群体与集体之间矛盾的方法。（检测目标3）

8. 自主观看法律专题讲座并记录关键信息，同桌互动，说一说法律的特征以及法律对我们的影响。（检测目标4）

9. 以小组为单位搜集保护青少年合法权利的典型案例，并在课堂上模拟法庭，讨论青少年增强自我保护意识的重要意义。（检测目标4）

10. 在60分钟内完成期末检测试卷，包括选择题与非选择题，共计100分。第一、二单元的比例为30%，第三、四单元的比例为70%，易、中、难的比例为5：3：2。（检测目标1、2、3、4）

"在集体中成长"单元教学方案

叁

一、背景分析

（一）本单元对应的课程标准

本单元所对应的课程内容为第四学段相应部分，具体对应的内容标准如下。

学习主题一：生命安全与健康教育

条目2. 客观认识和对待自己，形成正确的自我认同，提升自我管理能力；理解不同的社会角色，形成亲社会的行为；能正确认识和处理自己与同学、朋友的关系，个人和集体的关系，在团队活动中增强合作精神。

条目5. 遵守基本的社交礼仪，恪守诚信，理性维护社会公德，维护公共秩序，做文明的社会成员。

学习主题三：中华优秀传统文化教育

条目1. 弘扬中华优秀传统文化讲仁爱、重民本、守诚信、崇正义、尚和合、求大同的核心理念。

条目4. 了解中华优秀传统文化修齐治平的理想追求，锤炼高尚人格。

（二）教材分析

本单元由导语、第六课 "'我'和'我们'"，第七课 "共奏和谐乐章" 和第八课 "美好集体有我在" 组成。

导语首先引用梁启超的话，简洁而精辟地表达了集体对于个人成长的意义，随后，基于梁启超的观点，进一步阐释本单元的基本观点，以 "我" 比喻个人，以 "我们" 比喻集体，旨在引导学生思考个人与集体的关系。

第六课"'我'和'我们'"由引言和两框内容组成。引言用简短的文字揭示本课的核心内容，表达了三层含义：一是初中生的自主意识和独立意识逐渐增强，这是初中生认知发展的特点；二是集体生活对初中生个性的发展有着重要作用，初中生在集体与个人的交互中实现人格的完善；三是集体生活对个人成长有着重要意义，要过好集体生活。第一框从集体的温暖和集体的力量两个角度阐释集体存在的价值和意义，激发学生对集体生活的渴望，引导学生更好地投入集体生活中。第二框从在集体中涵养品格和在集体中发展个性两个角度，分析集体对学生成长的作用，为后面的学习奠定基础。

第七课的引言指出"你"和"我"的不同诉求、小群体和集体的具体利益的不同都可能引发矛盾冲突，这些都是我们共同生活的插曲。教材通过问题引发学生思考共同奏出集体生活和谐乐章的策略，引导共同奏出集体生活的和谐乐章。第一框通过对个人意愿和集体规则间辩证关系的分析，思考个人意愿与集体规则之间发生冲突的原因，寻求个人意愿与集体规则之间的平衡，以保持和声的和谐。教材由此进一步引出对集体主义的学习、对个人利益与集体利益关系的认识和处理。第二框通过学生在集体生活中的体验，了解个人在多个集体中的不同角色，正确理解个人利益与集体利益的关系，学会在小群体和集体之间发生冲突时，能够维护集体的正当利益。

第八课引言以美好集体的表现为开端，通过学生的感同身受，引导学生向往美好的集体，强调只有所有人共同努力，才能建设美好集体。第一框借助学生建设集体的已有经验，让学生憧憬美好集体，对学生形成美好的集体氛围、建设美好集体的目标进行具体指导。第二框围绕"共建"与"担当"两个关键词，引导学生回顾自己在集体建设过程中所作的贡献，帮助学生正确认识个人与集体的关系，在共建美好集体的过程中，培养担当意识，学会承担责任，促进自我成长。

（三）学情分析

青春期的学生对人、对事都有热情，但是，也有一部分学生对一些事情有心尽责而无力尽责，其责任感强过其承担责任的能力。也就是说，他们不能把正确选择付诸恰当行动。一些学生个人意识较强，国家、社会意识较弱，在利益关系上以"我"为中心，凡事从"我"出发，忽视他人和集体的存在，特别需要学习在集体中与同学如何相处。

本单元的目的是使学生明确，在集体中生活，不仅要了解个人如何依靠和运用集体的力量获得成长，也要认识到良好的集体离不开每个人的努力，从而使学生乐于共建、共享美好集体，承担责任，与集体共成长。这既强调了本单元的主题和落脚点，又与八年级开启社会生活的学习内容相关联。

二、单元目标

1. 通过分析材料和阅读课本知识，能够从至少三个方面总结集体对个人影响，树立集体意识。

2. 通过观看视频和分析材料，能够完整地说出个人与集体的关系，并准确总结集体规则完善的策略及在集体生活中处理与他人关系的方法，提高处理好个性化需求和集体共同要求的能力。

3. 通过观看视频，分享感悟，能正确归纳出个人利益与集体利益的关系，在实际行动中树立并践行集体观念，在集体建设中尽责并勇于担当。

三、评价设计

1. 自主阅读课本以及教师展示的材料，组织"集体生活成就我"主题班会，从多个角度阐述集体对个人的影响。采取班内同学各抒己见，师生交流，达成共识的评价方式。（检测学习目标1）

2. 师生交流互动，感悟集体利益和个人利益的关系，准确复述让和声更美的做法。（检测学习目标2）

3. 分小组认领情境问题，探究使集体规则更加完善的策略，小组成员分享交流共建美好集体的方法。（检测学习目标3）

四、学与教活动设计

（一）单元课时划分

时间	授课内容		课时
	课次	框题	
第九周　5.8–5.14	第六课　"我"和"我们"	集体生活邀请我	1
		集体生活成就我	1
第十周　5.15–5.21	第七课　共奏和谐乐章	单音与和声	1
		节奏与旋律	1
第十一周　5.22–5.28	第八课　美好集体有我在	憧憬美好集体	1
		我与集体共成长	1
第十二周　5.29–6.4	第三单元　在集体中成长	第三单元复习	2
		第三单元检测	1

（二）单元教学活动

单元概况

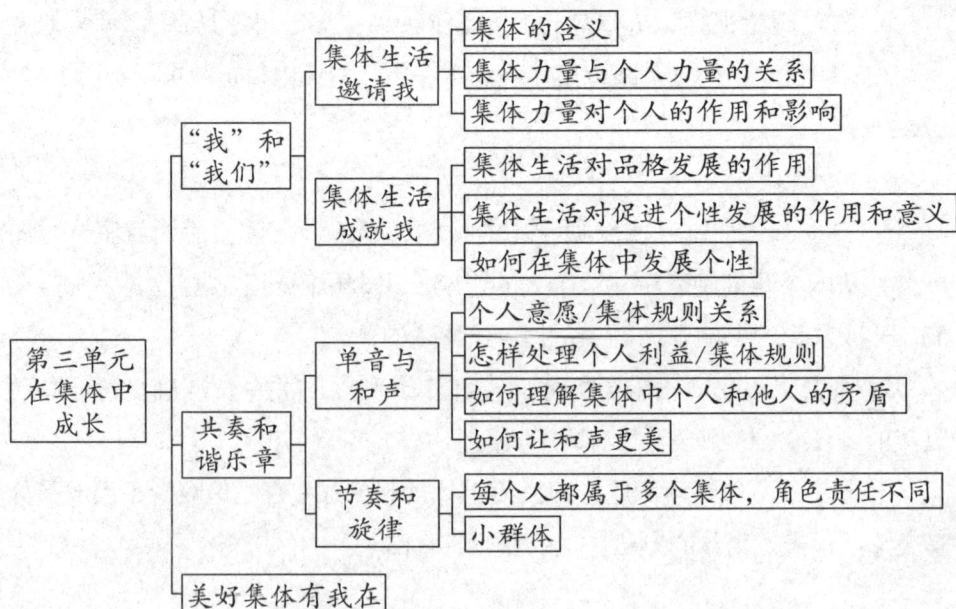

学法指导

自主学习法、合作讨论法、活动探究法。

具体过程

环节一：组织"集体生活成就我"主题班会

（一）呈现评价任务1

结合教材第六课的内容，小组合作，共同探讨以下问题：

1. 我们班级被评为优秀班级的原因是什么？

2. 生活在我们这个大家庭里，你有怎样的改变？

（二）执行评价任务1

1. 通过观看视频提取关键信息。

2. 以小组为单位对合作探究题目进行交流，要求组内讨论，完善讨论结果。

3. 选举代表上台展示。

（三）交流学习成果（评价检测）

1. 学生主动上台分享，其他同学可进行评价。

2. 教师对学生发言进行点评、总结。

3. 教师根据巡视信息以及发言的反馈信息调整教学进程，答疑解惑。

环节二：排练"让和声更美"情景剧

（一）呈现评价任务2

结合教材第八课并观看视频，说出视频中榜样人物身上值得我们学习的优秀品质，为了"让和声更美"情景剧的排练出谋划策，提出合理化建议。

（二）执行评价任务

学生通过观看视频提取关键信息，小组合作讨论

（三）交流学习成果

1. 学生分享，其他人认真倾听，有不同意见的及时进行补充。

2. 教师根据巡视信息以及小组发言的反馈信息调整教学进程，答疑解惑。

环节三：班规我制订，"共建美好集体"

结合教材第七课内容，分小组共同探究老师提供的材料"班规的故事"，回答以下问题：

（1）初一（4）班班规的讨论与制订过程中，有哪些可以借鉴的方法或原则？

（2）如果你所在的集体中的规则是由你参与制订的，你是否更乐于遵守呢？

（二）执行评价任务

1.学生带着问题分析材料。

2.交流：由组长组织，组内群学，合作交流，达成共识。

（三）交流学习成果

1.小组代表起立展示讨论收获，其他小组同学认真倾听，同组成员可及时进行补充。

评价量表如下。

针对评价任务一的评价量表

评价＼等级	A等（优秀）	B等（合格）	C等（待改进）	自评	师评
内容要求	准确完整地找出体现人物人际交往能力的词句，归纳出人物人际交往能力变化的原因	找出部分体现人物人际交往能力的词句，说出部分人物人际交往能力变化的原因	找不出相应词句，不能总结原因		
语言表述	逻辑清晰条理，语言表达流畅	表达较为简练、有条理	表述不清楚、不条理		
活动参与度	积极思考、主动参与，准确回答问题	能举手回答问题，但不积极	不思考、不参与、不回答问题		

针对评价任务二的评价量表

等级评价	A等（优秀）	B等（合格）	C等（待改进）	自评	师评
内容要求	大胆积极地分析优秀品质，感悟团队的伟大力量，完整详细归纳让和声更美，让集体更美好、和谐的要求	能说出优秀品质，但缺乏对团队力量的感悟，对让和声更美的要求缺乏全面认识	不能把握呈现情境，回答随意、敷衍		
语言表述	逻辑清晰条理，语言表达流畅	表达较为简练、条理	表述不清楚、不条理		
活动参与度	善于思考、自信主动，具有很强的感染力	能举手回答问题，但主动性有待提高	不思考，不参与		

针对评价任务三的评价量表

等级评价	A等（优秀）	B等（合格）	C等（待改进）	自评	师评
内容要求	能积极参与组内交流，并根据问题积极探讨智慧碰撞。展示时积极主动，展示内容丰富，能准确解答问题，完整清晰地说出建设美好集体的相关做法	参与组内交流较积极，教师提问时能主动回答，交流结果能较好地解答问题，能通过分析材料至少说出两个建设美好集体的做法	参与交流欠主动，不能准确地理解探讨的问题，交流结果不能准确解答问题		
语言表述	逻辑清晰条理，语言表达流畅	表达较为简练、条理	表述不清楚、不条理		
活动参与度	积极思考、主动参与，准确回答问题	能举手回答问题，但主动性有待提高	很少举手，极少参与		

———○ **设计意图** ○———

通过召开主题班会、情景剧表演以及合作制订班规等实践活动，联系学生生活实际，培养学生的责任意识和集体意识，使他们更加重视团队合作的力量，在活动中渗透教材知识。

———○ **学情预设** ○———

通过学习，大多数学生都能树立集体意识，形成正确的集体观念，掌握课本重点知识。

课时教学方案1　集体生活邀请我

肆

一、课时目标

1. 通过回味集体生活，具体说出集体的含义，了解集体联结度的相关因素，感受集体的温暖。

2. 通过探究分析聊天记录，分享所在集体获得的荣誉，深刻体会集体带给自己的安全感、归属感、自豪感和集体荣誉感。

3. 通过探究分析案例视频，归纳出集体力量的来源，以及集体对个人的影响，感受集体的力量。

二、评价设计

1. 回味集体生活，独立思考，分享生活中让自己印象深刻的某个集体，并说一说印象深刻的原因。（检测学习目标1）

2. 细读聊天记录，小组合作探究刘亮在集体生活中的心路历程，并分享自己的感悟。（检测学习目标2）

3. 观看开学典礼的获奖照片，同桌互动交流，分享升入七年级以来"我们班""我们部""我们年级""我们学校"获得的荣誉，说出自己的付出和感悟。（检测学习目标2）

4. 观看视频《那一年，我们在一起》，小组合作，探究集体力量的来源和集体带给我们的力量，小组派代表上台展示。（检测学习目标3）

三、学与教活动设计

板块一：热身活动，导入新课

导入：热身活动——团队合作之小组齐步走。导入课题。

板块二：共同探究，体验感悟

目标导学一：你言我语话集体

（一）呈现评价任务1（PPT展示任务）

走进时光，回味集体，分享生活中有过哪些让你印象深刻的集体？用关键词描述你对集体生活的感受。（检测学习目标1）

（二）执行评价任务

1. 静心回忆，独立思考。

2. 积极参与分享。

（三）交流学习成果（评价检测）

1. 举手回答，其他学生发表感想。

2. 教师根据巡视以及学生发言的反馈信息进行引导，最后教师进行总结。

目标导学二：体味集体温暖

（一）呈现评价任务2（PPT展示任务）

1. 观看刘亮和同学的QQ聊天记录。

2. 结合教材P53-P54的内容，小组合作，对该情境材料进行探究，分析刘亮在集体生活中的心路历程，分享自己的感悟。（检测学习目标2）

（二）执行评价任务2

1. 以小组为单位对合作探究题目进行交流。

2. 要求组内讨论，完善讨论结果。

3. 选举代表进行展示。

（教师巡视，获取学习信息）

（三）交流学习成果（评价检测）

1.小组代表进行分享，同组成员及时进行补充。

2.教师根据学生反馈信息给予指导，并进行总结。

（四）呈现评价任务3（PPT展示任务）

观看开学典礼上自己班级以及成员的获奖照片，同桌互动交流：分享升入七年级以来，"我们班""我们部""我们年级""我们学校"获得的荣誉，并说出你的付出和感悟（检测学习目标2）

（五）执行评价任务3

同桌讨论，完善讨论结果，进行展示。

（教师巡视，获取学习信息）

（六）交流学习成果（评价检测）

1.学生分享交流结果，其他学生可进行评价和补充。

2.在学生展示过程中，教师根据学生反馈信息给予指导，并作出总结。

目标导学三：感受集体力量

（一）呈现评价任务4（PPT展示任务）

观看小视频《那一年，我们在一起》，小组合作探究，借助p55-p57教材内容感受团队的力量，并上台交流分享。（检测学习目标3）

1.我们班级取得第一名的原因是什么？

2.生活在我们这个大家庭里，你有怎样的改变？

（二）执行评价任务4

1.观看视频提取关键信息。

2.以小组为单位对合作探究题目进行交流，要求组内讨论，完善讨论结果。

3.选举代表准备上台展示。

（三）交流学习成果（评价检测）

1.学生主动上台分享，其他同学可进行评价。

2.教师对学生发言进行点评、总结。

3.教师根据巡视信息以及发言的反馈信息调整教学进程，答疑解惑。

板块三：收获园地

1.归纳整理，展示本节课的知识结构思维导图，引导学生总体把握知识板块。

2.通过本节课的学习，你有哪些收获？

板块四：拓展空间

拓展作业：电影《夺冠》是有"灵魂"的，它以3场历史性的比赛作为情节铺垫，2个人物作为故事的推动引导，1个伟大的集体作为电影的爆点，最后让这部电影真正"夺冠"。请同学们课后观看电影《夺冠》，体味集体生活带给女排姑娘的温暖与力量，写出你的感悟，字数600字。

备注：评价量表

评价量表1：

等级评价	A等（优秀）	B等（合格）	C等（待改进）	自评	师评
内容要求	完整清晰地说出集体的含义及集体联结度的相关因素	能大体说出集体的含义，对集体联结度的相关因素归纳不全	不能说出集体的含义，对集体联结度的相关因素表达不清		
语言表述	逻辑清晰条理，语言表达流畅	表达较为简练、有条理	表述不清楚、不条理		
活动参与度	积极思考、主动参与，准确回答问题	能举手回答问题，但主动性有待提高	很少举手，极少参与		

评价量表2:

等级评价	A等（优秀）	B等（合格）	C等（待改进）	自评	师评
内容要求	能全面准确地归纳出集体带给我们的温暖的表现	能大体说出集体温暖的表现，对集体带来的安全感、归属感不能准确表达	仅能说出集体温暖的一种表现，或不能回答问题，内容混乱		
语言表述	逻辑清晰条理，语言表达流畅	表达较为简练、条理	表述不清楚、不条理		
活动参与度	积极举手发言，积极参与讨论与交流	能举手发言，参与讨论与交流	很少举手，极少参与讨论与交流		
合作意识	善于与人合作，虚心听取别人的意见	能与人合作，能接受别人的意见	缺乏与人合作的精神，难以听取别人的意见		

评价量表3:

等级评价	A等（优秀）	B等（合格）	C等（待改进）	自评	师评
内容要求	积极分享所在集体获得的荣誉，并能说出集体荣誉是全体成员共同奋斗的结果，应具有集体荣誉感	能说出所在集体获得的荣誉，但对集体荣誉感的感悟表达不全面	对所在集体获得的荣誉有所了解，但对集体荣誉感的感悟不能准确表达		
语言表述	逻辑清晰条理，语言表达流畅	表达较为简练、条理	表述不清楚、不条理		
活动参与度	积极思考、主动参与，准确回答问题	能举手回答问题，但主动性有待提高	很少举手，极少参与		

评价量表4：

等级 评价	A等（优秀）	B等（合格）	C等 （待改进）	自评	师评
内容要求	能准确说出集体力量的来源，能全面归纳集体力量的表现	能大体说出集体力量的来源，对集体力量的表现归纳不全	仅能说出集体力量表现的一两个方面，不能说出集体力量的来源		
语言表述	逻辑清晰条理，语言表达流畅	表达较为简练、条理	表述不清楚、不条理		
活动参与度	积极举手发言，积极参与讨论与交流	能举手发言，参与讨论与交流	很少举手，极少参与讨论与交流		
合作意识	善于与人合作，虚心听取别人的意见	能与人合作，能接受别人的意见	缺乏与人合作的精神，难以听取别人的意见		

课时教学方案2 单音与和声

一、一般信息

本方案为七年级下册第三单元"在集体中成长"的第2课时"单音与和声"的教学方案，由寿光现代明德学校陈坤、王永亮、张庆杰、张瑶、李超贤设计。

二、课时目标

1. 通过探究分析比赛风波，具体说出集体规则与个人意愿产生冲突的原因，归纳个人意愿和集体规则的关系。

2. 通过小组合作分析小楠的烦恼，分享集体规则完善的策略，归纳在集体生活中处理与他人关系的理性选择。

3. 通过观看视频《最美逆行者——中国英雄》，分享感悟，分析正确对待个人利益与集体利益关系的方式，体会在实际行动中树立并践行集体观念，在集体建设中尽责并勇于担当。

三、评价设计

1. 自主阅读材料，个人回忆在班级和学校中自愿遵守的规则，班内成员各抒己见，师生交流互动，探究小楠由积极参赛到退赛的原因及影响，帮助小楠作出合理选择。（检测学习目标1）

2. 小组自主认领情境，探究使集体规则更加完善的策略，小组成员分享交流在集体生活中处理与他人关系的方法。（检测学习目标2）

3. 观看视频，畅谈"最美逆行者"身上体现出的优秀品质。师生交流互动，感悟集体利益和个人利益的关系，总结归纳让和声更美的做法。（检测学习目标3）

四、学与教活动设计

板块一：创设情境，导入新课

导入：欣赏歌曲《众人划桨开大船》，感受和声之美，导入课题。

板块二：共同探究，体验感悟

目标导学一：小楠的故事——比赛风波

（一）呈现评价任务1（PPT展示任务）

1. 班级、学校有哪些规则是你自愿遵守的?

2. 故事中的小楠为何愿意积极参加运动会? 导致他想退赛的原因是什么? 这会对他个人和班级带来哪些影响? 如果你是小楠，你会怎么做? （检测学习目标1）

（二）执行评价任务

学生认真阅读材料并提取关键信息。

（三）交流学习成果（评价检测）

1. 举手回答，其他学生认真倾听并发表感想。

2. 教师根据巡视信息以及学生发言的反馈信息进行引导，最后教师进行总结。

（四）呈现评价任务1（PPT展示任务）

想一想，"我的需求"和"集体的需求"有何不同? 对于冲突，你有哪些理智的处理方法呢? 思考后说出大家齐心协力取得成功的原因。（检测学习目标1）

（五）执行评价任务

学生独立思考，积极分享。

（六）交流学习成果（评价检测）

1. 学生积极分享，其他同学认真倾听，有不同的意见及时补充

2. 教师对学生的发言进行点评、总结。

目标导学三：小楠的感悟——榜样的力量

（一）呈现评价任务3（PPT播放视频）

观看视频，说出"最美逆行者"身上值得学习的优秀品质。为了建设美好集体，使"和声更美"，请你出谋划策，提出合理化建议。

（检测学习目标3）

（二）执行评价任务

学生通过观看视频提取关键信息，小组合作讨论。

（教师在讲解与互动中巡视，进行个别指导，获得学习信息）

（三）交流学习成果

1.学生分享启示，其他同学认真倾听，有不同意见的及时进行补充。

2.教师根据巡视信息以及小组发言的反馈信息调整教学进程，答疑解惑。

目标导学二：小楠的烦恼——竞选班委

（一）呈现评价任务2（PPT展示）

阅读情境，思考下列问题。

展示情境一：思考在未修改值日表之前，是执行重要，还是修改规则重要？

展示情境二：面对困境，小楠该怎么办？将你的建议写在卡片上，自主展示并说出该事件对自己的启示。

展示情境三：如何评价同学一气之下背包回家的行为？如果是你，你会怎么解决？（检测学习目标2）

（二）执行评价任务

1.认真阅读，积极讨论。

2.组长组织组员合作交流，达成共识。

（三）交流学习成果（评价检测）

1.各小组代表上台展示本组成果，其他小组同学认真倾听，同组成员可及时进行补充。

2.教师在学生展示过程中根据学生的反馈信息给与指导，并在学生总结的基础上加以指点。

板块三：收获园地

1.归纳整理，展示本节课的知识结构思维导图，引导学生总体把握所学内容。

2.通过本节课的学习，你有哪些收获？

板块四：拓展空间

拓展作业：探索个性成长 感悟集体力量。

请同学们在班级、校园和社区内展开个性调查和搜集工作，记录、整理调查对象个性成长过程，感悟集体力量。将调查结果写在卡片上，制作一面"个性墙"，期待你的精彩表现！

评价量表如下。

针对评价任务一的评价量表

等级评价	A等（优秀）	B等（合格）	C等（待改进）	自评	师评
内容要求	语言流畅，逻辑条理，清晰表达出小楠退赛的原因、影响及合理选择。总结出集体规则与个人意愿发生冲突的原因及解决办法	语言较为条理，能基本表达出小楠退赛原因、影响及合理选择。总结出集体规则与个人意愿发生冲突的原因及解决办法	不能说出小楠退赛的原因及影响，对合理选择表达不清		
活动参与度	积极参与，准确回答问题	回答问题不太积极	很少举手，极少参与		

针对评价任务二的评价量表

等级评价	A等（优秀）	B等（合格）	C等（待改进）	自评	师评
内容要求	能准确归纳遵守并完善集体规则的策略，总结出集体生活中正确处理与他人之间关系的做法	能大体说出遵守并完善集体规则的策略，但不能准确表达在集体生活中正确处理与他人关系的做法	不能回答问题，内容混乱		
语言表述	逻辑清晰条理，语言表达流畅	表达较为简练、条理	表述不清楚、不条理		
活动参与度	积极参与讨论与交流，积极举手发言	参与讨论与交流，能举手发言	极少参与讨论与交流，游离于小组活动之外		

针对评价任务三的评价量表

等级 评价	A等（优秀）	B等（合格）	C等 （待改进）	自评	师评
内容要求	大胆积极分析优秀品质，感悟团队的伟大力量，完整详细归纳让和声更美，让集体更美好和谐的要求	能说出优秀品质，但缺乏对团队力量的感悟，对让和声更美的要求缺乏全面认识	不能把握呈现情境，回答随意、敷衍		
语言表述	逻辑清晰条理，语言表达流畅	表达较为简练、条理	表述不清楚、不条理		
活动参与度	善于思考、自信主动，具有很强的感染力	能举手回答问题，但主动性有待提高	不思考，不参与		

7

日照 市北京路中学地理课程规划

案例点评

　　地理课程以提升学生核心素养为宗旨，引导学生学习对生活和终身发展有用的地理，为培养具有生态文明理念的时代新人打下基础。本课程围绕"中国的河流"这一主题开展了丰富的教学活动，旨在贯彻落实新课标的要求，有助于培养学生的地理情怀，科学精神和责任担当，不断提升他们的人文底蕴。

　　课程设计总体比较规范，整体结构非常完整，尤其是以下几个方面非常突出：在课程目标的设置上，整体上坚持了育人为本，从"区域认知、综合思维、地理实践力、人地协调观"的角度确定了基于核心素养培育的地理课程目标。在教学过程方面，学生自主探究与合作学习相结合，发挥了学生在教学中的主体作用，凸显了课堂中的"真学习，在学习"。在课程评价方面，评价任务的设置十分清晰，且综合了过程性评价和结果性评价，评价方式表现出多样化的特点。

壹　初中地理学科课程规划方案

本课程规划方案由日照市北京路中学田洪妮开发，适用年级为使用人教版地理教材的初一、初二年级学生。

一、引言

地理学是研究地理环境以及人类活动与地理环境关系的科学，具有综合性、区域性等特点。地理学兼有自然科学和社会科学的性质，在现代科学体系中占有重要地位，对于解决当代人口、资源、环境和发展问题，维护生态安全，建设美丽中国具有重要作用。

义务教育地理课程以习近平新时代中国特色社会主义思想为指导，引领学生认识人类的地球家园。地理课程贴近生活，关注自然与社会，体现地理学特点并具有很强的实践性，对培育学生的人地协调观、家国情怀、全球视野，以及批判性思维、创新精神和实践能力具有重要价值。本课程与小学科学、小学道德与法治等课程有关内容相衔接，与初中其他课程部分内容相关联，为高中地理课程的学习奠定坚实基础。

二、规划依据（背景分析）

义务教育课程包括国家课程、地方课程和校本课程三类。以国家课程为主体，奠定共同基础；以地方课程和校本课程为拓展补充，兼顾差异。

北京路中学以"育特色，促进学生全面发展；铸品牌，打造区域精致教育"为办学目标，实施以"精美·精诚·精细·精品·精彩"为核心内涵的精致教育。学校制订涵盖国家课程、地方课程和校本课程的学校课程规划，

"创造适合学生全面发展的教育，关注每一名学生的健康成长，培育'追求卓越，崇尚一流'的兰蕙学子"。日照市北京路中学全面落实义务教育各科课程方案，加强课程实施管理，开全课程、开足课时，提质增效，特色鲜明。国家课程设置道德与法治、语文、数学、英语、历史、地理、物理、化学、生物、信息科技、体育与健康、音乐、美术、劳动、综合实践活动等。

地理课程以提升学生核心素养为宗旨，引导学生学习对生活和终身发展有用的地理，为培养具有生态文明理念的时代新人打下基础。在教学过程中，教师要引导学生通过探究人类活动与地理环境的关系，认识到地球资源是有限的、生态环境是脆弱的，形成保护地球家园的观念、热爱祖国和家乡的情感，以及关心世界的态度，不断增强人文底蕴、科学精神和责任担当，并提高健康生活、终身学习和实践创新等能力。

三、课程目标

地理课程要培育的核心素养，主要包括人地协调观、综合思维、区域认知和地理实践力等，是中国学生发展核心素养在地理课程中的具体化，体现了地理课程对培育有理想、有本领、有担当的少年的独特价值。

（一）学生能够初步认识地理环境是人类生存的基础，人类活动深刻影响着地理环境，协调人地关系是人类社会可持续发展的必然选择；能够运用所学的知识、方法和工具，面对世界、中国、家乡出现的人口、资源、环境和发展问题，作出初步的分析和评价，并具有遵守相关法律法规的意识；能够立足家乡、胸怀祖国、放眼世界，初步树立人与自然和谐共生的观念。

（二）学生能够初步理解地理事物和现象是由地理要素在不同时空条件下相互作用形成的；能够利用观察、比较、分析等方法，认识地理事物和现象的自然、人文特征及其时空变化特点，初步形成从地理综合的视角看待和分析问题的意识和能力；能够初步具备崇尚真知、独立思考、大胆尝试等科学品质。

（三）学生能够初步理解地球上有不同空间尺度、不同类型的区域，每一个区域都有各自的特征，不同区域之间会产生联系；能够运用多种地理工具获取区域信息，认识区域特征、区域差异和区域联系，初步形成从空间—

区域的视角看待和分析问题的意识和能力；能够增进热爱家乡、热爱祖国的情感，形成人类命运共同体意识。

（四）学生能够初步掌握地理实验、社会调查、野外考察等地理实践活动的基本方法；能够在校内、校外的真实环境下，运用所学知识和地理工具，通过地理实践活动，观察和感悟地理环境及人们生产生活的状态，尝试解决实际地理问题，增强信息运用、实践操作等行动力；能够养成在实践活动中乐于合作、勇于克服困难等品质。

四、课程结构、内容与课时分配

义务教育地理课程在我校七、八年级开设，每班每周2节课，课时量约占全校总课时量的6%。

地理课程从空间尺度的视角对课程内容进行组织，按照"宇宙—地球—地表—世界—中国"的顺序，引导学生认识人类的地球家园。地理课程以认识宇宙环境与地球的关系、地理环境与人类活动的关系为主要线索，并将地理实践活动和地理工具的运用贯穿其中，形成将学科知识与学科活动融为一体的课程内容结构（图1）。

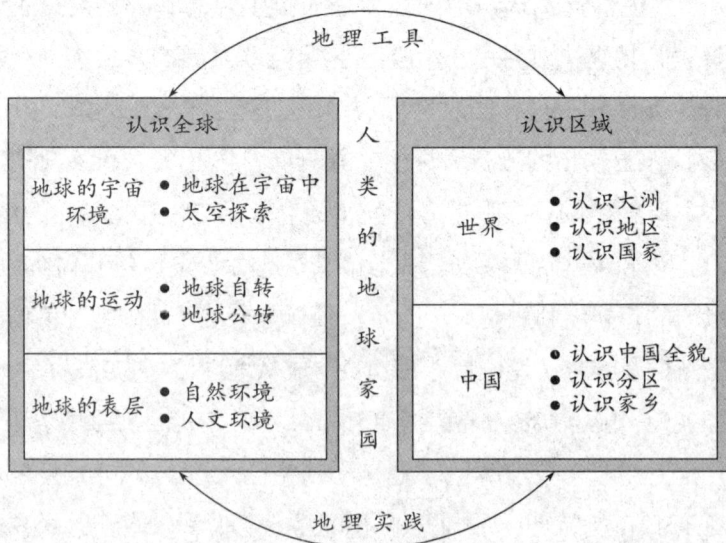

图1　地理课程内容结构

地理课程内容结构中的"认识全球"部分，将地球整体作为学习对象，认识地球所处的宇宙环境、地球的自转和公转运动、地球表层的自然和人文环境。"认识区域"部分，将地球表层不同空间尺度的区域作为学习对象，认识世界大洲、地区、国家等不同区域的地理事物和现象，认识中国的整体面貌、不同分区及家乡的地理事物和现象。"地理工具"侧重地球仪、地图的基础知识和应用，"地理实践"则以多种方式贯穿全部课程内容。

五、课程实施

学校教研活动内容以校本教研为主，教研组活动每两周开展一次集体备课，一个月进行一次集团大备课，教研组又分为初二、初三两个集体备课组，备课组每周进行一次教研活动，每次都定时间、定内容。活动中有一个主讲人，主要内容涉及教材分析、进度安排、教学中的重点难点探讨等。依托市教育局举办的专家进校园、区教体局的全区同备一节课以及学校举行的公开课、示范课，并结合磨课、说课、评课，教师不断进行教研活动。教师每次都积极参加教研活动，对教研活动非常重视，绝大部分能有效利用教研活动相互交流、集思广益。在教学中遇到问题时，老师们通过相互交流、查阅资料等形式进行解决。

学生采用小组化合作学习，4至6人组成一个小组。在课堂教学中，教师通过安排学生进行小组合作学习，能够有效促进学生在学习上互相帮助、共同提高。

六、课程评价

评价要以学生发展为本，在学生核心素养生成的基础上进行评价，评价要与目标、过程和反思一致，实现"教—学—评"一致性。

评价要涉及课堂评价、作业评价、阶段监测评价以及实践性评价，在《义务教育地理课程标准》（2022年版）实施的过程中，我们不但要对课程本身进行评价，更重要的是要根据新课程理念对学校的工作、教师的教学、学生的学习以及对学生和教师的发展予以恰当的评价，真正发挥评价的教育功能。

七、课程管理与保障

（一）组织保障

1. 成立学校课程领导小组，负责编制学校课程规划、指南和相关制度的制订。学校把课程的开发和实施列入学校工作规划、计划和议事日程，确保课程规划的科学性和前瞻性。

2. 学校教科研中心牵头成立学校课程审议专家组，实施课程专家指导制度，对开发的课程实行逐级审议，确保课程开发的质量。

3. 教导处下设学校课程研究小组，是学校课程实施的管理机构，负责执行、督导、评估学校课程执行情况；教导处、教研组积极帮助教师制订好教学计划，负责协调安排和组织指导教学计划的执行；建立和课程实施有关的规章制度，对课程实施全过程的每个环节提出工作任务和质量要求。如：校本课程教学计划、教学目标、教师教学设计、学生活动记录、活动评价等。教研组要根据学校的整体安排，做好校本课程开发的各项业务工作。

4. 成立校外专家指导小组。学校聘请社会有关人员承任部分课程的教学，邀请市区教科院、驻日照高校专家到校指导工作。每个学期选派骨干教师外出考察学习，提高师资水平，推进校本课程研发进程。

（二）机制保障

夯实集体教研，深化教学研究，以教研制度和课堂模式推进国家课程的运行。学校制订《日照市北京路中学教学规程》，确保专业学习、集体备课、课堂教学、作业教学、质量检测等各环节的高质量实施。

初中地理八年级上学期课程纲要

一、与本学期相关的国家课程标准陈述

八年级上册学习主题是认识中国，属于"认识区域"部分。课程标准的设计以从地球到世界再到中国为基本线索，以地球基础知识和世界地理的学习为基础，在认识中国基本地理国情的同时，深化对基础知识、基本技能和地理学习方法的理解。认识中国全貌部分，除了从不同地理侧面认识中国地理国情，还要认识中国地理环境宏观图景的意蕴，即将中国地理的各要素联系起来，认识中国地理整体特征。

二、课程标准、教材、学情综合分析

《义务教育地理课程标准（2022年版）》更具指向性，适当降低了难度，如运用地图，描述中国的地理位置与疆域特征，说明南海诸岛是中国领土的组成部分，钓鱼岛及其附属岛屿是中国固有领土，增强学生的国家版图意识与海洋权益意识，加强国家版图意识教育。

该课程标准更具整体性，将地形、气候、河湖等存在联系的地理要素进行整合，减轻学生负担，渗透综合思维的培养，如运用地图和相关资料，简要归纳中国地形、气候、河湖等的特征；简要分析影响中国气候的主要因素。运用地图和相关资料，描述长江、黄河的特点，举例说明其对经济发展和人们生活的影响。

该课程标准注重时代性，如运用地图和相关资料，描述中国人口的基本状况和变化。运用地图和相关资料，简要归纳中国的民族分布特点，树立中

华民族共同体意识。

该课程标准注重生活化，如运用地图和相关资料，描述中国水资源、土地资源、矿产资源和海洋资源等自然资源的主要特征，举例说明自然资源与人们生产生活的关系，认识开发、利用、保护自然资源的重要意义。借助地图和相关资料，举例描述中国农业、工业等生产活动的分布，并用实例说明科学技术在产业发展中的重要作用。运用地图和相关资料，说明中国交通运输线的分布特征，以及高速公路、高速铁路的快速发展对人们生产生活的影响。

该课程标准加强灾害教育，如运用地图和相关资料，描述中国主要的自然灾害和环境问题；针对某一自然灾害或环境问题提出合理的防治建议；掌握一定的气象灾害和地质灾害的安全防护技能。

教科书以改变学生的学习方式为出发点，建立新的教材结构，提供丰富的学习素材和情境，使学生能够做到自主学习，养成终身学习的意识和能力。本册教科书始终如一地注意巩固和强化地理基本技能和能力，使学生在理解地理概念、分析和解释地理现象的过程中，获得基本技能和表达、交流等能力的训练。教科书在结构设计中加大了"活动"的力度，力图加强地理教学中的学生活动，通过学生讨论、探究、实践的教学途径转变学生的学习方式。

三、课程目标

（一）区域认知

1. 能运用地图等资料，描述中国的地理位置与疆域特征，说明南海诸岛是中国领上的组成部分，钓鱼岛及其附属岛屿是中国固有领土，增强国家版图意识与海洋权益意识。

2. 运用中国行政区划图，识别 34 个省级行政区，记住它们的简称和行政中心。

（二）综合思维

1. 运用地图和相关资料，简要归纳中国地形、气候、河湖等的特征；简要分析影响中国气候的主要因素。

2. 运用地图和相关资料，描述长江、黄河的特点，举例说明其对经济发展和人们生活的影响。

3. 运用地图和相关资料，描述中国人口的基本状况和变化。

4. 运用地图和相关资料，简要归纳中国的民族分布特点，树立中华民族共同体意识。

5. 运用地图和相关资料，描述中国水资源、土地资源、矿产资源和海洋资源等自然资源的主要特征，举例说明自然资源与人们生产生活的关系，认识开发、利用、保护自然资源的重要意义。

（三）地理实践力

1. 能够搜集相关资料并借助地图、案例描述中国农业、工业等生产活动的分布，并用实例说明科学技术在产业发展中的重要作用。

2. 能够搜集相关资料并借助地图，说明中国交通运输线的分布特征，以及高速公路、高速铁路的快速发展对人们生产生活的影响。

（四）人地协调观

1. 举例说明环境及生产发展给某区域居民生活带来的影响和变化，并尝试用绿色发展理念，对区域的发展规划提出合理建议，增强爱国爱家的意识。

2. 运用地图和相关资料，描述中国主要的自然灾害和环境问题；针对某一自然灾害或环境问题提出合理的防治建议；掌握一定的气象灾害和地质灾害的安全防护技能。

四、学习主题与活动安排

单元	学习内容	课时
第一章 从世界看中国	第一节 疆域	3
	第二节 人口	1
	第三节 民族	1
	章节复习检测	1

续表

单元	学习内容	课时
第二章 中国的自然环境	第一节 地形和地势	2
	第二节 气候	4
	第三节 河流和湖泊	5
	第四节 自然灾害	1
	章节复习检测	1
期中复习考试		2
第三章 中国的自然资源	第一节 自然资源的基本特征	1
	第二节 土地资源	2
	第三节 水资源	2
	章节复习检测	1
第四章 中国的经济发展	第一节 交通运输	2
	第二节 农业	2
	第三节 工业	2
	章节复习检测	1
期末复习考试		6

五、评价活动与成绩评定

（一）过程性评价（占50%）

过程性评价主要基于对学生日常学习状况的跟踪反馈，从课堂及活动参与度、合作学习、学习态度、地理探究精神、作业完成质量五个维度进行评价，采用学生自评、小组互评和教师评价的方式进行等级量化。

学生学习过程评价量表

评价维度 \ 评价量规	评价等级及标准			评价方式		
	A	B	C	个人评价	同学评价	教师评价
课堂参与程度	积极举手发言，积极参与讨论与交流	能举手发言，能参与讨论与交流	少有举手发言，较少参与讨论与交流			
合作学习	团结合作，在小组中起领导作用，吸收接纳并能给出建议，并帮助其他小组成员，贡献大	帮助协调，推动整个小组的工作，鼓励其他成员。工作至最后一刻，对最终成果有一定的贡献	参与了讨论、工作，并对最终成果进行了评价，对评价过程只是旁观			
学习态度	能刻苦钻研，积极主动交流、思考问题，努力争取最出色地完成任务	能认真听讲，参与交流，努力完成自己的任务	能认真听讲，在同伴帮助下完成任务			
自主探究	有强烈的求知欲，不断提出许多与任务相关的问题，并努力寻找答案。在遇到问题时能独立寻找解决办法，不放弃	能够提出与主题相关问题，希望找到答案。在遇到问题时能自己进行探究或与同伴讨论寻求解决途径	能提出问题，但有时偏离主题或不做进一步的思考。能对遇到的问题进行一些探究，但缺乏毅力，喜欢依赖同伴			
作业完成质量	保质保量完成	完成	未完成			
	3分	2分		1分	0分	
评定等级	A	B	C			D
等级赋分	A	B	C			D

217

（二）结果性评价（占50%）

结果性评价主要以期中、期末考试成绩（赋分成绩）为基准，分为四个评定等级。

	≥91分	81分-90分	60分-80分	＜60分
期中考试成绩（占40%）	A	B	C	D
期末考试成绩（占60%）	A	B	C	D

结果性评价成绩=期中考试成绩*40%+期末考试成绩*60%。

"河流与湖泊"单元教学方案

叁

一、背景分析

（一）课程标准要求

1. 运用地图和相关资料，简要归纳中国地形、气候、河湖等的主要特征。

2. 运用地图和相关资料，描述长江、黄河的特点，举例说明其对经济发展和人们生活的影响。

（二）课程标准解读

课程标准把中国自然环境的三个要素——地形、气候、河湖综合在了一起。综合在一起的目的是加强地理环境要素之间的关联，让学生能够从地形和气候的角度，分析归纳中国河湖的特征。中国河湖的特征可以从数量、面积、分布、类型、水文等方面进行描述。河流的水文特征包括河流的流量、流速、水位、含沙量、有无结冰期等。

长江与黄河是我国最长的两条河流，也是自古至今对我国社会经济发展影响最大的两条河流。因此，无论是从代表性河流的角度，还是从河流与人类活动关系的角度，长江和黄河都是地理课程必学的内容。课程标准的要求分为两部分，首先是"运用地图和相关资料，描述长江、黄河的特点"，特点描述包括形态特征和水文特征两方面，也可以结合起来描述。两条河流的特点不同，长江的重点是河流的流量、水位，黄河的重点是河流的含沙量。第二部分"举例说明其对经济发展和人们生活的影响"，经济方面主要着眼于河流对地区发展的影响，人们生活方面主要着眼于河流对人们衣食住行的影响。"举例说明"要求说明两三方面的影响，可以从有利影响和不利影响两个方面进行说明。

（三）教材分析

本单元是人教版《地理》教材八年级上册第二章第三节的内容。一般来讲，我们学习某个区域时，都会先了解当地的自然环境，因为自然环境会对人类的生产生活产生重要的影响，是人文环境的基础。自然环境包括地形、气候、河流、植被、土壤等，河流是自然环境要素的重要组成部分，与其他自然环境要素相互联系，相互影响。河流在初中阶段地理学习中占据重要地位，是中国自然环境的重要内容，与其他章节有着广泛的联系。教材分为三个框题，分别是：1. 以外流河为主（河流分布，水文特征）；2. 长江的开发与治理（概况、社会经济价值、问题、原因与治理）；3. 黄河的治理与开发（概况、社会经济价值、问题、原因与治理）。长江的开发与治理和黄河的治理与开发模块内容基本是重复的，都是从概况、社会经济价值、问题、原因与治理措施这些方面讲解的，而河流的开发与治理是共性的，学生只需要掌握一般河流的社会经济价值、水文特征对某个社会经济价值的影响以及河流的问题。教材内容碎片化严重，学生学习完之后并不能掌握系统的方法，形成知识脉络。

（四）学情分析

学生在七年级下册已经学习过亚洲的水系特征，并能够分析地形、气候对水系特征的影响，在其他的大洲、国家中进行过练习，为本单元的学习起到了铺垫作用。在此基础上，引导学生读中国河流分布图和相关图文资料，总结描述某河流水文特征对其社会经济价值影响的一般方法，一般河流在不同河段产生的问题及治理措施是本节的重点和难点。

二、单元目标

1. 通过阅读我国河流分布图，从数量、面积、分布、类型、水文等方面描述我国河湖的特征。

2. 运用搜集的图文资料，说出河流的水文特征要素，对比长江、黄河的主要水文特征，归纳描述某河流（河段）水文特征的一般方法。

3. 运用长江、黄河水系图、中国地形图和中国政区图，对比长江和黄河的概况和水系特征。

4. 运用相关图文资料，以长江为例，简要分析其水文特征对航运价值的影响。

5. 运用图文材料，说出长江、黄河不同河段存在的问题、产生的原因及治理措施，并归纳一般河流在不同河段产生的问题及其治理措施。

三、评价设计

基于上述目标，设计评价任务，评价任务与目标一致；能为目标提供所需的行为表现（证据）。

单元目标	评价任务
通过阅读我国河流分布图，从数量、面积、分布、类型、水文等方面描述我国河湖的特征	1. 说出我国河流空间分布的特征 2. 比较内流河和外流河的面积比例 3. 比较外流河与内流河的水文特征
运用搜集的图文资料，说出河流的水文特征要素，对比长江、黄河的主要水文特征，归纳描述某河流（河段）水文特征的一般方法	1. 说出河流的水文特征包括哪些要素 2. 比较长江与黄河的水文特征 3. 归纳描述河流水文特征的方法
运用长江、黄河水系图、中国地形图和中国政区图，对比长江和黄河的概况和水系特征	1. 说出河流的水系特征包括哪些要素 2. 比较黄河与长江水系特征
运用相关图文资料，以长江为例，简要分析其水文特征对航运价值的影响	1. 说出长江各河段的水文特征 2. 分析长江各河段的水文特征对航运的影响
运用图文材料，说出长江、黄河不同河段存在的问题、产生的原因及治理措施，并归纳一般河流在不同河段产生的问题及其治理措施	1. 说出长江、黄河各河段存在的问题 2. 分析长江、黄河各河段存在问题产生的原因 3. 归纳长江、黄河各河段的治理措施

四、学与教活动设计

（一）本单元知识架构

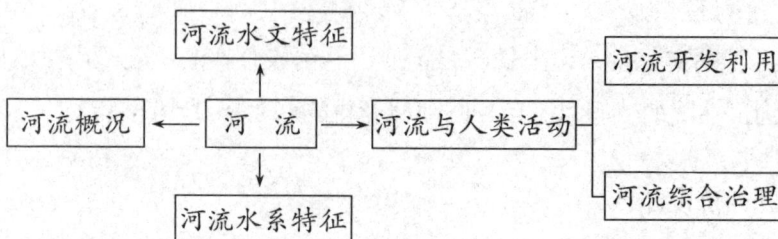

（二）学与教活动设计

		教学环节及设计	学习活动	设计意图
单元学习主题设计思路	情景创设	以中央台推出的特别节目《江河奔腾看中国》架设课堂情景，提出问题，贯穿始终	走进学习情景，提出探究问题	引发学习兴趣，架设学习情景，走进学生生活
	任务驱动	提供学习资料，设置任务链，学生自主探究与合作学习相结合，完成学习任务	根据资料完成学习任务，形成结论	让学生真学习，在学习
	图释原理	引导学生通过绘图方式解释核心知识，解决课堂情景中遇到的问题	绘图解释核心知识，讨论探究并回答课堂情景中遇到的问题	形成逻辑体系，培育地理思维，增强地理实践力
	迁移应用	选择家乡的河流，提出问题，根据学生作答情况作出及时评价	调查家乡河流的水文特征及开发利用	情景迁移，举一反三，加深理解
单元学习主题设计思路	认知升华	包括知识总结和情感提升两部分，知识总结主要通过认知地图加以理顺，情感提升需要教师对本节课涉及的地理思想加以提炼，画龙点睛，引导学生形成正确的环境观、发展观、人地协调观	回顾本节课的内容，理顺其内在逻辑，感悟其中蕴含的环境观、发展观、人地协调观	体现地理学科育人价值

单元学习主题设计思路	作业布置	以关注家乡的河流架设课堂情景，提出问题，贯穿始终	走进学习情景，提出探究问题	引发学习兴趣，架设学习情景
单元实践主题探究设计		成立地理研学小组，利用周末时间，带领学生设计研学傅疃河。傅疃河对日照有哪些贡献？开发利用中存在哪些问题？我们应该采取哪些措施更好地保护和开发利用傅疃河	根据研学目标，完成考察探究报告，以小组为单位，展示交流	在实践中落实地理核心素养，增强团队合作意识，体现实践育人价值

肆

课时教学方案1　河流概况

一、课时目标

1. 区域认知：通过中国主要河流分布图和中国干湿区分布图，归纳外流河、内流河的空间分布特征，知道外流河、内流河、外流区、内流区的概念，培养学生获取和解读地理信息的能力。从地图上自主找出我国流入太平洋、印度洋、北冰洋的主要外流河，以及最终未注入海洋的主要内流河。

2. 地理实践力：通过对比中国地形图和中国降水量空间分布图，总结河流分布特征与地形、降水的关系，会分析河流分布特征与地形、气候的关系，培养学生分析地理各要素之间的相互关系以及相互作用的能力。

3. 综合思维：通过分析松花江、黄河、长江和西江四条河流水文特征的差异和产生差异的原因，理解河流的水位、流量、汛期、含沙量、结冰期等主要水文特征的含义，培养学生分析地理现象时空变化过程的能力。通过上述过程，最终实现学生对各项地理要素之间关系的有效认知，进一步培养学生用综合性视角认识地理事物和现象的思维模式。

4. 人地协调观：在学习我国河流分布特征的过程中感受我国河湖之美，培养学生的爱国情感。

二、评价设计

（一）过程性评价

评价量规 / 评价维度	评价等级及标准			评价方式		
	A	B	C	个人评价	同学评价	教师评价
课堂参与程度	积极举手发言，积极参与讨论与交流	能举手发言，能参与讨论与交流	少有举手发言，较少参与讨论与交流			
合作学习	团结合作，在小组中起领导作用，吸收接纳并能给出建议，并帮助其他小组成员，贡献大	帮助协调，推动整个小组的工作，鼓励其他成员。工作至最后一刻，对最终成果有一定的贡献	参与了讨论、工作，并对最终成果进行了评价，对评价过程只是旁观			
学习态度	能刻苦钻研，积极主动交流、思考问题，努力争取最出色地完成任务	能认真听讲，参与交流，努力完成自己的任务	能认真听讲，在同伴帮助下完成任务			
自主探究	有强烈的求知欲，不断提出许多与任务相关的问题，并努力寻找答案。在遇到问题时能独立寻找解决办法，不放弃	能够提出与主题相关问题，希望找到答案。在遇到问题时能自己进行探究或与同伴讨论寻求解决途径	能提出问题，但有时偏离主题或不做进一步的思考。能对遇到的问题进行一些探究，但缺乏毅力，喜欢依赖同伴			

评价量规＼评价维度	评价等级及标准			评价方式		
	A	B	C	个人评价	同学评价	教师评价
作业完成质量	保质保量完成	完成	未完成			
	3分	2分	1分		0分	
评定等级	A	B	C		D	
等级赋分	A	B	C		D	

（二）诊断评价

1. 下列是中国四条大河（长江、黄河、松花江、珠江）的流量年变化曲线图，读图完成下面的小题。

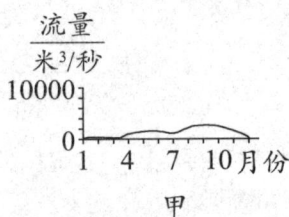

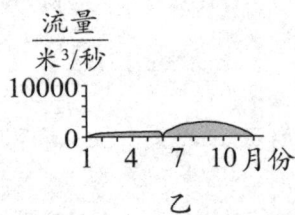

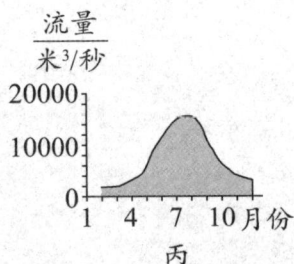

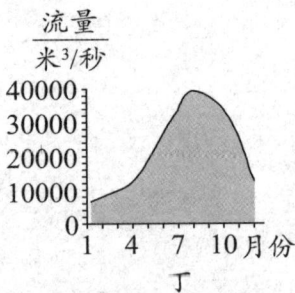

（1）四条河流中，位于东北地区的是（　　　）

A. 甲　　　　　　　B. 乙　　　　　　C. 丙　　　　　　　　D. 丁

（2）从乙、丁两幅图中能够直接获取的信息是（　　　）

A. 乙的汛期比丁的汛期长　　　　B. 丁的径流量比乙大得多

C. 两条河流都有结冰期　　　　　D. 乙含沙量比丁大

2. 恰当运用我国河流分布图、年降水量分布图和相关景观图，分别归纳内、外流河（区）的分布特点，主要水源补给及影响其水量变化的因素并填写在下面的表格中。

	分布地区	主要水源补给	影响水量变化的因素
内流河			
外流河			

3. 运用长江、黄河水系图、中国地形图和中国政区图，选取其中一条河流，从下面表格所示的要素指图介绍其概况、水文特征和水系特征。

	含沙量（多/少）	流量（大/小）	汛期（长/短）	水位变化（大/小）	结冰期（有/无）	流速（分段描述）
黄河						
长江						

	源头	长度	注入地	形状	上、中、下游的划分	干流流经的省级行政单位
黄河						
长江						

4. 读中国降水量分布图和长江通航能力示意图，回答下列问题。

（1）比较长江重庆段和武汉段通航能力的差异。

（2）从流量、流速、结冰期等角度，分析长江中下游河段的水文特征对航运的有利影响。

三、学与教活动设计

情境创设

涓涓细流，汇成江河；滔滔向前，润泽方圆。绵延池涧溪湖，滋养八方水土，交汇城市村落，通济四海万物，孕育璀璨文明，镌刻锦绣山河。2022

年国庆期间，中央台推出特别节目《江河奔腾看中国》。如果你被选中作为小小讲解员跟随记者介绍我国的大江大河，在本单元的学习中，你会重点学习哪些知识作为讲解素材呢？

模块一：大河航拍说分布

任务链：看航拍祖国大江大河的宣传图片，在本模块中，你要为大家介绍拍摄到的这些河流的位置、名称、注入海洋及其分类，并分类介绍其分布、水源补给和水量大小的影响因素。欲完成任务，你需要完成以下步骤：

1. 运用我国河流分布图，指出黑龙江、辽河、海河、黄河、淮河、长江、珠江、澜沧江、怒江、雅鲁藏布江、额尔齐斯河、塔里木河，并分别介绍其注入的大洋。

2. 按照内、外流河对所介绍的河流进行分类。

3. 恰当运用我国河流分布图、年降水量分布图和相关景观图，分别归纳内、外流河（区）的分布特点、主要水源补给及影响水量变化的因素，并填写在下面的表格中。

	分布特点	主要水源补给	影响水量变化的因素
内流河			
外流河			

评价标准

1. 以第一人称"我是解说员***"进行介绍。

2. 运用我国河流分布图，准确按照流向指出所示河流的位置、介绍名称和其注入的大洋。

3. 把所给河流按照内流河和外流河进行分类。

4. 恰当选取所给地图，填写并介绍每类河流的分布方位、专业术语概括其水源补给及影响水量变化的因素。

模块二：水文特征我调查

任务链：学校将在秋季举办一年一度的研学旅行，目的地分别为"黄河郑州段徒步"和"长江武汉段徒步"。作为地理爱好者，请选取一条研学路线，自由结对，在研学前和研学途中搜集数据和资料，汇总并比较两条河流的相关水文特征和水系特征。欲完成此任务，你需要完成以下步骤：

1. 查阅资料，说出河流水文特征所包含的要素。

2. 分组搜集能够反映黄河、长江水文特征的数据、图片资料。

（1）含沙量大小；（2）流量大小；（3）不同季节水位高低；（4）汛期长短；（5）冬季有无结冰期；（6）不同河段流速。

3. 按照如下表格对所搜集的资料进行归纳整理。

	含沙量（多/少）	流量（大/小）	汛期（长/短）	水位变化（大/小）	结冰期（有/无）	流速（分段描述）
黄河						
长江						

4. 运用长江和黄河水系图、中国地形图和中国政区图，选取其中一条河流，从下面表格所示的要素指图介绍其概况和水系特征。

	源头	长度	注入地	形状	上、中、下游划分	干流流经的省级行政单位
黄河						
长江						

评价标准

1. 查阅资料，至少说出七个水文特征要素。

2. 在归纳某项水文特征要素时，需用专业术语，务必指出所选取的数据、地图来源，并把结论准确填写在表格中。

3. 在介绍黄河或长江的概况和水系特征时，指图准确说出即可。

课时教学方案2　长江的开发

一、课时目标

1. 运用相关图文资料，分析长江各河段的开发优势，探究开发方案，初步形成对河流综合开发利用的基本方法认知。

2. 初步归纳一般河流在不同河段的特征及开发优势。

二、评价设计

1. 学生学习过程评价量规表

评价量规 / 评价维度	评价等级及标准			评价方式		
	A	B	C	个人评价	同学评价	教师评价
课堂参与程度	积极举手发言，积极参与讨论与交流	能举手发言，能参与讨论与交流	少有举手发言，较少参与讨论与交流			
合作学习	团结合作，在小组中起领导作用，吸收接纳并能给出建议，并帮助其他小组成员，贡献大	帮助协调，推动整个小组的工作，鼓励其他成员。工作至最后一刻，对最终成果有一定的贡献	参与了讨论、工作，并对最终成果进行了评价，对评价过程只是旁观			
学习态度	能刻苦钻研，积极主动交流、思考问题，努力争取最出色地完成任务	能认真听讲，参与交流，努力完成自己的任务	能认真听讲，在同伴帮助下完成任务			

续表

评价量规\评价维度	评价等级及标准			评价方式		
	A	B	C	个人评价	同学评价	教师评价
自主探究	有强烈的求知欲，不断提出许多与任务相关的问题，并努力寻找答案。在遇到问题时能独立寻找解决办法，不放弃	能够提出与主题相关问题，希望找到答案。在遇到问题时能自己进行探究或与同伴讨论寻求解决途径	能提出问题，但有时偏离主题或不做进一步的思考。能对遇到的问题进行一些探究，但缺乏毅力，喜欢依赖同伴			
作业完成质量	保质保量完成	完成	未完成			
	3分	2分	1分			0分
评定等级	A	B	C			D
等级赋分	A	B	C			D

2.学习任务完成评价（活动设计中）

三、学与教活动设计

—○ 情境任务 ○—

由视频《江河奔腾看中国——长江》导入新课

长江是中国第一大河，长江干流自西而东横贯中国中部，数百条支流辐辏南北，全长6363千米。流域面积180万平方千米，约占全国总面积的1/5。2014年，习近平总书记在部署2015年经济工作时指出："要重点实施'一带一路'、京津冀协同发展、长江经济带三大战略。"习近平总书记一直心系长江经济带发展，亲自谋划、亲自部署、亲自推动，多次深入长江沿线视察工作，多次对长江经济带发展作出重要指示批示，多次主持召开会议并发表重要讲话，站在历史和全局的高度，为推动长江经济带发展掌舵领航、把脉定向。所以，本课时我们以长江为例，一起来探究河流开发相关内容。

———○ 情境材料 ○———

材料一：长江干流宜昌以上为上游，长4504千米，流域面积100万平方千米，其中直门达至宜宾称金沙江，长3464千米。宜宾至宜昌河段习惯称川江，长1040千米。宜昌至湖口为中游，长955千米，流域面积68万平方千米。湖口至出海口为下游，长938千米，流域面积12万平方千米。

材料二：长江中上游流经我国地势第一、二级阶梯，落差巨大。其中金沙江河段落差达3300多米。长江的能源蕴藏量居中国首位。水力资源理论蕴藏量达3亿千瓦，约占中国所有江河能源总蕴藏量的2.25/5。瞿塘峡、巫峡与西陵峡附近电力蕴藏量特别巨大，约相当于长江总蕴藏量的1/5。长江拥有许多落差巨大和水量丰富的支流，例如雅砻江、岷江和嘉陵江，这些支流也蕴藏着巨大的水力发电能力。

材料三：长江水系发达，由数以千计的大小支流组成，其中流域面积在1000平方千米以上的支流有437条，1万平方千米以上的有49条，8万平方千米以上的有8条。其中雅砻江、岷江、嘉陵江和汉江4条支流的流域面积都超过了10万平方千米。长江水系航运资源丰富，3600多条通航河流的总计通航里程超过7.1万千米，占全国内河通航总里程的56%。长江水系通航能力大，2017年完成客运量1.84亿人次，占全国水路客运量的65%，完成货运量47.14亿吨，占全国水路货运量的70.6%。

材料四：长江流域内形成了长江三角洲城市群、长江中游城市群、成渝城市群、江淮城市群、滇中城市群和黔中城市群，聚集地级以上城市50多个，国民生产总值约占全国的34%（按2019年经济数据计算）。其中，长江三角洲地区是全国经济最发达的区域之一。

材料五：长江流域人口约为4.59亿，占全国的33%。

学习活动一：长江的开发利用——航运

任务链：学校将举办"长江徒步研学"汇报会，长江武汉段研学小组将以主题摄影的方式为大家分享长江巨大的社会经济价值，并通过不同的图文素材来为全校师生重点汇报其水文特征对航运的有利影响。欲完成此任务，你需要完成以下步骤：

1. 根据视频中所拍摄的长江相关照片，归纳长江的社会经济价值（至少五条）。

2. 选取对长江航运价值有影响的关键水文特征要素。

3. 分别选取能够反映长江某项水文要素的图片，简要分析其对长江通航能力、通航里程、通航时间的影响。

4. 以如下表格的形式进行汇报。

长江流域（经济价值） 水文特征	航运（黄金水道） （通航里程、通航时间、通航能力）

评价标准

1. 介绍并归纳长江的社会经济价值时，务必一一对应相关照片。

2. 可以从长江的流量、流速、水位、结冰期等方面介绍其对长江航运的影响。

3. 在分析某一个水文要素对长江航运的影响时，要体现分析过程，而不是简单地说出结论。

4. 运用专业术语作答。

学习活动二：长江的开发利用——水能开发

问题：探究长江上游梯级开发的优势和原因

情境材料：长江流域水系图、长江干流剖面图、中国地形图、中国降水量分布图

材料补充：梯级开发是一种常用的开发河流水利资源的方式，特点是根据国民经济的需要和自然条件，沿河选定若干适宜的坝址，修建一系列水利枢纽，把河流分为若干段，逐段地利用该河流的水利资源。由于这些水利枢纽自上游至下游排列好像阶梯，故称梯级开发。

任务链

1.读图归纳长江水能分布特点。

2.选取对长江水能开发有影响的关键水文特征要素，分析分布的原因。

3.分别选取能够反映长江某项水文要素的图片，简要分析其对长江水能影响的原因。

4.根据文字材料分析水能丰富的社会经济原因。

5.以思维导图的形式进行汇报。

评价标准

1.归纳长江水能分布的特点时要指图说出。

2.可以从自然条件和社会经济条件等方面介绍其对长江水能的影响。

3.在分析要素对长江水能的影响时，要体现分析的过程，而不是简单地说出结论。

4.思维导图要呈现出各要素之间的联系。

学习活动三：初步归纳一般河流在不同河段的开发方向

学生以思维导图形式进行总结。

———○ **素养提升** ○———

了解家乡的河流或湖泊，考察它们的基本特征并探讨河流对家乡的作用及对生产生活的影响。

8

临沂 市沂水县第二中学历史课程规划

　　在进行设置和规划时，本课程准确把握中学历史课程在学校整体课程体系中的定位，根据新课标、新高考、新教材、"双减"政策以及五项规定的要求，结合本校学情、校情，实施"目标引领、学为中心"的"教—学—评"一体化改革，帮助学生认识、理解历史，从历史的角度理解社会主义核心价值观和中华优秀传统文化，树立正确价值观念，为未来学习、工作和生活打下基础。

　　课程实施方面，在深入分析课程结构的基础上，教师对教学内容进行整合，把握学习专题中的关键问题，确定教学重难点，同时设计综合性学习主题，以问题为引领，充分利用信息化教学手段，开展基于研习的活动，本着提升学科核心素养的理念，在综合实践中引导学生进行探究，进一步理解历史，提高学科能力。课程评价方面，以发展学生核心素养为着力点，让评价贯串学习全过程，注重评价方式和主体的多元化，利用评价反馈及时准确调整教学策略，引导学生选择更加合理的学习方式，提升学习效率，培养学习动力。课程管理与保障上，充分利用互联网带来的便利，利用学校培养的人才和教育发达地区的先进经验，积极拓展教育的技术、人力资源，全力保障课程实施和学生发展。

壹　高中历史学科课程规划方案

本课程规划设计由沂水县第二中学孙卫东、谭峰、于言松、程宝、王玥珺开发，使用教材为部编版《中外历史纲要》，适用高一年级。

一、引言

1. 课程性质

历史学是在一定历史观指导下叙述和阐释人类历史进程及其规律的学科。探寻历史真相，总结历史经验，认识历史规律，顺应历史发展趋势，是历史学的重要社会功能。历史学是人类文化的重要组成部分，在传承人类文明的共同遗产、提高公民文化素质等方面起着不可替代的重要作用。

中学历史课程承载着历史学的教育功能。普通高中历史课程，是在义务教育历史课程的基础上，进一步运用历史唯物主义观点，以社会形态从低级到高级发展为主线，展现历史演进的基本过程以及人类在历史上创造的文明成果，揭示人类历史发展的基本规律和大趋势，促进学生全面发展的一门基础课程。学生通过高中历史课程的学习，进一步拓宽历史视野，发展历史思维，提高历史学科核心素养，能够从历史发展的角度理解并认同社会主义核心价值观和中华优秀传统文化，认识并弘扬以爱国主义为核心的民族精神和以改革创新为核心的时代精神，具有广阔的国际视野，树立正确的世界观、人生观、价值观和历史观，为未来的学习、工作与生活打下基础。

2. 在学校整体课程体系中的定位

《中外历史纲要》是全体高中学生必须修习的课程，是普通高中学生发展的共同基础课程。通过中外历史上重要的事件、人物和现象，展现人类社会从古至今、从分散到整体、从低级到高级的发展历程，使学生进一步了解和认识人类历史演变的基本脉络，以及丰富多样的历史文化遗产。

3. 本校本课程的历史及概况

随着新课程标准、新高考、新教材和"双减"政策的推行，借鉴外地成功经验结合自身实际，我校在历史课程方面作出较大改革，取得了一定成就。

（1）实施"目标引领、学为中心"的"教—学—评"一体化教学改革

所谓一体化改革，是指课上课下一体化；课件、学案一体化；先导课、学案制作一体化；日用、周清、月结一体化。

（2）打造"六无六不四变"课堂，规定底线要求，让学生高度参与到课堂中来，积极思考，全身心投入，成为课堂的参与者，建设者。

"六无六不"：坚持"六无六不"的课堂底线要求——无目标（素养目标、临界生目标）不上课、无学案不上课、无预习不上课、无测试不上课、无高考不上课、无情境（生活情境、学术情境、研究情境等，含论文、科研等）不上课。

"四变"：变课堂为学堂，变讲师为导师，变学生为考生，变知识传授为思维训练素养培养。

（3）通过三扣一得，六化量表讲评底线要求，培养学生得分能力，实现由学生到考生的转变。

六化：审题标号化，标注化；析题角度化，对号化；答题清晰化，术语化。

4. 规划本学科课程方案的目的

（1）加强课程规划与管理

统筹规划学校课程，促进历史课程与其他课程之间的相互配合，综合发挥育人功能；制订不同类型的历史课程开设方案，首先确保国家课程的实施。

加强课程实施管理。确保历史学科必修、选择性必修和选修三类课程教

学计划的实施和教学时间；确保师资配备；建立学生选课指导、走班教学和学分管理制度。

加强课程实施的评估。确保历史必修和选择性必修课程开齐、开足，努力开设选修课程，保证质量，形成特色。

（2）深化教学与评价改革

努力创设有利于教学改革的环境，积极引导历史教师探索基于培养学科核心素养的历史教学模式和教学方法。建立基于历史学科核心素养的评价制度，努力使"教—学—评"一体化，逐步构建以考查发展学科核心素养为重心的评价体系。

（3）加强课程资源的开发与利用

建立健全课程资源开发与应用的制度、机制，探索运用历史课程资源有效发展学生学科核心素养的策略、方法，促使历史课程的有效实施。

二、规划依据（背景分析）

1. 新课标、新高考、新教材的要求

为深入贯彻党的十九届四中全会精神和全国教育大会精神，落实立德树人根本任务，完善中小学课程体系，国家从2017年开始推行新课标，新课标的实施对学科课程提出了新的要求。

随着全国高考试点改革的推进，上海、浙江、北京、天津、山东、海南等省份相继开始实行新高考政策。2014年9月发布的《国务院关于深化考试招生制度改革的实施意见》，新高考改革下设计的"3+3"新高考选科模式，赋予了学生充分的自由选择权，可以自主决定科目组合。与学生自主选科相对应，试点地区的高中开始全面推进"走班制"教学和特色化办学。份江浙地区、山东省的沿海地区以及青州等地学校大胆地实施课堂改革，带来了教育革命和教育的崛起。

2017年12月，教育部组织修订并颁布了《关于做好普通高中新课程新教材实施工作的指导意见》。规定从2019年秋季学期起，全国各省（区、市）分步实施新课程，使用新教材。

2. "双减"政策和五项规定的落地

2021年7月24日，中共中央办公厅、国务院办公厅印发《关于进一步减轻义务教育阶段学生作业负担和校外培训负担的意见》。提出要减轻义务教育阶段学生作业负担；减轻义务教育阶段学生校外培训负担。

2021年5月，国务院教育督导委员会办公室印发《关于组织责任督学进行"五项管理"督导的通知》，要求各省（区、市）教育督导部门，组织当地中小学校责任督学开展"五项管理"督导工作。2021年1月至4月，教育部先后印发五个专门通知，对中小学生手机、睡眠、读物、作业、体质管理作出规定。

3. 学校学情、校情的客观要求

学校自建校以来，已为国家输送了3万余名优秀人才，尤其是培养出了一批被北大、清华、人大、复旦等名牌高校录取的高素质优秀人才，受到了社会各界的广泛赞誉和上级部门的表彰奖励。2013年6月，二中、三中合并，保留二中建制，校址设在原三中。这让二中的发展面临着一些问题，2017年二中恢复招生，承担着走向复兴、重现辉煌的历史任务。结合生源不佳、师资年龄两极分化严重的现状，学校要发展，要办人民满意的教育，只能致力于课程改革，主动推进课堂革命才能提高教育教学质量。

三、课程目标

1. 了解唯物史观的基本观点和方法，包括人类社会形态从低级到高级的发展、生产力和生产关系之间的辩证关系、经济基础和上层建筑之间的相互作用、人民群众在社会发展中的重要作用等，理解唯物史观是科学的历史观；能够正确认识人类历史发展的总趋势；能够将唯物史观运用于历史的学习与探究中，并将唯物史观作为认识和解决现实问题的指导思想。

2. 知道特定的史事是与特定的时间和空间相联系的；知道划分历史时间与空间的多种方式，并能够运用这些方式叙述过去；能够按照时间顺序和空间要素，建构历史事件、历史人物、历史现象之间的相互关联；能够在不同的时空框架下对史事作出合理解释；在认识现实社会时，能够将认识的对象置于具体的时空条件下进行考察。

3. 知道史料是通向历史认识的桥梁，了解史料的多种类型，掌握搜集史料的途径与方法；能够通过对史料的辨析和对史料作者意图的认知，判断史料的真伪和价值，并在此过程中增强实证意识；能够从史料中提取有效信息，作为历史叙述的可靠证据，并据此提出自己的历史认识；能够以实证精神对待历史与现实问题。

4. 区分历史叙述中的史实与解释，知道对同一历史事物会有不同解释，并能对各种历史解释加以辨析和价值判断；能够客观论述历史事件、历史人物和历史现象，有理有据地表达自己的看法；能够认识历史解释的重要性，学会从历史表象中发现问题，对历史事物之间的因果关系作出解释；能够客观评判现实社会生活中的问题。

5. 在树立正确历史观的基础上，从历史的角度认识中国的国情，形成对祖国的认同感和正确的国家观；能够认识中华民族多元一体的历史发展趋势，形成对中华民族的认同感和正确的民族观，具有民族自信心和自豪感；了解并认同中华优秀传统文化、革命文化、社会主义先进文化，了解中国各个历史时期的英雄人物，传承民族气节、崇尚英雄气概，认识中华文明的历史价值和现实意义；了解世界历史发展的多样性，理解和尊重世界各国、各民族的文化传统，具有广阔的国际视野，树立正确的文化观；认同社会主义核心价值观，认同走中国特色社会主义道路是历史的必然，树立中国特色社会主义道路自信、理论自信、制度自信和文化自信；能够确立积极进取的人生态度，塑造健全的人格，树立正确的世界观、人生观和价值观。

四、课程结构、内容与课时分配

普通高中历史课程由必修、选择性必修、选修三类课程构成，采用通史与专题史相结合的方式。必修课程采取通史方式，旨在让学生掌握中外历史发展大势；选择性必修课程和选修课程采取专题史方式，旨在让学生从多角度进一步了解人类历史的发展。这样的结构，既有利于学生历史学科核心素养的培养，也使高中历史课程与义务教育历史课程有所区别和衔接。

历史必修课程是全体高中学生必须修习的课程，是普通高中学生发展的共同基础课程，设《中外历史纲要》模块。课程内容分为中国古代史、中国近现代史和世界史三个部分，每个部分的内容均在历史时序的框架下，由若干学习专题构成。通过中外历史上重要的事件、人物和现象，展现人类社会从古至今、从分散到整体、从低级到高级的发展历程，使学生进一步了解和认识人类历史演变的基本脉络，以及丰富多样的历史文化遗产。《中外历史纲要（上）》高一上学期完成，《中外历史纲要（下）》高一下学期完成。《中外历史纲要》模块每周2个课时。

历史选择性必修课程是学生根据个人兴趣、升学需求而选择修习的课程，设《国家制度与社会治理》《经济与社会生活》和《文化交流与传播》三个模块。各模块由若干学习专题构成，各专题下的具体内容依照时序进行表述，呈现中外历史多方面的重要内容，引领学生从政治、经济与社会生活、文化等不同视角深入认识历史。《国家制度与社会治理》《经济与社会生活》选考历史的学生高二上学期完成，《文化交流与传播》选考历史的学生高二下学期完成。历史选择性必修课程每周4个课时。

历史选修课程是学生自主选择修习的课程，是在必修与选择性必修课程的基础上设置的拓展、提高类课程。学校还设置了"史学入门""甲骨文特色课程""红色沂蒙"等校本课程，主要面向高一高二学生，每学期10个课时。

五、课程实施

1. 全面理解历史学科核心素养，科学制订教学目标

历史教师要准确把握历史学科的性质及其功能，深刻领会历史课程的本质和教育价值，全面认识历史学习对学生全面发展、个性发展和持续发展的重要意义。在教学实践中，教师要完整把握历史学科核心素养的内涵及其具体表现，要认识到历史学科核心素养的五个方面是一个相互联系的整体。在教学过程中，教师既要注重对某一方面学科核心素养的培养，也要注重学科

核心素养的综合培养。

教师应从发展学生历史学科核心素养的角度制订教学目标，将核心素养的培养作为教学的出发点和落脚点。

2. 深入分析课程结构，合理整合教学内容

教师要依据高中历史课程标准，完整、准确地把握历史课程内容及教学要求。在分析课程结构的基础上，教师需要对教学内容进行更为有效的整合。

（1）把握学习专题中的关键问题

教师要结合教材对学习专题的内容进行梳理，明确该专题所涉及的范围及重要史事。在此基础上，概括和确定该专题中的关键问题，并将这些关键问题的解决与历史学科核心素养的发展建立联系，围绕关键问题对教学内容进行整合。

（2）确定教学内容中的重点

在分析和整合教学内容的基础上，教师需要将教学的重点提炼出来。尤其是高中历史课程的内容涉及面广，包含的史事多，所以更需要突出核心要点，通过重点内容的突破，带动整体内容的教学。

（3）设计新的综合性的学习主题

对历史教学内容的整合，还可以根据学生的学习情况，运用主题教学、问题教学、深度教学、结构—联系教学等教学模式，对教科书的顺序、结构进行适当的调整，将教学内容进行有跨度、有深度的重新整合，也可以对必修、选择性必修、选修的不同模块进行整合，设计出更具探究意义的综合性学习主题。

3. 树立指向学生历史学科核心素养的教学理念，有效设计教学过程

教师在设计教学过程时，需要重点考虑以下几个方面：

（1）创设历史情境

历史是过去的事情，学生要了解和认识历史，需要了解、感受、体会历史的真实境况和当时人们所面临的实际问题，进而才能去理解历史和解释历史。因此，在设计教学过程时，教师要设法引领学生在历史情境中展开学习活动，对历史进行探究。

（2）以问题为引领

学生历史学科核心素养的发展，绝不取决于对现成的历史结论的记忆，而是要在解决学习问题的过程中理解历史，在说明自己对学习问题的看法中解释历史。任何一种教学方法的实施，都在一定程度上与问题的提出和解决有十分密切的关系。因此，教师在分析教学内容的基础上，要以问题引领作为展开教学的切入点，结合教学内容的逻辑层次，设置需要在教学过程中解决的问题。

（3）开展基于史料研习的教学活动

学生对历史学习问题的真正解决，不是简单地接受现成的答案，而是通过自己对相关史事的了解，尤其是对有价值的史料进行分析，用实证的方式对问题的要点逐一探讨，用可靠的史料作为证据来说明自己对问题的看法。因此，教师在进行教学设计时，要考虑如何构建基于史料研习的教学方式，在教学过程中如何运用史料引导学生进行探究。

（4）充分运用现代信息技术，提高教学手段的多样化和信息化水平

六、课程评价

1. 以发展学生历史学科核心素养为纲

高中历史学习的评价以课程目标为依据，以学生历史学科核心素养的整体发展为着眼点，将评价贯穿于历史学习的整个过程。评价主要针对学生将所学历史知识与技能运用于解决具体问题时体现出的学科核心素养水平。教师要运用恰当有效的评价方法，系统搜集、科学分析并处理学生的有关信息，综合发挥检测、诊断、激励、引导、调节、反馈等多方面的功能，准确判断学生学科核心素养的达成度。在评价过程中，教师随时发现学习目标、学习内容、学习方法以及创设问题情境、解决问题等方面出现的不足，及时加以改进，保障以发展学生学科核心素养为纲的历史课程有效实施。

2. 制订符合学业质量要求的评价目标

评价目标的确定，必须以课程内容、历史学科核心素养水平为依据，符

合学业质量要求。深刻理解历史学科核心素养的内涵，准确把握学业质量不同水平所描述的表现特征。对学段、模块或主题、单元和课的评价目标进行整体规划和设计，注重对学生历史学科核心素养五个方面的发展状况进行综合评价。根据学生实际，结合具体内容，制订等级化、个性化的评价目标。注重评价目标与教学目标的一致性，尽可能使教学和评价围绕学生学习这一中心展开，使教、学、评相互促进，共同服务于学生历史学科核心素养的发展。

3. 多维度进行评价

注重课堂学习评价和实践活动评价的有机结合。在评价过程中，既要关注学生在课堂学习活动中的表现，也要关注学生在复杂情境下开展相关实践活动的能力。

注重形成性评价和终结性评价的有机结合。学生历史学科核心素养的达成是一个动态过程。在评价中，既要关注学生在学习过程中的表现，也要关注学生在阶段学习完成后所达到的历史学科核心素养水平。

注重量化评价和质性评价的有机结合。在评价过程中，既要发挥量化评价易操作、客观性强的优势，更要运用质性评价，对学生历史学科核心素养的发展程度特别是价值观的形成作出判断。

注重评价主体的多元化和评价方式的多样化。教师、学生、家长等都应成为评价主体。综合运用课堂提问、纸笔测试、实践活动、自我反思、同伴互评、教师评语、家长评价等方式，多方面呈现学生的历史学科核心素养发展水平。

4. 重视评价反馈

评价反馈是评价的重要组成部分。要系统搜集学生日常的、阶段性的学习成果并进行判断分析；要结合历史学科核心素养的表现水平、学业质量水平和学生个人能力等因素，寻找学生表现和目标要求之间的差距；要针对学生具体情况调整、修改教学策略，提出有针对性的学习建议；要及时、准确地通过合理渠道向学生反馈某些结果信息，主动告知或引导学生寻求改善学习的方式方法；要建立师生对话交流的沟通途径，共同解读和分析评价结果信息，发挥评价反馈的最大效用；要尊重学生的心理感受。

七、课程管理与保障

1. 调整并整合学校管理架构，提供适合新课标、新课程、新高考的组织保障。学校成立了学生发展中心和课程中心，全力保障课程实施和学生发展。

2. 课程师资的培养培训

教师是课程实施成功的决定性力量，特别是在课堂教学层面，教师成为课程实施的核心。学校进行了多种形式的培训，加大师资资金投入、加强储备教师的培养。

3. 拓展教育资源

（1）依托互联网，拓展技术资源。

21世纪是互联网快速发展的时代，互联网给我们生活的方方面面带来了变化。教育领域也是如此。在飞速发展的信息时代，网络以其丰富的资源备受关注。在教育领域，网络可以帮助我们快速有效地将资源传播到不同的地区和学校，帮助不同的学生和群体快速引导和学习。

（2）拓展人力资源：

请进来：学校每年邀请几十人到校为学生做报告。这些人员以家长、学长为主，利用学校培养的人才回校给孩子和学弟学妹进行培训。

走出去：学校师生每年都开展类型丰富的培训和学习活动，学习教育发达地区的先进经验。

贰　高中历史高一上学期课程纲要

一、与本学期相联系的国家课程标准陈述

本课程以通史的叙事框架，展示中国历史发展的基本过程。本课程共有14个专题，是高中历史学习的基本内容。

1.1　早期中华文明

通过了解石器时代中国境内有代表性的文化遗存，认识它们与中华文明起源以及私有制、阶级和国家产生的关系；通过甲骨文、青铜铭文及其他文献记载，了解私有制、阶级和早期国家的特征。

1.2　春秋战国时期的政治、社会及思想变动

通过了解春秋战国时期的经济发展和政治变动，理解战国时期变法运动的必然性；了解老子、孔子学说；通过孟子、荀子、庄子等了解"百家争鸣"的局面及其意义。

1.3　秦汉大一统国家的建立与巩固

通过了解秦朝的统一业绩和汉朝削藩、开疆拓土、尊崇儒术等举措，认识统一多民族封建国家的建立及巩固在中国历史上的意义；通过了解秦汉时期的社会矛盾和农民起义，认识秦朝崩溃和两汉衰亡的原因。

1.4　三国两晋南北朝的民族交融与隋唐大一统的发展

通过了解三国两晋南北朝政权更迭的历史脉络，隋唐时期封建社会的高度繁荣，认识三国两晋南北朝至隋唐时期的制度变化与创新、民族交融、区域开发和思想文化领域的新成就。

1.5　辽宋夏金多民族政权并立与元朝的统一

通过了解两宋的政治和军事，认识这一时期在政治、经济、文化与社会

等方面的新变化；通过了解辽夏金元诸政权的建立、发展和相关制度建设，认识北方少数民族政权在统一多民族封建国家发展中的重要作用。

1.6 明至清中叶中国版图的奠定、封建专制的发展与社会变动

通过了解明清时期统一全国和经略边疆的相关举措，知道南海诸岛、台湾及其包括钓鱼岛在内的附属岛屿是中国版图一部分，认识这一时期统一多民族国家版图奠定的重要意义；了解明清时期社会经济、思想文化的重要变化；通过了解明清时期封建专制的发展、世界的变化对中国的影响，认识中国社会面临的危机。

1.7 晚清时期的内忧外患与救亡图存

认识列强侵华对中国社会的影响，概述晚清时期中国人民反抗外来侵略的斗争事迹，理解其性质和意义；认识社会各阶级为挽救危局所作的努力及存在的局限性。

1.8 辛亥革命与中华民国的建立

了解孙中山三民主义的基本内容，理解辛亥革命与中华民国建立对中国结束帝制、建立民国的意义及局限性；了解北洋军阀的统治及特点；概述新文化运动的主要内容，探讨其对近代中国思想解放的影响。

1.9 中国共产党成立与新民主主义革命兴起

认识五四爱国运动的历史意义，认识马克思主义在中国的传播与中国共产党成立对中国革命的深远影响；认识国共合作领导国民革命的历史作用；了解南京国民政府的成立；认识中国共产党开辟革命新道路的意义；认识红军长征的意义。

1.10 中华民族的抗日战争

了解日本军国主义的侵华罪行；通过了解正面战场和敌后战场的抗战，感悟中华民族英勇不屈的精神，认识中国共产党是全民族团结抗战的中流砥柱；认识中国战场是世界反法西斯战争的东方主战场，理解十四年抗战胜利在中华民族伟大复兴中的历史意义。

1.11 人民解放战争

通过了解全面内战的爆发及人民解放战争的进程，分析国民党政权在

大陆统治灭亡的原因，探讨中国共产党领导人民取得中国革命胜利的原因和意义。

1.12　中华人民共和国的成立及向社会主义过渡

认识中华人民共和国成立的伟大意义；概述新中国巩固人民政权的主要举措；认识新中国为民主政治建设和向社会主义过渡所作出的努力。

1.13　社会主义建设道路的探索

了解20世纪50—70年代中国探索社会主义建设道路的曲折发展和伟大成就，认识"文化大革命"的错误及教训；理解政治、经济、外交、国防等领域所取得的成就在新中国历史上所具有的开创性、奠基性意义；了解和感悟这一时期中国人民艰苦奋斗、奋发图强的精神风貌。

了解毛泽东对中国革命和社会主义建设的贡献，认识毛泽东思想对近现代中国的深远影响。

1.14　改革开放新时期与中国特色社会主义进入新时代

认识真理标准问题讨论和党的十一届三中全会的历史意义；认识改革开放以来中国在各个领域取得的成就、综合国力及国际影响力的不断提高，认识"一国两制"对实现祖国完全统一的重大意义；认识邓小平理论对建设中国特色社会主义的重要指导意义；认识"三个代表"重要思想是加强和改进党的建设、推进我国社会主义自我完善和发展的强大理论武器；认识科学发展观是马克思主义关于发展的世界观和方法论的集中体现；认识中国特色社会主义进入新时代的重大意义，认清我国发展新的历史方位；认识习近平新时代中国特色社会主义思想是全党全国人民为实现中华民族伟大复兴而奋斗的行动指南；形成对中国特色社会主义道路、理论体系、制度、文化的形成过程及意义的系统认识。

二、课程标准、教材、学情综合分析

（一）综合分析

1. 2017版课程标准的新特点

（1）新理念。2017版课程标准最突出、最重要的新理念是提出了历史学科核心素养。历史学科的核心素养是学生在学习历史知识的过程中逐步形成、在解决真实情境中的问题时所表现出来的具有历史学科特征的正确价值观念、必备品格与关键能力，是历史学科育人价值的概括性、专业化表述和集中体现。历史学科需要培养学生的五个核心素养，即唯物史观、时空观念、史料实证、历史解释和家国情怀。

（2）新要求。学业质量标准是对学生学业成就表现的总体刻画，历史课程的学业质量所要体现的是学生在历史学科核心素养方面的发展程度、行为变化、量和质等内容，而不是简单的知识点。

2. 教材

《中外历史纲要（上）》模块。课程内容分为中国古代史、中国近现代史两个部分，每个部分的内容均在历史时序的框架下由若干学习专题构成。通过中外历史上的重要事件、人物和现象，展现人类社会从古至今、从分散到整体、从低级到高级的发展历程，有利于学生进一步了解和认识人类历史演变的基本脉络以及丰富多样的历史文化遗产。

3. 学情分析

绝大部分高一学生觉得历史挺有意思，对历史比较感兴趣。但对历史的学习在认识上存在偏差，认为历史背背就可以，只有少部分同学认为要重视关键能力和学科素养。

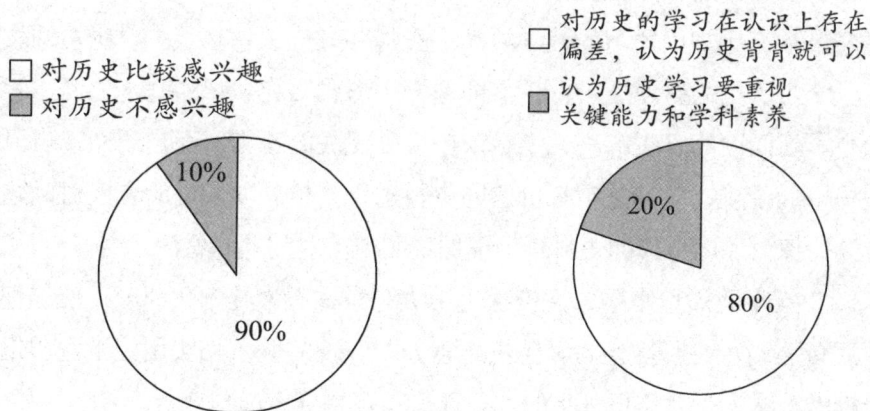

□ 对历史比较感兴趣
■ 对历史不感兴趣

□ 对历史的学习在认识上存在偏差，认为历史背背就可以
■ 认为历史学习要重视关键能力和学科素养

10%

90%

20%

80%

三、课程目标

1. 树立发展学生核心素养的新教学理念，确立新的认知观、教学观和评价观。

从知识本位转变为素养本位，努力将学生对知识的学习过程转化为发展学生核心素养的过程；既要注重对某一核心素养的培养，更要注重对学生核心素养的综合培养。

2. 进行以发展学生核心素养为目标的历史教学，将教、学、评、考各个环节聚焦于发展学生的核心素养。在教学实践中，要有意识地将"教—学—评—考"一体化，即将教学目标、教学内容、教学过程和教学评价等聚焦于培养和发展学生的核心素养，合理整合教学内容，确定关键问题和重点难点，有效设计教学过程，努力创设各种问题情境，通过基于史料研习的教学活动和以学生为主体的自主探究活动，提高学生学会学习、学会自我拓展知识、学会运用知识提高解决问题的能力，特别是解决陌生的、复杂的，甚至是不确定的真实问题的能力。

3. 以新情境下的问题解决为重心进行教学。在教学中，教师要努力创设测试历史学科核心素养的多种类型的"新情境"。通过多维度创设问题情境，考查学生在新情境下如何解决问题，如何把问题解决好，以有利于检测和评价学生的历史学科核心素养水平。

4. 开展基于史料研习的教学活动。教师要充分认识基于史料研习的教学对学生学习历史的重要性。史料实证是学生形成历史认识的基本途径，学生对历史学习问题的真正解决，不是简单接受现成的答案，而是要通过自己对相关史事的了解，尤其是对有价值的史料进行分析，用实证的方式对问题的要点逐一探讨，以可靠的史料作为证据说明自己对问题的看法。

5. 根据学业质量水平，评价学生历史学科核心素养的达成度，准确把握学业质量不同水平所描述的学生核心素养的表现特征，切实用好学业质量的评价标准，依据学业质量水平的细化评价目标指导教学与评价。

总之，通过《中外历史纲要（上）》的学习需要做到（1）求真。精准地解读史实概念，正确地把握历史脉络，科学地分析历史的特征，把握历史发展的规律。（2）求证。学会从浩如烟海的史实中找出历史规律，总结出科学结论。（3）求智。通过历史的学习养成分析问题、解决问题和认识社会的能力。

四、学习主题/活动安排

日期	教学内容	课时设计（课堂+作业+周测+考试）	实施要求
9月1-3日	第1课 中华文明的起源与早期国家	2（1+1+0）	
9月4-10日	第2课 诸侯纷争与变法运动 第3课 秦统一多民族封建国家的建立	4（2+1+0）	
9月11-16日	第二单元 三国两晋南北朝的民族交融与隋唐统一多民族封建国家的发展	4（2+1+0）	1. 要体现目标引领。以发展学生核心素养为学习目标，将教、学、评、考各个环节聚焦于发展学生核心素养。
9月19-30日	第三单元 辽宋夏金多民族政权的并立与元朝的统一	4（2+1+0）	
10月1-7日	国庆节		2. 要体现学为中心。教学的各个环节必须以学情为基本依据，必须服务于学生的发展
10月8-10日	月考		
10月11-21日	第四单元 明清中国版图的奠定与面临的挑战	4（2+1+0）	
10月24-28日	活动课：家国情怀与统一多民族国家的演进	2（资料收集与分享+讨论总结）	
10月29-11月4日	期中复习 第一单元	3（2+1+0）	
11月7-17日	期中复习 第二、三、四单元	5（2+1+0）	

续表

日期	教学内容	课时设计（课堂+作业+周测+考试）	实施要求
11月18－20日	期中考试		3."教—学—评"一体化。将教学目标、教学内容、教学过程和教学评价等聚焦于培养和发展学生的核心素养，合理整合教学内容，确定关键问题和重点难点，有效设计教学过程。 4.情景教学。要努力创设测试历史学科核心素养的多种类型的"新情境"。考查学生在新情境下如何解决问题，如何把问题解决好，以有利于检测和评价学生的历史学科核心素养水平
11月22－30日	第五单元 晚清时期的内忧外患与救亡图存	3（2+1+0）	
12月1－9日	第六单元 辛亥革命与中华民国的成立	3（2+1+0）	
12月12－16日	第七单元 中国共产党的成立与新民主主义革命兴起	3（2+1+0）	
12月17－24日	第八单元 中华民族的抗日战争和人民解放战争	4（2+2+0）	
12月26－30日	第九单元 中华人民共和国成立和社会主义革命与建设 第十单元 改革开放与社会主义现代化建设新时期	4（2+2+0）	
2023年1月1日 6－7日	期末复习	6（3+2+0）	

五、评价活动与成绩评定

（一）总体要求

1. 准确把握学业质量水平，多维度进行学习评价。根据学生实际，结合具体内容，制订等级化、个性化的评价目标。注重评价目标与教学目标的一致性，尽可能使教学和评价围绕学生学习这一中心展开，使教、学、评相互促进，共同服务于学生历史学科核心素养的发展。

2. 实施学生学习评价应遵循以下基本原则：以《高中历史课程标准》为依据；以促进学生发展为根本目的；把终结性评价与过程性评价相结合；把定量评价与定性评价相结合；坚持评价主体多元化和评价方式多样化。

（二）过程性评价

1. 过程性评价工具：（1）等级量表；（2）自我汇报表、学习日志；（3）观察表；（4）角色扮演和模拟；（5）诊断式谈话和有声思考。

2. 过程性评价的实施

（1）课堂教学常规情况记录。如学生个人出勤、发言（或答问）、作业和小组加分等情况。为解决历史教师班多，学生可能都认不完，不好操作的问题，可事先设计一个表格，如发言（或答问）可设计为教师习惯的层次评价，如精彩（或很好）、较好、须补充、不正确、未回答等，也可替换为相应的分数层次或等级层次，交给科代表，老师定期检查回收。

（2）对每个模块进行一到两次量表评价，包括三个层面：① 学生进行自评；② 小组互评：在合作小组内互评，互评前先由被评者陈述学习的得失并展示学习的成果，小组成员可以指出被评价者的优缺点，并给予改进的建议，同时学生对小组评价结果也有申辩的权利；③ 教师评价。

（3）阶段性考试。

（4）建立学习档案袋。学习档案袋又称成长记录袋。通过建立历史学习档案袋，综合反映学生历史学习的情况和个性特点，从而形成对学生历史学习全面客观的评价。高中阶段，每个学生都应建立完整的学习档案。历史学习档案一般由教师、学生及家长共同建立。档案内容主要包括：考试成绩、历史习作、调查报告、历史制作、历史学习过程中的各种表现、师生和家长的评语等。建立历史学习档案袋，有利于对学生的历史学习进行长期、稳定的综合考察和较为全面的评价。

（三）终结性评价

对《中外历史纲要（上）》而言，所谓的终结性评价就是学分认定。学分认定由三部分组成：综合素质评价、单元学习评价和模块学习评价，充分体现过程性评价和终结性评价的有机结合。

综合素质评价包含除考试成绩以外的学生学习历史过程中所积累的材料，包括学习档案（即成长记录袋）、历史习作、历史制作、调查报告、研究性学习、活动课评价的内容及师生和家长的评语等，主要以材料的形式构成。综合素质评价占模块学业成绩评定的25%左右。

单元学习评价是在学习过程中进行的，是对学生学习过程及其结果的过程性评价。单元评价的内容要注重发展学生多方面的潜能，注重对学生综合素质的考查，可以采取考试（如单元、半期考试等）的形式，也可以采用评价量表让学生进行自我评定。单元学习评价占模块学业成绩评定的15%左右。

模块学习评价一般采用考试方式，测试的内容应尽可能全面地反映本模块的目标要求。模块学习评价占模块学业成绩评定的60%左右。

《中外历史纲要（上）》第七单元 教学方案

一、背景分析

关于这一部分内容，课程标准的表述为：认识五四爱国运动的历史意义，认识马克思主义在中国的传播与中国共产党成立对中国革命的深远影响；认识国共合作领导国民革命的历史作用；了解南京国民政府的成立；认识中国共产党开辟革命新道路的意义；认识红军长征的意义。

课程标准分析：通过本单元的学习，进一步培养和提升学生的历史学科核心素养，凸显历史学科育人价值。学生能够自主梳理本单元的基本线索，了解近代中国在新旧民主革命交替之际的重要历史事件、历史人物、历史现象，运用唯物史观基本立场、观点和方法，认识五四爱国运动的历史意义，认识中国共产党成立的历史必然与伟大意义，能够通过搜集的历史资料检验历史结论，感悟中国共产党人矢志不渝探求革命道路的斗争精神，增强对中国共产党的认同，增强四个自信，落实立德树人根本任务。

教材分析：本单元以中国共产党成立和新民主主义革命兴起为主线，概述了1919年五四运动到1937年全民族抗战开始前的历史，是中国新民主主义革命开始并蓬勃发展的时期；是中国的革命面貌焕然一新，中国共产党领导人民开辟革命新道路的时期；是年轻的中国共产党在艰难的探索中不断走向成熟的历史。站在中国近代史的角度，这一时期是中国革命在马克思主义的指导与中国共产党的领导下找到革命出路的关键阶段；放眼世界，这一时期是第一次世界大战后在十月革命影响下世界民族民主运动高涨的重要组成部分。

教情分析：高一年级教师共4人，老中青搭配合理（段希祥老师，教龄32年，中学高级教师；程宝老师，教龄18年，中学一级教师；王玥珺老师，教龄3年，中学二级教师；公言萍老师，教龄1年，刚入职。）

学情分析：1. 学生刚刚进入高中不久，高中历史思维尚未形成，历史学习能力较差；2. 班级差距：实验班与普通班差距过大（全级前300名皆在实验班）。

二、单元目标

单元核心主题：中国共产党的诞生及对中国革命道路的探索。

单元核心任务：1. 能够结合电视剧《觉醒年代》这一情景分析认识中国共产党成立时中国国情的特殊性及中国共产党成立的必然性；2. 结合电视剧《历史的转折》中两条道路之争的情景分析"工农武装割据"思想的正确性。这两个核心任务可细化为如下目标。

目标1. 通过文字和图片史料，引导学生运用历史唯物主义的观点认识五四运动的意义，从而更好地体会五四精神在当今的价值，培养学生的家国情怀。

目标2. 结合马克思主义在中国传播的史实，从中国近代史发展历程的角度，引导学生认识中国共产党成立的历史必然性及其对中国革命进程和近代历史进程的推动作用。

目标3. 通过学生自主学习梳理中国共产党开拓新征程的探索与风雨，从家国情怀的角度认识中国共产党在国民革命中的领导作用。

目标4. 通过文字和图片史料，了解和体会中国共产党根据国情探索革命新道路的艰难。对比两种道路和选择，认识中国共产党代表最广大人民的根本利益并为之不懈奋斗的历程。

目标5. 通过相关图片、诗词，引导学生感悟井冈山精神、长征精神，强化对中国共产党的认同，树立为国家强盛、民族崛起而努力学习的远大理想，培养学生的家国情怀。

三、评价设计

序号	评价方式	评价目的	材料设计	评价标准	效果达成
1	纸笔作答	史料史证 历史解释	毛泽东诗词、文章及历史人物传记	见备注	通过问题达成，训练学生的答题规范，体现史料实证，历史解释等学科素养
2	辩论赛	唯物史观 家国情怀	城市中心论与农村包围城市，武装夺取政权两条革命道路	学生的参与度、思维反应能力	通过辩论认识农村包围城市，武装夺取政权这一革命道路的必要性与正确性
3	影评	时空观念 家国情怀	《觉醒年代》《伟大的转折》等	按等次划分或小组互评	通过影评写作培养学生运用历史知识解决现实问题的能力，培养学生的时空观念和家国情怀

学生规范训练三扣一得量表								
得分	扣分							
阅卷得分	审题规范（强化审题）			思维（析题）规范			呈现（答题）规范		
采点计分	审题时间（3）	审清设问（标号化）	审读材料、情境（标注化）	析题时间（2）	角度步骤要点（角度化）	特别注意事项（对号化）	答题时间（5）	书写卷面（清晰化）	学科术语（术语化）

四、学与教活动设计

第1课时

【课时内容】第21课　五四运动与中国共产党的诞生

【侧重目标】目标1、2、3

【评价任务】完成评估目标1

【学习过程】

一、结合学案自主预习，并完成在教材上的勾画。

二、课堂中学生订正、教师点拨，并通过预设评价设计1训练学生的答题规范性，体现史料实证，历史解释等学科素养。

三、学习方式：纸笔作答、小组讨论

第2课时

【课时内容】第22课　南京国民政府的统治和中国共产党开辟革命新道路

【侧重目标】目标4、5及单元核心任务

【评价任务】完成评估目标2、3

【学习过程】

一、结合学案自主预习，并完成在教材上的勾画。

二、课堂中学生订正、教师点拨，并通过预设评价设计2认识农村包围城市，武装夺取政权这一革命道路的必要性与正确性；预设评价设计3培养学生运用历史知识解决现实问题的能力，培养学生的时空观念和家国情怀。

三、学习方式：纸笔作答、小组讨论、辩论赛、影评写作

"五四运动与中国共产党的诞生"
课时教学方案

肆

一、课时目标

1. 通过文字和图片史料，引导学生运用历史唯物主义的观点认识五四运动的意义，从而更好地体会五四精神在当今的价值，培养学生的家国情怀。

2. 结合马克思主义在中国传播的史实，从中国近代史发展历程的角度，引导学生认识中国共产党成立的历史必然性及其对中国革命进程和近代历史进程的推动作用。

3. 通过小组合作探究并梳理中国共产党开拓新征程的探索与风雨，从家国情怀的角度认识中国共产党在国民革命中的领导作用。

二、评价设计

评价方式	评价目的	评价设计	效果达成
纸笔作答	形成整体认知，把握五四运动爆发的背景	从国内国外两个角度结合教材正文分析五四运动爆发的历史背景	通过投屏展示，学生基本能从政治、经济、阶级、思想、国外等角度进行思考。对表述合理、角度全面的同学进行表扬
小组合作探究	了解国民革命的历史进程，小组合作探究解决国民革命的相关问题	设置国民革命和国共合作的几个问题，分为四个组，每组根据问题探究答案	观察学生在讨论中的参与程度，每组派一名代表回答问题，观察学生的语言表达规范程度。发言结束后，小组互评并进行补充，老师进行最后总结性发言

评价方式	评价目的	评价设计	效果达成
历史小论文	通过材料情景理解五四运动带来的影响，培养学生论从史出和唯物史观的素养	给学生展示女共产党员李超的事迹，结合时代背景分析李超之死为何会引发社会的关注，并谈谈"李超"们新生的出路	学生能结合材料及所学知识从多种角度理解李超之死在社会上引起的广泛关注，理解五四运动、新文化运动带来的影响。展评学生们的答案，让学生互评，老师进行总结性点评和分数评价

三、学与教活动设计

（一）新课导入

播放视频《觉醒年代》中五四运动的概况，激发学生的爱国热情，用革命人物的英雄事迹引出中国近代史上新民主主义革命的开端。

（二）新课讲授

1. 教师引导学生整体感知本课的三个子目之间的关系，时间相继，前一子目是后一子目的背景。学生根据预习情况补充完整时间轴，从时空观念的角度整体把握本节课涉及的重大历史事件。本课涉及时间跨度较大、事件较多，学生通过自主阅读教材完成时空轴的填写，初步树立时空观念。在此基础上了解新文化运动、五四运动、中共诞生、中共一大、中共二大、国共合作及国民大革命的基本史实与概念，并且围绕"新"字分成三个阶段。新开端——五四运动；新希望——中共诞生；新实践——国共合作。

2. 目标一：通过史料，引导学生运用历史唯物主义的观点认识五四运动的意义，培养学生的家国情怀。

任务1：通过预习，学生自主梳理五四运动爆发的原因（国际、国内）

（1）原因

① 导火索：1919年，巴黎和会上中国外交的失败。（说明了弱国无外交）

② 根本原因：北洋军阀的黑暗统治（对内独裁，对外卖国）激化社会矛盾。

③ 经济基础：第一次世界大战期间，民族工业快速发展。

④ 阶级基础：无产阶级队伍不断壮大。

⑤ 思想基础：新文化运动促进思想解放；十月革命后马克思主义广泛传播。

⑥ 外部原因：帝国主义加紧侵华，民族危机加深。

任务2：根据历史材料，根据"李超"的事迹理解五四运动的影响

李超的"新生"

李超，广西梧州人，先求学于梧州、广州等地，后就读于北京女子高等师范学校。李超的家庭不支持她求学，因而她生活困难，患肺炎后，无钱治疗，1919年8月病亡。李超死后，其家庭置之不理，指责她"至死不悔，死有余辜"。11月，北京教育界召开追悼大会，有1000多人参加，胡适、陈独秀、梁漱溟等现场作了演说。1920年，杭州女子师范在省女师操场举行了李超追悼会，"各界人士莅会者不下万人，挽歌诗联四五百轴"。李超的一生，没有什么轰轰烈烈的事迹。……我们研究她的一生，至少可以引起这些问题：一、家长族长的专制。……二、女子教育问题。……三、女子承袭财产的权利。……四、有女不为有后的问题。……

——胡适《李超传》（《晨报》1919年12月1日、3日）

涵养与发挥情感是积极的道路。北京的妇女不来吊一吊李女士，却华装丽服坐汽车去满街跑，许多妇女并不要求妇女解放，这都是麻木。麻木就是处于情感的反面。她自己既不要求，你便怎样指点问题，乃至把解决问题的道路都告诉他，她只是不理会！

——梁漱溟《李超女士追悼会之演说词》（《晨报》1919年12月22日）

对于李超女士底事件，我们可以看出社会制度上两大缺点：一是男系制，一是遗产制。……李女士之死，我们可以说：不是个人问题，是社会问题，是社会底重大问题。

——（陈）独秀《男系制与遗产制》（《新青年》1920年1月1日）

作为历史的观察者，概括说明李超之死为何会引发广泛的社会关注，并谈谈"李超们"新生的出路在哪里。

学生在规定时间内完成审题、分析题目、写出基本答题思路这几个步骤。教师展评不同学生答案，学生互评，根据评分标准给予分数评价。

（一）社会关注的原因

作答角度（作答应主要包括三个角度）

能从近代中国社会处于转型期，新旧思想冲突激烈的时代背景角度作答；

能结合陈独秀等人的社会活动，从五四新文化运动对事件的推动角度作答；

能结合李超与家庭的矛盾，从李超之死与当时社会的关系角度作答。

层次划分（按照不同层级对每个角度的阐述进行评价）

层次1：作答角度具有一定合理性，说明不够充分，表述不够完整；

层次2：作答角度合理，能密切联系材料和所学知识，说明完整、充分，逻辑严密。

（二）新生的出路

层次1：能分别概括三人的观点，并进行简要说明；

层次2：能结合三人的观点，从个人解放、社会改良、制度变革的关系角度进行较为充分的阐述；

层次3：在对三人观点的论述中，能提出自己的见解，并结合史实，阐明在马克思主义指引下进行彻底的革命是"李超们"获得新生的根本途径。

通过小论文引导学生思考得出：五四运动是一场以先进青年知识分子为先锋、广大人民群众参加的彻底反帝反封建的伟大的爱国革命运动。五四运动是一场中国人民为拯救民族危亡、捍卫民族尊严、凝聚民族力量而掀起的伟大的社会革命运动。五四运动是一场传播新思想新文化新知识的伟大的思想启蒙运动。

目标二：结合马克思主义在中国传播的史实，从中国近代史发展历程的角度，引导学生认识中国共产党成立的历史必然性及其对中国革命进程和近代历史进程的推动作用。

任务1. 结合下列论述，自主探究总结中国共产党成立的背景

金冲及在《从辛亥革命到中国共产党的建立》中提到："经历了伟大的五四爱国运动，已经有那么多先进分子奔集到马克思主义的旗帜下；而祖国和人民的危急处境又驱使他们要尽快投入到改造中国社会的实际行动中去。于是，中国共产党的建立到了瓜熟蒂落、水到渠成的时候。"

请结合上述材料及中国近代史的相关史实，谈谈你对中国共产党诞生的理解。

阶级	实践活动	结果
地主阶级	洋务运动	
农民阶级	太平天国运动、义和团运动	失败
资产阶级	戊戌变法、辛亥革命	

思想：马克思主义在中国的传播

外部：共产国际的帮助

阶级：工人阶级壮大

两名学生发言，其他同学给予补充，引导学生从旧民主主义革命的历程中理解中国共产党诞生的必然性和可能性。教师在学生发言时要观察学生的总结能力和语言表达的规范性，学生发言结束后教师作出评价。

任务2. 中国共产党的成立是一个开天辟地的大事变，请完成知识卡片，并结合教材最后一段理解中国共产党诞生后，中国革命的面貌焕然一新

中共一大

时间： 　　　　　　　地点：

代表人数：

党的名称： 　　　　　　党的奋斗目标：

党的领导机构：

自从有了中国共产党，中国革命面貌就焕然一新了（中国共产党和以前政党的不同）。

（1）领导政党"新"：从此中国革命有了一个全国统一的无产阶级政党。

（2）指导思想"新"：从此中国革命有了新的指导思想——马克思主义。

（3）革命目标"新"：有了明确的奋斗目标——社会主义和共产主义。

（4）革命道路"新"：由旧民主主义革命转向新民主主义革命。

（5）革命纲领"新"：最高纲领和最低纲领。

目标三：学生通过小组合作探究中国共产党开拓新征程的探索与风雨，从家国情怀的角度认识中国共产党在国民革命中的领导作用。

任务1. 利用学习任务单整理中国共产党开拓新征程经历的探索和风雨

中国共产党新征程的探索和风雨		
序号	主题	具体小问
1	发动工人运动	工人运动高潮发生于何时？其结果怎样？有何教训
2	第一次国共合作	合作前，国共两党分别做了哪些工作
3	北伐战争	北伐的目标、对象和进程怎样
4	国民革命运动失败	什么力量威胁着国共合作和国民大革命？革命失败的标志是什么？中共得到了哪些教训

任务2. 请学生以小组为单位结合教材讨论问题

小组1：一系列工人运动的失败。中国共产党越来越清楚地认识到必须建立革命统一战线。

小组2：中共三大关于国共合作问题的决议。国民党一大提出新三民主义。

小组3：北伐的目标是"打倒列强，除军阀"，主要对象是北洋军阀。革命军首先东征消灭了陈炯明，然后于1926年誓师北伐，革命势力从珠江流域发展到长江流域，基本推翻了北洋军阀的统治。

小组4：1927年，蒋介石和汪精卫先后发动反革命政变，国民大革命失败了。其教训是中国共产党必须掌握自己的革命武装。（教师补充：中国共产党也必须独立掌握革命的领导权）

小组合作讨论结束后，每组由一名同学代表发言，回答教师提出的相关问题。不同小组之间互相评价作出补充，教师讲述国民革命的进程，帮助学生理解共产党的领导作用和作出的贡献。

本课小结：

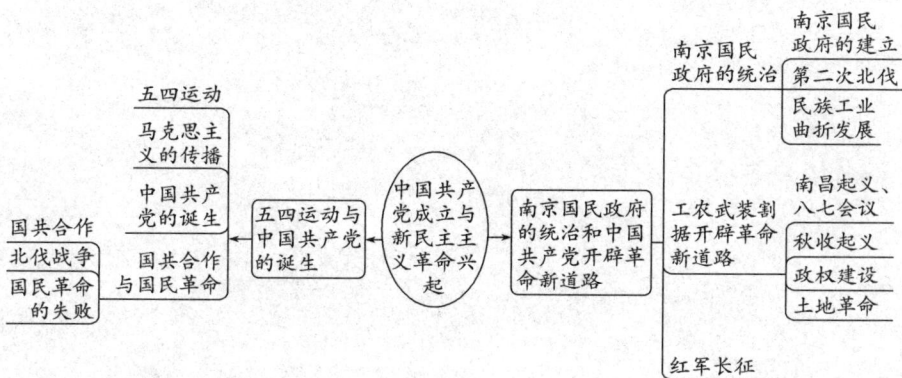

9

泰安市肥城市龙山中学化学课程规划

案例点评

  本课程作为基础教育中的一门自然科学课程，具有实践性和基础性。肥城市龙山中学为落实立德树人根本任务，以培养"胸怀大爱、培育大智、涵养大气、担当大任"为核心理念，坚持以学生的发展为本，综合基础型课程、拓展型课程和探究型课程，开展以核心素养为导向的化学教学，发展学生创新精神和实践能力，提高学生化学学科核心素养。在课程实施上，学校要求教师做好顶层设计，加强理论学习，科学理解和安排教学内容，开展多样化的教研活动，保证课程正确实施的同时落实课堂教学改革，发挥学生主体地位，促进学习方式转变，提高学生的自主学习能力。在课程评价上，采用形成性评价和终结性评价相结合的模式，采用多样化的评价方式，同时将自评、互评、教师评价综合运用到实际评价过程中，制订精细化、标准化的量表，帮助师生及时了解教学情况。

壹　初中化学学科课程规划方案

本课程规划方案由肥城市龙山中学雷猛、尹静、朱逢磊、肖红博、张海红开发，适用版本为鲁教版《化学》（六三制）九年级。

一、引言

化学是研究物质的组成、结构、性质、转化及应用的一门基础学科，其特征是从分子层次认识物质，通过化学变化创造物质。化学是自然科学的重要组成部分，与物理学共同构成物质科学的基础，是材料科学、生命科学、环境科学、能源科学、信息科学和航空航天工程等现代科学技术的重要基础。化学是推动人类社会可持续发展的重要力量，在应对能源危机、环境污染、突发公共卫生事件等人类面临的重大挑战中发挥着不可替代的作用。

义务教育化学课程作为一门自然科学课程，具有基础性和实践性，对落实立德树人根本任务、促进学生德智体美劳全面发展具有重要价值。义务教育化学课程有利于激发学生对物质世界的好奇心，形成物质及其变化等基本化学观念，发展科学思维、创新精神与实践能力，养成科学态度和社会责任感，为学生的终身发展奠定基础。

肥城市龙山中学，其前身是创建于1958年8月的山东省肥城师范学校。2002年6月，肥城市委、市政府同意设立肥城市龙山中学，原师范学校整建制并入龙山中学。我校化学课程在继承原肥城师范学校化学系的基础上不断开拓创新，更新教学理念，研究新课程标准，确立"打造精彩课堂，发展个性特长"的课程发展目标。学校实施基于大概念的单元教学集体备课、开展跨学科的项目式学习为载体的教学实践，针对不同维度的教学内容及时变化和调整教学方式，采用启发式、探究式、任务驱动式、发现式学习等多元教学方式引导学生转变学习方式。

学校为了落实立德树人根本任务，构建教育健康发展新样态，进一步推进课程改革和学校的持续发展，保证教育教学质量和学生学有所成，高效完成"为党育人，为国育才"的任务，特制订本课程规划方案。

二、规划依据（背景分析）

学校以习近平新时代中国特色社会主义思想为指导，全面贯彻党的教育方针，落实立德树人根本任务，培养有理想、有本领、有担当的时代新人。在化学教学中，充分发挥化学课程的全面育人功能，整体规划素养立意的课程目标，构建大概念统领的化学课程内容体系，重视开展核心素养导向的化学教学，倡导实施促进发展的评价，进一步明确"为谁培养人""培养什么人"和"怎样培养人"。

肥城市龙山中学以提升每一个学生适应终身发展和社会发展所需要的正确价值观、必备品格和关键能力为目的，以"胸怀大爱，培育大智、涵养大气、担当大任"为核心理念，以基础型课程、拓展型课程和探究型课程为实施载体，立足学生创新素养和实践能力培养，构建结构合理、富有学校特色的化学课程体系。学校坚持"以学生的发展为本"，遵循学生身心发展规律，尊重青少年特殊的生活体验，拓展学生的认知领域和探索领域，为他们提供自主探索、想象和表达的空间，增进学生对各自生活背景下的文化、社会、自然、科技的理解，培养学生良好的思想品德、人文精神和艺术素养，激发学生终身学习的愿望和主动探究的意识，发展学生的创新精神和实践能力，塑造学生健康的体魄和健全的人格。

学校现有化学教师8人，专职实验员1人，所有教师均参加过市评优课或技能大赛，整体业务能力突出，教研氛围浓厚，责任感强，工作认真负责。但是由于学校正处于六三学制转五四学制，化学教师整体年龄偏大，师资紧张，在市内有知名度、有发言权的教师比较少，缺乏市级学科带头人，科研能力有待加强。

三、课程目标

通过化学课程的学习，让学生在情景中学习知识，形成化学观念，能够解决实际问题；发展科学思维，强化创新意识；经历科学探究，增强实践能力；养成科学态度，具备责任担当。

四、课程结构、内容与课时分配

根据义务教育课程方案和课程标准（2022年版），科学在一至九年级开设（初中阶段可选择分科开设：物理、化学、生物学）。初中阶段若选择开设科学，需统筹科学和地理中自然地理学习内容。学校开全了国家课程科目，严格执行每周的课时数，严格遵守上级部门规定的作息时间。学校设置的地方课程，8至9年级学生每周学习1课时。

学校根据在九年级（六三学制最后一批学生）开设化学学科课程，同时开设趣味化学实验校本课程、化学实验探究社团等，以三类课程为实施载体，满足学生多样化发展的需要，强化学生对学习内容的自主选择意识。

化学学科课程内容与学期分配、课时分配

学期	课程内容	课时	提示
九年级上学期	第一单元 步入化学殿堂	4	激发学生学习化学的兴趣
	第二单元 探秘水世界	7	初步培养用化学方法认识物质世界的能力，了解分离和提纯物质的方法，初步树立元素观、微粒观；掌握科学表示原子质量的方法
	第三单元 溶液	4	经历探究过程，培养实验方案设计能力；注意控制变量；增强思维训练
	第四单元 我们周围的空气	6	研究物质的一般思路，科学思维方法的培养，如定量法、对比实验法、模型法；通过空气组成化学史的学习培养学生的科学精神、责任与担当

续表

学期	课程内容	课时	提示
九年级上学期	第五单元 定量研究化学反应	6	化学原理教学，培养理论联系实际的能力；注重归纳总结能力和解题能力的培养，初步涉及定量研究化学反应的科学方法
	第六单元 燃烧与燃料	5	掌握化学现象到化学表达的学习思维方式；培养学生的探究能力，培养学生分析事实，认识内外因关系的能力；用化学视角认识自然界平衡
	期末复习	6	知识整合，建立化学观念，提升探究能力
九年级下学期	第七单元 常见的酸和碱	7	用实验探究的方法认识物质组成、结构、性质和变化；进一步形成化学观念如微粒观、变化观、元素观、分类观、计量观；领会化学独特的思维方式：由宏观物质联想微观符号，由微观符号抽象到化学符号。注重把科学探究活动和发展化学基本观念有机融合在一起
	第八单元 海水中的化学	6	注重资源观、环境观、科学物质观和合理利用物质意识的培养；注重提纯和制备一般物质方案能力，自主分析解决问题能力的培养；注重读图识表方法的培养
	第九单元 金属	5	形成系统元素化合物的知识体系；建构认识物质的完整框架：物质分类、组成、结构与性质、转化和应用；注重多种探究方法的培养：比较归纳法、实验法、变量控制法、演绎法
	第十单元 化学与健康	3	从化学的视角认识生活中物质；设计跨学科实践活动；渗透化学思维方法教育；模型思维和类比思维法
	第十一单元 化学与社会发展	4	从化学的视角认识科学、技术、社会和生活中的问题，帮助学生形成科学价值观，增强学生对自然和社会的责任感
	中考复习	12	注重双基培养，提高运用能力；加强实验探究能力的培养；增强解题能力和思路的培养

五、课程实施

1. 做好顶层设计，综合推进。根据核心问题，制订出资源（平台）—课程—教学（课堂内、课堂外）等因素相互影响的建设方案，课程建设从一开始根据兴趣、学科类、实验室而开发的课程发展到三大体系，且并不断反思调整，更加科学。

2. 加强理论学习，转变课程理念，提升理论素养。学校为每位化学教师配备《课程标准解读》书籍，要求教师认真学习，编写课程纲要，制订基于课程标准的教学设计。通过学习撰写读书笔记，读书心得，通过开展"学课标 用课标"交流等活动，深刻领会课程改革的任务和意义，掌握课程改革的新理念，领悟科学学科的课程性质、基本理念、课程目标、内容标准和实施建议，提升教师理论水平。

3. 开展好常规教研活动，研究解决教学问题。开展灵活多样的教研活动，增加活动的次数，开展基于标准的课堂观察活动，并通过示范课、新教师汇报课、青年教师展示课、教研组内研讨课、核心素养达标课、课题模式研究课等多种讲课活动，教学技能比赛、多媒体课件制作评比，教学经验交流等多种形式，确保国家课程的正确实施。

4. 促进学生学习方式的转变，化学课堂落实学校"让学生讲得更精彩"课堂改革，充分发挥学生的主体地位，让学生学会预习、学会思考，在小组合作中讲、在课堂展示中讲、在探究活动中讲，让学生充分享受"讲出来"的成就感，真正做到激兴趣、提能力。同时开展小组自主合作探究，让学生充分讨论、激发灵感、人人表达，培养动脑和动口能力。在课下，学生积极练习，培养动手能力。这样多管齐下，学生的自主学习能力得到极大提高。

六、课程评价

（一）学生学习过程的评价

教师将学生在下面各项内容的表现分为五个星级：1星到5星；利用课堂学生自评、互评和教师评价，及时反馈学习信息。

1. 评价量表

评价项目	评价内容	自评	互评	教师评价	综合评价
预习评价	① 能完成预习案的问题； ② 能提出自己的问题				
课堂评价	① 课堂上能够积极参与，主动思考； ② 课堂上积极回答问题； ③ 能及时记录课堂笔记； ④ 能熟练书写化学方程式和化学符号； ⑤ 能完成当堂检测				
合作评价	① 积极参与小组合作，团结协作； ② 合作期间遵守课堂纪律； ③ 合理完成分配的任务； ④ 能主动展示成果				
实验评价	① 积极思考设计实验方案并展示； ② 积极完成实验； ③ 实验技能操作正确； ④ 能准确记录实验报告并展示				
作业评价	① 能独自完成作业； ② 对疑问内容能够及时解决； ③ 错题能及时订正				

2. 收集有关资料，合作完成一次实践活动，撰写活动报告或小论文。

3. 单元学习完成后进行复习、整理、归纳，及时互评。

4. 利用信息交流平台，针对学生的学习情况、特性，与家长定期进行交流。

（二）学生的基础知识和基本技能评价

1. 卷面测试：国家规定的期中、期末考试，一套标准50分的化学试卷，选择错误率在20%以内，总卷面错误率在30%以内的为合格。其中A等级占15%，B等级占30%，C等级占30%，D、E等级共占25%。

2. 进行一次化学学科素养大赛，主要考查基础知识和基本技能。

3. 组织开展化学家庭小实验，由学生展示。

4. 进行一次作业展览，对作业错误率加以控制。

七、课程管理与保障

（一）组织保障

编制课程规划：教导处在学校领导下，依据课程方案组织人员制订课程编写规划方案、审议程序、实施方案评估维度等，保障课程编写、审议、评估有依据，可操作，可督促。

开发课程审议：学校强化层级管理，确定"层级首问责任制"，提高课程领导力和课程执行力。

校长——课程管理一级责任人。引导全员共同制订学校课程文化核心价值，宏观规划整体课程；健全课程开发组织，监控课程实施过程。

业务校长——课程管理二级责任人。制订学校课程方案，具体细化目标，组织落实方案和实施流程，监控课程实施过程，创新特色课程，总结管理经验。

教导处——课程管理三级责任人。结合市、校课程改革精神，指导教师制订学科教学计划；统筹协调课程实施，引领组员开发自己独有的校本教材、校本"学材"和校本"习材"，创造性地实践，总结反思经验。

组长——课程管理四级责任人。指导组内教师制订教学计划、有计划地开展教研活动，提升本组教师课堂教学改革，提高课程实施的教学能力。

教师——根据课程方案，通览学段教材；参照课程标准，拟订学期教学计划；整合课程资源，充实课程内容，总结教学经验，评价课程效能。

（二）制度保障

1. 教研制度。依据《龙山中学教研管理办法》，教导处落实三周一次的教研组活动和每周一次的备课组活动，定时定点定人定主题。主题内容体现"四个研究"——教材研究、教法研究、学法研究、训练题研究，确保成员互动和教研实效性。

2. 培训制度。每学期教科处都以"龙山论坛"为平台制订教师校本培训计划，结合各级培训活动，将课程理论学习，师德与育德培训，教改实践，信息技术运用作为教师专业发展的必修项目，做到有培训，有反思，有评价。

3. 质量监督制度。严格按照教育部和肥城教体局有关文件要求，认真执行课程计划，对我校开设的三类课程实施情况，加大执行情况管理和监督检查的力度，努力提高教学质量。建立质量监控管理体系，树立全员质量监控意识，根据教学流程管理要求对课程实施随机和定期检查，发挥师生在监控过程中的主观能动作用。

4. 建立课程研究制度。学校科研处关注教师课程的执行力，提高课程的研究力，开展学科学术研讨、课程评议研讨。发挥家长委员会和家长义工资源，参与校本课程开发与实施，对学校课程实施情况，给予家长代表知情权、参与权和评价权。

贰　初中化学九年级上学期课程纲要

一、与本学期相关的国家课程标准陈述

本学期化学课程以提高学生的核心素养为主旨，注重激发学生学习化学的兴趣，帮助学生了解科学探究的基本过程和方法，培养学生的科学探究能力，使学生获得进一步学习和发展所需要的化学基础知识和基本技能。通过化学课程的学习，让学生在理解科学、技术、社会、环境相互关系的基础上，形成对化学促进社会可持续发展的正确认识，具有主动运用化学知识对生活及社会实际问题作出判断和决策的意识，树立人与自然和谐共生的科学自然观和绿色发展观，具有为建设社会主义现代化强国、实现中华民族伟大复兴而学习化学的志向和责任担当。

通过本学期的化学学习，让学生在情景中学习知识，形成化学观念，能够解决实际问题；发展科学思维，强化创新意识；经历科学探究，增强实践能力；养成科学态度，具有责任担当。

二、课程标准、教材、学情综合分析

学情分析：

化学是九年级开设的新课程，与生活联系较多，学生学习的热情较高。我校本学期共20个班级，学生在1 000人左右，大多数九年级新生对化学这门新学科充满了好奇，新课开始，学生都积极听课、记笔记、认真完成作业。当学生接触到一些实验时，这种好奇会更加强烈，他们对化学学习更有兴趣。此时教师应该好好引导，让学生对化学的好奇真正转化为兴趣。

当学生有了兴趣，学习的主动性就会增强，上课时产生的疑问也会增多。此阶段教师的鼓励很重要，学生答题正确、小测验进步大，都无异于学生学习化学打一剂强心针，学生的学习积极性会大增。

当学生学习原子、分子、元素等物质结构知识时，由于很抽象、实验较少，学习会感到困难。所以，此时教师应多面辅导、答疑，另外可以把一些化学用语分散到前面知识的学习之中，也可以将复杂问题简单化，有些知识固定格式化，让学生加深记忆，如物质由元素组成、分子由原子构成等。当学生学到后面的知识时，就会发现一些前面不懂的知识其实很简单。只有指导学生打败这个拦路虎，学生对化学的学习才会持续产生兴趣，为以后的化学学习奠定良好的基础。

教材情况：

上学期新课内容难度适中，适应学生的认知水平，而且内容丰富生动，能激起学生的学习兴趣。教材内容始终围绕"从生活走进化学，从化学走向社会""从事实到理论，从理论再到事实"两条主脉络，纵横向、全方位地展开教学。

1. 在充分考虑学生已有的知识经验的基础上，教师还应把学科知识的内在联系与学生认知发展规律紧密结合起来，贯穿"从生活走进化学，从化学走向社会"的思路，激发学生学习化学的兴趣，促进学生的学习和发展。

2. 在处理化学理论性知识与具体事实性知识之间的关系时，教材本着理论性知识与事实性知识穿插编排的形式，分散教学难点。如将分子和原子、物质组成的表示、燃烧条件等知识分别与水、空气、燃料、二氧化碳等内容相结合，分层次、分阶段地呈现有关概念，使概念理论的学习建立在具体的事实和情景基础之上，加深学生对物质及其变化的理解。

3. 在内容方面，教材精心选择那些学生熟悉的、蕴含多种知识生长点的物质或现象作为"生活原型"，不断发现和提出问题，引导学生将化学知识的学习融入有关的生活现象和解决具体的社会问题之中。例如，关于分子、原子的学习以学生熟悉的水为原型，从解释水的三态变化自然引出分子运动的有关知识；从水的电解出发，认识分子和原子在化学变化中的行为，认识化学变化的本质，从中发掘出分子、原子知识的生长点，凸显了理性与感性水乳交融的关系。

4. 重视化学基本观念的主导作用。教材特别强调化学观念对一般具体知识的统帅作用，突出基本观念的主导地位，引导学生将具体化学知识和概念的学习与基本观念的形成有机融合在一起。

例如，教材围绕"微粒观"这一基本观念，分别从不同的章节、结合不同的知识内容，如水的三态变化、水的分解、氯化钠的溶解、木炭的燃烧、氢气的燃烧和爆炸、中和反应等，使学生通过不断的学习，循序渐进地建立起这一基本观念。

5. 突出化学学科的思维方式。化学既研究物质宏观上的性质及其变化，也研究物质微观上的组成和结构，宏观与微观的联系是化学学科最鲜明的思维方式。教材力求通过形象化的微粒模型、拟人的卡通画等方式，使学生建立起微观粒子行为的表象，引导学生从微观本质上认识和思考宏观的现象和变化，促进学生对知识的理解。

6. 加强科学探究过程和科学方法教育。教材主要从三个方面来加强科学过程和科学方法的教育：一是设计专门的主题介绍科学探究，使学生对科学探究的过程和方法有一个基本的整体认识，如第一单元第一节"化学之旅"；二是结合具体的化学知识的探究过程，学习有关的科学方法，如观察、实验、实验变量的控制、测定、记录、数据处理、分类、科学抽象、模型化、提出和验证假设、获得结论等，将科学方法的学习与科学探究活动的开展、科学知识的获得紧密结合起来，教科书中大量的探究活动都采用了这种形式；三是选择一些能够体现科学探究过程和方法的化学史料来实施科学方法教育，如第二单元第三节"认识原子"，就是通过介绍人类发现原子结构的史实，让学生掌握研究物质微观结构的思维和方法。

三、课程目标

1. 通过探究身边一些常见物质的组成、性质，了解其在社会生产和生活中的应用，能用简单的化学语言予以描述，形成一些最基本的化学概念。初步认识物质的微观构成，了解化学变化的基本特征，初步认识物质的性质与用途之间的关系。

2. 通过水、空气等物质组成的实验探究，学会运用观察、实验、调查等手段获取化学事实，能初步运用比较、分类、分析、综合、归纳等方法认识物质及其变化，形成一定的证据推理能力；能设计和完成一些简单的化学实验。并通过科学探究，认识其意义和基本过程，能提出问题，进行初步的探究活动。

3. 通过运用比较、分类、归纳、概括等方法学习氧气、二氧化碳的实验室制法，归纳出实验室制取气体的一般思路与方法；经历科学研究过程，能主动与他人进行交流和讨论，清楚地表达自己的观点，进而形成自主、合作、探究的能力。

4. 通过探究活动能够保持和增强对生活和自然界中化学现象的好奇心和探究欲，发展学习化学的兴趣；发展善于合作、勤于思考、严谨求实、勇于创新和实践的科学精神。

5. 通过对物质性质与用途的探究，初步建立科学的物质观，增进对"世界是物质的""物质是变化的"等辩证唯物主义观点的认识，逐步树立崇尚科学、反对迷信的观念。

6. 通过化学与环境、资源的学习逐步树立珍惜资源、爱护环境、合理使用化学物质的观念。增强热爱祖国的情感，树立为民族振兴、社会进步学习化学的志向。

四、学习主题/活动安排（请列出教学进度，包括日期、周次、内容、实施要求）

日期	学习内容	课时	实施要求	教法与学法
第1周（9.1-9.2）	第一单元第1节	1	体验化学的奇妙，初步形成学习化学的兴趣。培养学生的科学观察能力	教法：讲授、实验、演示。学法：自主合作和小组合作学习
第2周（9.5-9.9）	第一单元第2节、化学实验基本操作（一）、单元复习	3	1. 初步认识科学探究的意义和基本过程。2. 初步学会常用的化学实验操作技能	教法：讲授、实验、演示、任务驱动法。学法：自主合作和小组合作学习、实验探究法
第3周（9.13-9.16）	第二单元1节、第二单元2节　第1课时	3	1. 通过分析水分子的运动、水的三态变化及水的天然循环，认识水的特性，理解物理变化的微观本质。2. 探究净化水的方法；通过区分纯净物和混合物，学习分类的方法	教法：讲授、实验、演示、任务驱动法。学法：自主合作和小组合作学习、实验探究法
第4周（9.19-9.23）	第二单元2节、第3节第1课时	3	1. 通过对水的分解和水的合成实验的微观分析，初步揭示化学变化的本质；了解化学性质和物理性质的概念。2. 了解原子的构成，初步了解原子内部各种微粒之间的关系	教法：讲授、实验、演示、任务驱动法。学法：自主合作和小组合作学习、实验探究法
第5周（9.26-9.30）	第3节第2课时第二单元第4节	3	1. 知道原子内部电子的分布及其特征和作用；了解表示原子组成的方法；理解离子的形成，会书写离子符号。2. 学会科学表示原子质量大小的方法。3. 学会正确书写常见的元素符号，了解单质和化合物的概念及两者之间的区别和联系	教法：讲授、演示、任务驱动法。学法：自主合作和小组合作学习

日期	学习内容	课时	实施要求	教法与学法
第6周 （10.8–10.14）	一二单元复习	3	梳理知识，构建结构网络	教法：讲授、演示、任务驱动法。 学法：自主合作和小组合作学习
第7周 （10.17–10.21）	第三单元第1节	3	1. 通过对食盐等物质在水中溶解现象的分析，了解溶液和溶剂的概念，理解溶液的概念，认识溶液的基本特性——均一性和稳定性。 2. 通过对食盐在水中溶解的微观分析，理解物质的溶解过程和溶液的实质	教法：讲授、实验、演示、任务驱动法。 学法：自主合作和小组合作学习、实验探究法
第8周 （10.24–10.28）	第三单元第2节及第三单元复习测试	3	1. 学会定量表示溶液的组成方法及溶质质量分数的计算；掌握相关溶液稀释和浓缩问题的计算。 2. 初步学会配制一定浓度溶液的基本实验技能。 3. 通过实验能正确分析导致配制的溶液中溶质质量分数偏大或偏小的原因，培养学生分析问题、解决问题的能力	教法：讲授、实验、演示、任务驱动法、练习法。 学法：自主合作和小组合作学习、实验探究法
第9周 （10.30–11.4）	第四单元第1节	3	1. 通过分析空气的组成，进一步理解混合物和纯净物的概念；逐步形成物质分类观。 2. 学习科学家严谨求实和大胆质疑的科学精神。 3. 通过探究"测定空气中氧气的含量"，体验科学探究的基本过程，通过对该实验进行误差分析，体会运用转化法测定混合物中某种成分含量的原理；增强对科学探究的理解。	教法：讲授、实验、演示、任务驱动法。 学法：自主合作和小组合作学习、实验探究法
第10周 （11.8–11.12）	期中复习、考试	3	通过复习，梳理知识，加深知识间的联系，构建结构网络	教法：讲授、演示、任务驱动法。 学法：自主合作和小组合作学习

续表

日期	学习内容	课时	实施要求	教法与学法
第11周 （11.14- 11.19）	第四单元 第2节	3	1. 能正确书写常见物质的化学式，读出化学式，说出化学式的意义，根据物质的化学式，能判断出物质的组成元素和微粒构成。 2. 通过化合价的引入，对学生进行实事求是的科学态度的教育，充分培养学生的思维能力和计算能力	教法：讲授、演示、任务驱动法。 学法：自主合作和小组合作学习
第12周 （11.21- 11.25）	第四单元 第3节	3	1. 在实验室中动手制得氧气，体会实验室制取气体的一般思路和方法。 2. 在实验探究中归纳、概括出氧气的主要性质。 3. 会观察实验、准确描述实验现象、分析实验现象、获得结论，乐于主动参与实验探究	教法：讲授、实验、演示。 学法：自主合作和小组合作学习、实验探究法
第13周 （11.28- 12.2）	第五单元 第1节	3	1. 通过对化学反应的微观分析，理解质量守恒定律的含义和实质。 2. 通过实验探究，理解并描述质量守恒定律的内容。 3. 运用质量守恒定律对生活和生产中的化学现象进行解释，提高分析解决实际问题的能力	教法：讲授、实验、演示、任务驱动法。 学法：自主合作和小组合作学习、实验探究法
第14周 （12.5- 12.9）	第五单元 第2节	3	1. 通过分析化学反应的不同表示方法，了解用化学方程式表示化学变化的优点，理解为什么要用化学方程式表示化学变化，并能说出具体化学方程式所表示的意义。 2. 通过尝试性地书写过氧化氢分解反应的化学方程式，掌握书写化学方程式应遵循的简单的化学反应。 3. 能从定量的角度进一步认识化学反应的实质，了解化学方程式中反应物和生成物之间的质量关系	教法：讲授、实验、演示、任务驱动法。 学法：自主合作和小组合作学习

续表

日期	学习内容	课时	实施要求	教法与学法
第15周 （12.12– 12.16）	第五单元 第3节、 单元复习	3	1. 通过对具体化学反应的定量分析，理解解决化学变化中定量问题的一般思路和解题步骤。 2. 进一步认识化学反应中各物质之间的质量关系；初步学会根据化学方程式解决化学变化中简单的定量问题。 3. 初步认识定量研究化学反应对于社会生产和生活的重要意义	教法：讲授、练习、演示、任务驱动法。 学法：自主合作和小组合作学习
第16周 （12.19– 12.23）	第六单元 第1、2节	3	1. 通过对日常生活中常见的灭火方法的分析，从化学反应的角度认识燃烧和灭火的原理；通过对氢气燃烧和爆炸的实验探究，了解爆炸的原理及防范爆炸的措施。 2. 通过对乙炔充分燃烧和不充分燃烧条件的探究，知道控制燃烧的条件就能达到促进燃烧和防火、灭火的目的。 3. 通过对燃烧条件的学习，认识到内因是变化的根据，外因是变化的条件。 4. 通过对煤和石油综合利用的化学工业原理的了解，认识化学在解决人类资源问题中的作用，培养学生的资源意识	教法：讲授、实验、演示、任务驱动法。 学法：自主合作和小组合作学习、实验探究法
第17周 （12.26– 12.30）	第六单元 第3节	3	1. 了解自然界中二氧化碳的循环及变化对环境可能造成的影响，认识保护生态平衡、人与自然和谐相处的重要性。 2. 知道二氧化碳的主要性质和用途，初步学习在实验室制取二氧化碳的方法。 3. 培养学生分析、加工、处理图片信息的能力	教法：讲授、实验、演示、任务驱动法。 学法：自主合作和小组合作学习、实验探究法

续表

日期	学习内容	课时	实施要求	教法与学法
第18周（1.3－1.6）	期末复习	3	1. 通过复习，学生对学期知识进行整理和小结，以物质性质、变化、用途为主线，使学期化学知识更加系统。 2. 通过复习可进一步加深对这些概念的理解、记忆和应用，提升探究能力	教法：讲授、演示、练习法。 学法：自主合作和小组合作学习

五、评价活动与成绩评定

（一）学生学习过程的评价

教师将学生在下面各项内容的表现分为五个星级：1星到5星；利用课堂学生自评、互评和教师评价，及时反馈学习信息。

1. 评价量表

评价项目	评价内容	自评	互评	教师评价	综合评价
预习评价	① 能完成预习案的问题； ② 能提出自己的问题				
课堂评价	① 课堂上能够积极参与，主动思考； ② 课堂上积极回答问题； ③ 能及时记录课堂笔记； ④ 能熟练书写化学方程式和化学符号； ⑤ 能完成当堂检测				
合作评价	① 积极参与小组合作，团结协作； ② 合作期间遵守课堂纪律； ③ 合理完成自己分配的任务； ④ 能主动展示成果				

评价项目	评价内容	自评	互评	教师评价	综合评价
实验评价	① 积极思考设计实验方案并展示； ② 积极完成实验； ③ 实验技能操作正确； ④ 能准确记录实验报告并展示				
作业评价	① 能独自完成作业； ② 对疑问内容能够及时解决； ③ 错题能及时订正				

2. 收集有关资料，合作完成一次实践活动，撰写活动报告或小论文。

3. 单元学习完成后进行复习、整理、归纳，及时互评。

4. 利用信息交流平台，针对学生的学习情况、特性，与家长定期进行交流。

（二）学生的基础知识和基本技能评价

1. 卷面测试：国家规定的期中、期末考试，一套标准50分的化学试卷，选择错误率在20%以内，总卷面错误率在30%以内的为合格。其中A等级占15%，B等级占30%，C等级占30%，D、E等级共占25%。

2. 进行一次化学学科素养大赛，主要考查基础知识和基本技能。

3. 组织开展化学家庭小实验，由学生展示。

4. 进行一次作业展览，对作业错误率加以控制。

叁

"溶液"单元教学方案

一、背景分析

本单元是在学生对最常用的溶剂——水的性质及相关知识有了一定了解的基础上设置的，内容主要涉及什么是溶液、溶液是怎样形成的、如何表示溶液的组成、如何配制一定组成的溶液四个问题，目的是帮助学生认识一类常见的混合物——溶液。通过认识溶液，初步经历研究物质的一般过程：从定性研究（诸如是什么、为什么、怎么样等方面的问题）到定量研究（诸如数量多少、程度大小、进展快慢等方面的问题）。学生在诸多活动经历中慢慢深入微观世界，学着从微粒的角度分析身边的物质及其变化，逐步构建微粒观。

本单元包括三个课题。第一课题介绍溶液的一些初步知识，其中包括溶液的形成，溶质、溶剂、溶液的概念，物质溶解过程中的吸热和放热现象等。目的主要是让学生从宏观上认识溶液的特征，从微观上认识溶液是溶质以分子或离子形式分散到溶剂中形成的均一体系。在此基础上帮助学生建立有关溶液的较为科学的概念，从定性的角度初步认识溶液。第二课题是以物质的溶解度为核心展开的，主要从定量的角度介绍物质在水中溶解的限度。学生通过活动与探究，了解饱和溶液和溶解度的概念，加深对溶解现象的理解。第三课题围绕溶液的浓、稀展开，引出溶液中溶质的质量分数的概念，并结合这一概念进行一些简单计算，初步学习配制溶质质量分数一定的溶液。三个课题密切相关、逐步深入，这样的编排比较符合学生的认知规律。

总之，本单元教学意在帮助学生认识一类均匀混合物——溶液，知道溶液的组成特征、定量表示方法和配制方法，并了解在科学上是按照怎样的思路来认识的。教师在教学中应让学生主动体验实验探究的过程，在知识的形成、联系、应用过程中养成科学态度，获得科学方法。练习设计实验方案，控制实验条件及观察、记录、分析实验现象，得出结论的基本探究技能。另外，通过一系列定量实验，使学生体会到定量实验在化学研究中的重要作用和完成定量实验的具体方法、注意事项等。

学生通过本单元三个课题的学习，对溶质、溶剂、溶液、饱和溶液等概念有了一定的了解，能从宏观上和微观上认识溶液的本质特征；对溶液的形成，物质溶解过程中的吸热和放热现象及其产生的原因也有了一定的认识；掌握了溶液组成的一种表示方法——溶质的质量分数以及有关计算，初步学会了配制一定溶质质量分数的溶液。

二、单元目标

1. 通过实验和生活经验，从宏观上认识溶液的基本特性——均一性和稳定性，从微观上认识溶解的过程及伴随的能量变化；知道溶质和溶剂的概念，理解溶液的概念；知道一些常见的乳化现象。

2. 通过实验探究和生活经验，认识饱和溶液和不饱和溶液的概念，知道它们相互转化的条件。

3. 通过活动和例题学习，理解溶质质量分数的概念，学会有关溶质质量分数的基本计算方法；能配制一定溶质质量分数的溶液。

三、评价设计

评价任务	活动设计	评价工具
认识溶解的过程（重点）	自学—互学—展学	采用表现性评价和小组评价。 1. 对学生的展示进行鼓励性评价，有助于学生产生浓厚的学习兴趣。 2. 各个小组开展比赛，互相展示、相互评价、小组积分，有助于形成相互比拼的氛围
溶解过程的热效应	实验探究	量化评价法、表现性评价和小组评价。 填写实验报告的形式有助于检验学生简单的实验基本操作，正确描述实验现象

续表

评价任务	活动设计	评价工具
饱和溶液与不饱和溶液相互转化的条件（难点）	实验探究	量化评价法、表现性评价和小组评价。填写实验报告的形式有助于检验学生简单的实验基本操作，正确描述实验现象
有关溶质质量分数的计算、（重、难点）	自学—互学—展学	量化评价法、表现性评价和小组评价。 1. 对学生的展示进行鼓励性评价，有助于学生产生浓厚的学习兴趣。 2. 各个小组开展比赛，互相展示、相互评价、小组积分，有助于形成相互比拼的氛围
配制一定溶质质量分数的溶液（重、难点）	实验探究	量化评价法。填写实验报告的形式有助于检验学生简单的实验基本操作，正确描述实验现象
课堂检测	学案纸质测试	采用试题检测速度快且效果好，和小组竞赛相互评价，形式新颖，学生的参与性强

节次	课时	主要知识点	学习方式	探究活动
第一节溶液的形成	2	溶解的微观本质；溶液、溶剂、溶质的概念；溶解过程的能量变化、乳化现象；饱和溶液、不饱和溶液的概念及其相互转化条件	自学—互学—展学、任务驱动学习、实验探究法	溶解过程的热效应；饱和溶液与不饱和溶液相互转化的条件
第二节溶液组成的定量表示	3	溶液组成的表示方法；关于溶液组成的计算；溶液的配制	自学—互学—展学、任务驱动学习、实验探究法	溶液的浓缩与稀释方法
到实验室去：配制一定质量分数的溶液	1	配制一定溶质质量分数溶液的方法	实验探究法	配制一定溶质质量分数溶液的方法
复习课	1	复习单元基础知识，构建知识框架	自学—互学—展学 任务驱动学习	构建知识框架图

四、学与教活动设计

略

"溶液的形成" 课时教学方案　　肆

一、课时目标

1. 通过对食盐等物质在水中溶解过程的观察和分析，认识溶液的基本特征；知道溶质、溶剂的概念；理解溶液的概念；能够分辨常见溶液中的溶质和溶剂。

2. 通过对食盐在水中溶解现象的微观分析，了解物质溶解的微观实质，进一步体会宏观和微观的联系，形成微粒观；通过氢氧化钠和硝酸铵等物质溶解于水时溶液温度的变化，了解物质溶解过程中的能量变化及其产生的原因。

3. 通过分析洗洁精对油污的作用现象，认识乳化作用。

4. 通过实验观察饱和现象与不饱和现象，知道物质的溶解受多种因素影响，了解饱和溶液的概念；通过分组实验、独立思考、合作交流，探究饱和溶液与不饱和溶液相互转化的条件。

5. 联系溶液的特征、微观本质，认识溶液在工农业生产和生活中的具体应用。

二、评价设计

评价分为过程性评价和结论性评价。过程性评价关注学生求知的过程、探究的过程和努力的过程。结论性评价关注学生知识和能力的提高，关注学生情感、态度和价值观的展现。

（评价工具：采用试题检测速度快且效果好，和小组竞赛相互评价，形式新颖，学生参与性强。）

任务要求	对应评价目标	评价方式
【任务1】：溶解的过程 观察食盐的溶解	能通过观察方法获取实验证据，能分析推理，形成结论；敢于坚持自己的见解，勇于修正或放弃错误观点；具有严谨求实的科学态度。 对应目标：目标1	交流展示 组内自评 小组互评 评价量化表
【任务2】：溶质、溶剂的判定 观察食盐的溶解	是否认真观察并总结，获得结论。 对应目标：目标2	完成学案 交流展示 组内自评 小组互评 评价量化表
【任务3】：物质溶于水的热效应 能够设计并完成实验，探究物质溶于水伴随的能量变化	能够设计完整实验方案，并完成实验。 对应目标：目标2	交流展示 组内自评 小组互评 评价量化表
学案完成情况	正确率、是否纠错并分析原因	自评、他评 定性评价
课堂学习状态	回答问题、讨论、交流、合作、补充、问题的提出	自评、他评 定性评价 评价量表
课堂小测	正确率、是否纠错并分析原因	自评、他评 定量评价
作业完成情况	是否上交、是否独立完成、是否纠正错题	自评、他评 定性评价 评价量表
学习状况分析	自我反省、阶段总结（学习态度、方法和策略）、有待改进的问题	自评、他评 定性评价

三、学与教活动设计

（一）教学导入

【兴趣实验导入】教师询问学生能否通过改变浮力的方法，让水中的鸡蛋浮出水面。教师演示实验：向水中不断加入食盐至鸡蛋浮出水面。

过渡：食盐的加入使杯中的液体已不再是原来的蒸馏水。从物质分类的角度看，现在的液体属于哪一类物质？其实，这种液体除了是混合物外，还是一种溶液。那么什么是溶液，它是如何形成的，今天让我们一起学习3-1溶液的形成。

（二）学习探究

【第一学程】学习任务：溶解的微观过程、溶液的组成及特征。

主问题1. 什么是溶液、溶质、溶剂，溶液是如何形成的？

学法指导

第一步：自学探究——"学法指导"设计（自学要求）

导学问题：将蔗糖放入水中，蔗糖为什么消失了，水尝起来却是甜的？继续添加食盐固体，食盐也消失了，从微观角度解释。溶液中同时存在蔗糖和食盐，那么溶液的上部、中部、下部任意一处的蔗糖和食盐含量都相同吗？若外界条件不变，放置一段时间后会析出食盐、蔗糖颗粒吗？

学生自学教材第58-59页，独立思考，在导学单上简单填写导学问题的答案或解释。

第二步：互学讨论——"学法指导"设计（互学要求）

教师给每个活动小组准备4块被污染的布料，分别标记1-4号。其中1号布料粘有糖渍，2号布料粘有盐渍，3号布料沾有碘酒，4号布料沾有油渍。请小组内同学团结协作，将1号和2号布料上的污渍清洁干净。以小组为单位，讨论实验方案或方法，组长分工，动手实验。实验完成后组内交流，总结出溶质、溶剂、溶液的概念及溶液的特征。

第三步：展学交互——"学法指导"设计（展学要求）

组长带领组员上台展示，提前做好分工，由易到难。4号同学回答去除污渍的具体方法，3号同学判断水是溶剂，糖渍、盐渍是溶质，2号同学用自己的语言构建溶质、溶剂、溶液的概念，组长总结溶液的特征。同学们展示完毕，教师播放模拟氯化钠晶体溶解的微观动画。

主问题1预设答案：物质以分子或离子的形式运动到水分子的间隙中；溶液具有均一性和稳定性。

评价工具采用表现性评价和小组评价相结合的方式。

1. 对学生的展示进行鼓励性评价，有助于学生产生浓厚的学习兴趣。

2. 各个小组开展比赛，互相展示、相互评价、小组积分，有助于形成相互比拼的氛围。

过渡：日常生活中我们遇到的溶液有很多，像饮料中的茶水、可乐，医院输液用的生理盐水、消毒用的碘酒，无土栽培中的营养液等都是溶液。那么溶液是如何命名的？溶质、溶剂又是如何来判断的呢？我们通过下面的活动来学习。

【第二学程】

学习任务：溶液的组成及溶质、溶剂的判定。

主问题2. 如何区分溶液中的溶质和溶剂？溶液的命名与溶质和溶剂有什么规律？

学法指导

第一步：自学探究——"学法指导"设计（自学要求）

教师出示食盐水、蔗糖水、碘酒、稀盐酸、白酒等溶液，初步判断其中的溶质、溶剂。

第二步：互学讨论——"学法指导"设计（互学要求）

组内成员先交流导学单上溶液中的溶质和溶剂分别是什么。教师导出问题：碘渍、油渍仅用水能不能清洗干净？用什么更容易洗掉？小组成员团结协作，商讨去除污渍的方法，动手将3号和4号布料上的污渍清洗干净。教师提出要求，请大家完成任务的同时，认真观察看到的现象。实验结束后，教师提出以下问题，引发学生思考讨论。

① 溶液一定是无色的吗？均一稳定的液体一定是溶液吗？

② 在蔗糖水和食盐水中，溶质是固体，那么液体和气体可以做溶质吗？

③ 溶剂只可以是水吗？水可以洗掉糖渍和盐渍，但是洗不掉油污和碘渍，这说明了什么？碘渍用水洗不掉，但是用酒精可以洗掉，这又说明了什么？

④ 任何液体互相混合都能形成溶液吗？

第三步：展学交互——"学法指导"设计（展学要求）

组长分工，4号同学先展示自学活动中各溶液中的溶质和溶剂，以及溶质在常温下的状态。解释问题①：溶液不一定是无色的，举例如碘酒或其他；均一稳定的液体不一定是溶液，如蒸馏水。依据问题，学生进行深入思考，从而加深了对溶液基本性质的理解，培养了分析能力。3号同学展示3、4号布料去除污渍选用的物质，解决问题②，最终归纳总结出溶质可以是固体，也可以是液体和气体。教师补充举例：稀盐酸中的溶质是氯化氢气体。2号同学针对问题③总结出多种溶剂，如水、汽油和酒精等，但水是最常用的溶剂；教师补充溶质、溶剂的判断方法：两种液体混合量多的为溶剂，量少的为溶质；但如果有水的话，一般把水作为溶剂。组长针对问题④，引导同学们回忆刚才的实验，思考回答4号布料上的油污可以用汽油或洗洁精去除，原理可能解释不清。老师通过图片，从微观的角度帮助学生理解洗涤剂乳化油污的原理，从而培养学生从微观的角度认识物质及其变化的本质。

主问题2预设答案：有水时，水一定为溶剂（与数量无关）；

无水时，固体、气体为溶质，液体为溶剂。若溶剂和溶质均为液体，则量多的为溶剂，量少的为溶质。

过渡：市场上有一种名叫"摇摇冰"的即饮即冷的饮料，你知道它的冷却原理是什么吗？

评价工具采用量化评价法：填写实验报告的形式有助于检验学生简单的实验基本操作，正确描述实验现象。

【第三学程】

学习任务：物质溶于水的热效应。

主问题3.物质溶于水会伴随能量变化吗？

学法指导

第一步：自学探究——"学法指导"设计（自学要求）

省略自学环节。

第二步：互学讨论——"学法指导"设计（互学要求）

组内合作完成分组实验。组长分工，2号同学动手实验，3号同学用温度计测量加入物质前后的水温，4号同学做好记录，组长引导得出结论。教师结合物理上密闭容器内温度变化会引发压强的变化，引导学生思考改进实验的方法，设计创新实验。

第三步：展学交互——"学法指导"设计（展学要求）

4号同学投影展示实验记录；3号同学总结物质溶于水会伴随能量的变化，氢氧化钠会使水温升高，硝酸铵会导致水温降低，氯化钠导致的温度变化不明显；2号同学总结物质溶于水时，存在扩散吸热和水合放热的过程，从而导致水温的变化；组长描述创新实验，引发其他同学的讨论与互动。教师引导学生回答"摇摇冰"的制冷原理：将饮料罐隔离层的物质与水混合产生制冷效果，该物质可能是硝酸铵，回应导入问题。

主问题3预设答案：**物质溶于水会伴随能量变化。**

使水温升高：氢氧化钠和浓硫酸；

使水温降低：硝酸铵；

使水温变化不大：氯化钠。

评价工具采用量化评价法：填写实验报告的形式有助于检验学生简单的实验基本操作，正确描述实验现象。

（三）教学总结

学生谈一谈自己的收获，并绘制思维导图。

（四）课堂检测

1.下列说法正确的是（　　　　）

A. 溶液一定呈现液态

B. 当水分不蒸发时，溶液不管放置多久，溶质也不会分离出来

C. 均一、稳定、透明的液体不一定是溶液

D. 溶液中的溶剂都是水

2. 下列物质中不属于溶液的是（　　　）

A. 汽水　　　　　B. 澄清石灰水　　C. 泥水　　　　　D. 稀盐酸

3. 将少量下列物质分别加入适量的水，充分搅拌后不可能形成溶液的是（　　　）

A. 乙醇　　　　　B. 食盐　　　　　C. 蔗糖　　　　　D. 冰块

4. 下列物质溶于水后，能形成无色溶液的是（　　　）

A. 高锰酸钾　　　B. 蔗糖　　　　　C. 汽油　　　　　D. 面粉

5. 下列溶液中溶质与溶剂判断正确的是（　　　）

选项	溶液	溶质	溶剂
A	硫酸铜溶液	铜	硫酸
B	碘酒	碘酒	水
C	石灰水	氢氧化钙	水
D	医用酒精	水	酒精

6. 为了探究物质在溶解时溶液温度的变化，小倩设计了如图所示的实验装置。小倩认为向小试管中分别加入一定量的某物质，U形管中红墨水向右移动，该物质是（　　　）

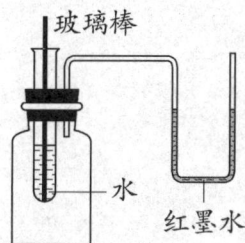

A. 硝酸铵　　　　B. 氢氧化钠

C. 蔗糖　　　　　D. 食盐

（五）作业设计

教师分别用白板笔和记号笔在白板上画了一笔，白板笔可以用棉布擦掉，但记号笔的笔迹不能擦掉，你能用什么方法来快速解决这一问题并说明原理。

10

枣庄市第二十三中学美术课程规划

案例点评

　　本课程作为义务教育阶段全体学生必修的基础性课程，是学校美育的基本途径。枣庄市第二十三中学根据课程方案和课程标准，提出了"立德树魂、知行合一、以美育人、明理启智"的课程理念，将美术与其他学科、活动、自然、社会资源联系起来，提升学生审美核心素养，帮助实现全方位育人目标。

　　在课程实施上，学校充分利用教材和网络、当地资源，开展校本课程和社团活动课，借助欣赏评述、造型表现、设计应用、综合探索、作业与活动，多个环节引导学生发现美、认识美、欣赏美、创造美，并借助各类展示活动帮助学生抒发自己的审美观以及思想感情。在课程评价上，学校将形成性评价和终结性评价相结合，采用师评、互评、小组评等方式进行分阶段、分等级的评价，并最终呈现以等级划分的评价结果。

壹 初中美术学科课程规划方案

本课程规划方案由枣庄市第二十三中学刘强、刘红开发，适用版本为江苏凤凰少年儿童出版社出版的《美术》，适用年级为7—9年级。

一、引言

美术是九年义务教育阶段全体学生必修的基础课程，具有审美性、情感性、实践性、创造性、人文性等特点，是对学生进行审美教育、情操教育、心灵教育，培养想象力和创新思维等的重要课程，是学校美育的基本途径之一。美术课程以立德树人为根本任务，以形象的力量与美的境界促进人的审美和人文素养的提升，坚持以美育人、以美化人、以美润心、以美培元的宗旨，引领学生在健康向上的审美实践中感知、体验与理解艺术，逐步提高感受美、欣赏美、表现美、创造美的能力。在培养学生核心素养和素质教育的过程中具有不可替代的作用。

在我校课程体系中，课程往往以应试为导向。美术学科不进行考试，在学校课程中的地位并不突出。因此，美术学科并不被学生和家长重视，学生的学习动力和兴趣不足。本校能坚持开全课程、开足课时，但也有课时被其他学科占用的情况，尤其是考试前夕。近几年，学校加大了对美术的投入，有专任教师授课，配备了美术教室和多媒体设备，美术器材也在不断充实，也开展了相应的社团活动。

学校设计本课程方案，希望为教师提供具体的指导和操作方法，使教师可以在教学过程中有计划地进行教学，使教学过程更加系统、有序。同时，本课程方案是基于学生核心素养、学习特点和课程目标而设定的，能够激发学生的学习兴趣和积极性，提高学习动力和参与度，从而提高课堂教学的效果。在引导学生在掌握知识技能的同时，能够提高他们的思维能力和创新能力，养成良好的学习习惯和学习方法，培养正确价值观，为他们的终身发展奠定基础。

二、规划依据（背景分析）

《义务教育艺术课程标准（2022年版）》为美术课程实施提供了标准和依据。教育部颁布的《基础教育课程教学改革深化行动方案》和山东省教育厅颁布的《全面加强和改进新时代学校美育工作重点任务及分工方案》等文件中，对课程改革提出了具体目标、任务和要求。

近年来，我校对美育课程越来越重视，提出了"立德树魂、知行合一、以美育人、明理启智"的课程理念，将美育融入学校的课程体系建设中。美术学科也本着"以美育美"的思想，在提升学生审美核心素养的同时，将美术与其他学科、活动、自然、社会资源联系起来，拓展美育途径。

学校重视教师专业发展，组建了学科团队，教研氛围浓厚，此外还为校本课程开设了实践基地。大部分学生对美术表现出了浓厚兴趣，也掌握了一些知识、概念和方法技能。但总体来说，学生的体验不足，评述、表现、创意应用能力不高，美术素养有待提升。

三、课程目标

七年级：

1. 能运用造型元素、形式原理和欣赏方法，欣赏、评述世界不同国家和地区的美术作品，领略世界美术的多样性和差异性，养成尊重、理解和包容的态度。

2. 能运用传统与现代的工具、材料和媒介，以及习得的美术知识、技能和思维方式，创作平面、立体或动态等表现形式的美术作品，提升创意表达能力。

3. 能根据"人与自然和谐共生"的设计原则，对学校或社区进行环境规划，增强社会责任意识；能利用不同的工具和材料，制作或创作工艺品，体会传统工艺"守正创新"的内涵与意义。

4. 能结合校园现实生活创编校园微电影，将不同学科的知识融为一体，增强综合探索与学习迁移的能力。

八、九年级：

1. 了解美术产生的背景及不同时代、地区、民族和国家的美术特征，知道中国古代经典美术作品，以及近现代反映中华民族追求独立解放和党团结带领人民进行革命、建设、改革的美术作品，增强对伟大祖国、中华民族的情感，传承红色基因，坚定文化自信，形成开放包容的心态和人类命运共同体意识。

2. 能创作平面、立体或动态等表现形式的美术作品，创造性地表达对自然与社会的感受、思考和认识，发展创造性思维能力。

3. 了解"设计满足实用功能与审美价值，传递社会责任"的设计原则，能为学校或社区的学习与生活需求设计作品，形成设计意识，增强社会责任感。

4. 了解非物质文化遗产的含义，制作传统工艺品或文创产品，认识继承与发展文化遗产是我们的责任。

5. 理解美术对个人发展、社会进步及构建人类命运共同体具有独特的作用，进一步提升综合探索与学习迁移的能力。

四、课程结构、内容与课时分配

苏少版初中美术教材都是按照四人领域进行编排的。"欣赏·评述"领域包括第1、9课，内容为赏析中外经典美术作品，共4课时；"造型·表现"领域包括第2、3、4课，内容为创作不同门类、形式的美术作品，共6课时；"综合·探索"包括第5课，内容是综合多种方法探索美术对人类、社会的独特作用，共2课时；"设计·应用"领域包括第6、7、8课，内容是联系实际，学习设计理念，形成设计意识，共6课时。根据学期时长，可以将"造型·表现"领域或"设计·应用"领域调整为5课时。

校本课程"葫芦烙画艺术"将种植、管理和综合实践融合在一起。葫芦烙画艺术的赏析和制作分别与"欣赏·评述"领域和"设计·应用"领域相结合。

按照学校安排，学生根据自身兴趣选择，开设社团活动课，每周2课时。

五、课程实施

（一）课程资源

1. 教材：江苏凤凰少年儿童出版社《美术》（八年级上册）。

2. 网络资源：国家中小学智慧教育平台，基础教育精品课网络平台，故宫博物院官方网站。

3. 当地资源：台儿庄古城陶艺等民俗馆、书法馆、文化交流展等。

（二）实施策略

1. 课前准备：搜集本课相关资料，备好工具材料。

2. 欣赏评述：引导学生多角度欣赏、认识自然美，赏析美术作品的材质、形式、内容特征和思想内涵，了解中外美术发展概况。探究艺术作品赏析方法，运用艺术的语言、文字欣赏、评述美术作品，形成健康的审美情趣，发展审美能力。

3. 造型表现：引导学生在发现身边自然之美的基础上，探究作品构图、构成、结构、节奏、虚实、透视等绘画法则。通过艺术表现和创意实践，运用绘画工具、材料，有创意地进行表现，探索不同的创作方法，发展具有个性的表现能力，传递自己的思想和情感。

4. 设计应用：引导学生分析作品的设计原理，学习设计方法。合理利用多种材料和工具进行创意制作活动，感受不同材料的特性，提高动手能力，增强社会责任感。

5. 综合探索：分析作品与其他学科之间的联系，通过书籍、网络、生活体验获取信息。灵活设计探究性活动方案，运用比较、联想、推理、论证等方法，对美术与人类、社会发展的独特作用进行综合性探究活动，提升学生知识迁移和综合探索的能力。

6. 作业与活动：进行自主探索与合作交流，有创意地完成作业并进行及时优化，积极进行评价。参加社团、美术比赛、实践创新、艺术节等展示活动。

六、课程评价

学期总评成绩（100分）=形成性评价成绩（50分）+结果性评价成绩（50分）。

1. 形成性评价（50分）

采用师评、互评或小组评的方式，对学生的行为表现、学习态度、学习成果等进行专项或阶段性的评价。

（1）课前预习（5分）

评价依据：提前预习、搜集资料，备齐工具材料。

评定等级：优（4-5分）、良（2-3分）、努力（0-1分）。

（2）课堂表现（15分）

评价依据：正确描述基本知识和概念；掌握评述、表现、设计、探索等方法技能；态度积极，主动展示。

评定等级：优（13-15分）、良（10-12分）、合格（6-9分）、努力（0-5分）。

（3）作业质量（20分）

评价依据：合理运用各种造型元素和形式原理，评述或表现一幅美术作品。有创意、表现力强、完成质量高。

评定等级：优（17-20分）、良（13-16分）、合格（10-12分）、努力（0-9分）。

（4）拓展学习（10分）

评价依据：通过网络、书籍、走访等方式探索课外知识，或将学习内容应用到实际生活中。积极参加美术、书法作品展。

评定等级：优（7-10分）、良（4-6分）、努力（0-3分）。

2. 学业水平测试（50分）

学业水平测试卷满分为100分，按照50%折算计入学期总成绩。

3. 学期成绩（100分）

学期总评成绩=形成性评价+学业水平测试评价。

学期成绩以等第呈现，共分为四个等第。等第与分值的换算如下：优秀（≥90分），良好（75-89分），及格（60-74分），需努力（＜60分）。

七、课程管理与保障

1. 健全机制，加大政策支持

落实学校是课程实施主体的责任，健全课程发展规划和实施机制，制订相关考核和奖惩措施。学校为美术课程建设提供必要经费和条件保障。

2. 加强教研，提高师资水平

通过学科团队建设，形成良好的教研氛围，促进教师专业发展。学校为美术教师的培训和学习提供条件，不断提高教师专业素养和教学能力。

3. 拓展资源，提高学生素养

学校和社会为美术学科提供更多的艺术资源和教学设施，为学生提供更好的美术学习环境。加强社团建设，结合校本课程，为发展学生美术素养提供更好的实践和发展机会。

4. 学科融合，拓展美术途径

开展大单元教学和跨学科教学实践，促进美术教育与其他学科相融合，实现美术教育在课程中协同育人功能，促进学生身心健康全面发展。

贰　初中美术八年级上学期课程纲要

一、与本学期相关的国家课程标准陈述

【欣赏·评述领域】

1. 欣赏我国古代不同时期经典美术作品，了解中国美术源远流长的历史，以及中国美术为世界美术作出的贡献。

2. 欣赏我国近现代美术作品，领悟中国共产党为实现中华民族伟大复兴的历史使命，团结带领人民进行艰苦卓绝斗争的壮丽史诗。

3. 欣赏世界不同地区、不同时期的美术作品，了解外国美术发展史，体会世界美术的多样性。领悟文明因交流、互鉴而丰富多彩。

4. 在欣赏过程中，运用不同造型元素和形式原理，辨析不同美术流派，感受不同流派的特点。

【造型·表现领域】

1. 学习色彩三要素、色彩情感等方面的知识。

2. 分析不同构图形式的美术作品，知道不同构图形式带来的美感。

3. 学习焦点透视的相关知识。

4. 根据自己对生活的想象与构思，选用不同工具、材料、媒介，采用写实、夸张、变形、抽象的手法创作美术作品。

【设计·应用领域】

1. 收集中国非物质文化遗产方面的资料，了解其基本概念和情况，感悟继承与发展文化遗产是我们的责任。

2. 学习剪、刻、折、叠、编、卷曲、捏塑等传统工艺的制作方法，制作

工艺品。

3. 结合不同地域中华优秀传统文化特色，设计文创产品及识别系统。

【综合·探索领域】

1. 多角度探究美术在过去、现在和未来对推动政治、文化、经济、科技、发展方面的作用。

2. 综合运用美术与其他学科的知识、技能和思维方式，创作绘画作品等。

3. 通过美术创作，表达自己的观点与见解，理解美术对个人发展、社会进步的作用，增强社会责任感。

二、课程标准、教材、学情综合分析

（一）课程标准分析

《义务教育艺术课程标准（2022年版）》美术部分，突出"以美育人、艺术体验、课程综合"的课程理念，聚焦核心素养，将审美感知和文化理解作为学习的起点，重视单元教学，体现了学习方式和测评方式的较大转变。

依据新课标要求的"为什么教""教什么""教到什么程度"，以及学业质量描述，分析本学期四大领域教学各有不同的侧重点。

1. 欣赏·评述领域

（1）通过审美感知和文化理解的方式，描述中国山水画、外国风景画历史演变、风格技法、艺术特色。掌握中国山水画、外国风景画的鉴赏方法，初步形成鉴赏意识。

（2）通过鉴赏活动，表达自己的审美意识，增强爱国、爱党、爱社会主义的情怀，坚定文化自信，形成开放包容的心态和人类命运共同体意识。

2. 造型·表现领域

（1）通过审美感知，体验自然之美，描述风景画中构图、构成、结构、节奏、虚实、透视等绘画法则。

（2）通过艺术表现和创意实践，能运用绘画工具、材料，有创意地表现身边的自然风景，增强对祖国、家乡热爱的情感。

3. 设计·应用领域

（1）探究蓝印花布、泥玩具、风筝的历史文化特色，领会其审美特点，形成继承与发展文化遗产的意识。

（2）通过创意实践，制作蓝印花布、泥玩具、风筝。体验设计满足实用功能与审美价值的原则，增强社会责任感。

4. 综合·探索领域

（1）通过审美感知、文化理解的方式，描述《清明上河图》的内容和艺术形式，体会其艺术、社会历史价值。

（2）通过综合探究活动，提升学生知识迁移、融合的能力，形成尊重、热爱中华优秀传统文化的意识。

（二）教材分析

本册教材按照四个领域分为9课，在内容的选择上注重对比联系，贴近生活和情感教育。

第1课是"欣赏·评述"领域的"自然意趣—中国山水画"，展示了中国山水画"自然意趣、情景交融"的艺术魅力，与第9课"自然的定格——外国风景画"前后呼应。将这两课放在一起对比学习，我们可以了解中西方绘画语言和审美特征的差异，通过鉴赏活动，增强爱国情怀和包容的心态。

第2课"用心灵接触自然"、第3课"变迁中的家园"、第4课"空间与层次"属于"造型·表现"领域，以我们身边熟悉的自然景观为主线，学习风景画构图、色彩、透视等形式美法则。利用不同的绘画方式尝试表现身边的风景，激发学生崇尚生活、热爱自然的情感。

"综合·探索"领域，探究的内容是《清明上河图》，与"欣赏·评述"领域、"造型·表现"领域的题材互有联系，强调学生知识迁移、综合探索的能力。

"设计·应用"领域选择的是蓝印花布、泥玩具、风筝等中国传统民间艺术，带给人质朴、淳厚的审美感受，体现了实用功能与审美价值相统一的设计原则，进一步增强学生的民族自豪感和热爱祖国优秀传统文化的情怀。

（三）学情分析

1. 学习习惯和兴趣分析

经过了小学阶段和七年级的学习，学生在美术学科的学习过程中养成了不同的习惯，培养了不同的兴趣，大部分同学对美术课表现出了良好的愿望和兴趣，但部分同学的兴趣不是持续的。有的同学对于美术学习缺乏信心，存在畏难情绪，学习效率低，效果较差，活动参与度低下。

2. 已有基础分析

通过小学和七年级的美术学习，学生对美术课程的认识有了一定深度，审美意识有所提高。对不同材料和工具的使用已基本掌握，能运用形、色、肌理、空间和明暗等基本造型要素，对称与均衡、节奏与韵律、对比与和谐、多样与统一等原理组织造型活动。

3. 困难点分析

多数同学对美术有着浓厚的兴趣，但还缺乏一定的动手和创新能力。有些学生接受能力强，学习效果明显。但也有些同学基础弱、起步慢、学习态度不端正，需要教师有针对性地进行辅导，并根据学生的性格特点和掌握基础的层次不同而采用多种教学方法，促使学生养成良好的习惯，增强学习的信心，从而提高学生的综合审美素养。

三、课程目标

1. 通过欣赏经典作品、观看视频，描述、讨论、展评等活动，了解中国山水画、外国风景画的审美特征。逐步提高视觉感受能力，运用语言、文字赏析能力，提高审美感知和文化理解能力，形成健康的审美情趣。增强爱党、爱国、爱社会主义的情怀，传承红色基因，形成包容的心态和人类命运共同体意识。

2. 通过欣赏图片、观看视频、观察生活、收集资料、讨论交流等多种活动，引导学生有意图地运用形、色、肌理、空间和明暗等基本造型要素表现身边的自然景物，激发学生的想象力和创新意识，提升艺术表现能力。

3. 体验"设计满足实用功能与审美价值，传递社会责任"的原则。通过创意实践、设计制作蓝印花布、泥玩具、风筝等，形成设计意识，增强社会责任感，认识继承与发展文化遗产是我们的责任。

4. 利用各种媒材，采用造型、设计、欣赏、评述等方法以及各学科的知识，设计探究性活动方案，对《清明上河图》进行综合性的探究活动。了解其艺术、历史、社会价值，进一步提升综合探索与知识迁移的能力。

四、学习主题与活动安排

日期	周次	内容	实施要求
9.1-9.28	第1-4周	第1课　自然意趣——中国山水画 第9课　自然的定格——外国风景画	关注中国山水画和外国风景画在艺术形式上的区别与联系，能运用美术语言辨析中外美术的主要流派。赏析"红色山水画"，增强爱国情怀，尊重并理解世界美术的多样性
9.29-11.9	第5-10周	第2课　用心灵接触自然 第3课　变迁中的家园 第4课　空间与层次	关注知识整合，引导学生联系自己的家园、家乡等，运用绘画材料技法，有创意地完成风景画作品
11.10-11.16	第11周	期中学业水平测试	学业水平质量要有可测性、可评性，合理设置应达到的质量标准
11.17-11.23	第12-13周	第5课　盛世·汴梁	通过多种媒介进行赏析、探究，将文学、历史、经济、社会风俗联系起来，关注知识迁移，引导学生在情境中体验感悟。体验《清明上河图》的价值和对后世的影响，提高学生综合学习的能力
11.24-1.11	第14-19周	第6课　蓝白之美 第7课　泥土的味道 第8课　放飞希望	发挥媒材的特性，充分调动学生的多种感觉，融想象、思考、创造于一体，增强学生深层次体验，提升学生学以致用的能力和审美素养
1.12-1.18	第20周	期末学业水平测试	对一学期整体学习质量进行评价，进行综合的、多元的评价，合理规定达标标准

五、评价活动与成绩评定

学期总评成绩=形成性评价成绩（50分）+学业水平测试成绩（50分）。

1. 形成性评价（50分）

形成性评价主要指课堂评价、作业评价和平时美术活动评价，包括行为表现、学习态度、学习成果等。

形成性评价					
评价内容		评价方式			评价主体
评价项目	评价维度	优秀	合格	努力	
课前准备（5分）	提前预习、备齐工具材料	预习课文，搜集资料，备齐工具材料	预习不充分，工具材料不完整	没预习，没带工具材料	师评、组长评
课堂表现（15分）	知识能力	知道基本知识概念，掌握基本技能	正确描述基本知识概念；掌握基本评述、表现、设计、探索方法技能	了解基本概念和基本技能，但表达不确切	对知识概念、基本技能掌握较少	自评、互评
	学习态度	自主学习、合作探究、交流表达	认真倾听，合作探讨，积极回答	积极性不高，但通过引导能够参与学习	不愿参与，不愿分享	自评、互评
	展示评价	作品展示、语言评价	能大胆主动展示作品，用美术语言评述自己和他人的作品	能简单点评作品	不愿展示，不会评价作品	师评、组长评
作业情况（20分）	作业形式	美术元素、形式原理	形式丰富，合理运用各种美术元素	形式一般，基本掌握方法原理	没有体现美术元素	师评
	作业质量	有创意地完成一幅美术作品	能独立完成完整的作品，有创意、表现力强、完成质量高	能够在帮助下完成作品，有较好表现力	表现力差	师评

形成性评价					
评价内容		评价方式			评价主体
评价项目	评价维度	优秀	合格	努力	
拓展学习（10分）	延展学习、实际应用	探索课外知识，将学习内容应用到实际	能够拓展学习，但效果不明显	不进行拓展学习	自评
	美术活动	积极参加美术、书法等作品展	作品展表现不佳	不积极参与	自评、师评

2. 学业水平评价（50分）

学业水平测试卷满分为100分，按照50%折算计入学期总成绩。此项评价要设置合理的测评任务，并确定测评标准。

3. 学期成绩（100分）

学期总评成绩=形成性评价+学业水平测试评价。

学期成绩以等第呈现，共分为四个等第。等第与分值的换算如下：优秀（≥90分），良好（75-89分），及格（60-74分），需努力（<60分）。

"赏析中国山水画和外国风景画"
单元教学方案

叁

一、背景分析

（一）课标分析

《义务教育艺术课程标准（2022年版）》对本单元的描述，主要是要求运用造型元素、形式原理和欣赏方法，欣赏我国不同时期经典山水画作品和外国风景画作品，了解它们的历史。并重点强调了欣赏我国近现代美术作品，领悟中国共产党为实现中华民族伟大复兴的历史使命，团结带领人民进行艰苦卓绝斗争的壮丽史诗。在传承红色基因，坚定文化自信的同时，体会世界美术的多样性和差异，形成开放包容的心态和人类命运共同体意识。

本单元指向的核心素养主要是审美感知和文化理解，具体定位如下。

（1）描述中国山水画、外国风景画的历史演变、风格技法、艺术特色。

（2）通过探究学习，知道山水画、风景画的鉴赏方法，初步形成鉴赏意识。

（3）通过鉴赏活动，表达自己的审美意识，增强爱国、爱党、爱社会主义的情怀，坚定文化自信，形成开放包容的心态和人类命运共同体意识。

（二）教材分析

本单元属于造型表现领域，包括第1课"自然意趣——中国山水画"和第9课"自然的定格——外国风景画"。这两课表现的内容都是对自然风光，但属于两种截然不同的东西方绘画艺术。第1课"自然意趣——中国山水画"，课文中所选范例皆为中国山水画精品之作，从文化背景、笔墨技法、章法设色等方面进行探讨，重在感受情景交融的意境，体会山水画寄情于景、情景交融的意境之美。第9课"自然的定格——外国风景画"，不同于中国山水画，教材中分别介绍了古典写实主义、印象主义、新印象主义、后印象主义、现代派等流派的绘画风格。主要从形体、光影、色彩等方面进行鉴赏。不同于中国山水画的表现形式，这些风景画表达了西方绘画的艺术特色。

教师将这两课整合为一个教学单元，就是要利用比较、分析的方法进行学习，从发展历史、风格流派、代表画家、绘画技法等方面来研究探讨作品的艺术特点和审美价值，使学生形成鉴赏意识，增强爱国情怀，体会世界美术的多样性。

（三）学情分析

经过七年级的美术学习，学生对欣赏评述有所了解，审美意识、审美能力有所提高。对于绘画作品，大部分学生表现出浓厚的兴趣，多数同学掌握了赏析的基本方法，能进行初步评述。但部分同学缺乏主动意识，参与不积极，评述语言简单，不准确。还有些同学基础薄弱、语言表达能力差，需要教师有针对性地制订教学策略，注重方法的传授，培养学生良好的习惯，提升他们的审美素养。

二、单元目标

（1）通过审美感知、文化理解的方式，描述中国山水画、外国风景画的历史演变，归纳赏析方法，初步形成鉴赏意识。

（2）通过观察体验、对比交流的方式，探究不同时期中国山水画的风格流派、代表画家和代表作品，体会中国山水画的意境之美。

（3）通过观察体验、对比交流的方式，探究不同时期外国风景画的风格流派、代表画家和代表作品，能用艺术的语言评述外国风景画。

（4）通过审美感知、鉴赏活动、艺术表现的方式，表达自己的审美意识，坚定文化自信，形成开放包容的态度，尊重并理解世界美术的多样性。

三、评价设计

评价内容	评价量表			对应目标
	水平1	水平2	水平3	
简述中国山水画和外国风景画的发展史和赏析方法	能概括地描述中国山水画和外国风景画的发展史,掌握基本的赏析方法	能描述中国山水画和外国风景画的发展史,但不够全面,对赏析方法理解不到位	描述中国山水画和外国风景画的发展史混乱,不能掌握赏析方法	指向目标一、课时一
描述中国山水画的风格流派、代表画家及作品	能举例描述中国山水画发展各时间节点的风格流派、代表画家,恰当地评述作品	能初步描述中国山水画发展的风格流派、代表画家和作品,但描述有错误或不准确	对中国山水画的发展历史、风格流派、代表画家了解较少,不能描述或描述简单	指向目标二、课时二
描述外国风景画的风格流派、代表画家及作品	能举例描述外国风景画的发展历史、风格流派、代表画家,对作品能进行恰当评述	能初步描述外国风景画发展的风格流派、代表画家和作品,但描述有错误或不准确	对外国风景画的发展历史、风格流派、代表画家了解较少,不能描述或描述简单	指向目标三、课时三
欣赏、评述中国山水画、外国风景画作品	用艺术的语言恰当欣赏、评述中国山水画、外国风景画作品	能用简单的语言欣赏、评述中国山水画、外国风景画作品	不能对一幅中国山水画或外国风景画作品展开评述	指向目标四、课时四

四、学与教活动设计

单元大任务:赏析中国山水画和外国风景画,能用艺术的语言评述作品。

子任务一(第1课时):通览课文,简述中国山水画和外国风景画的发展史;通过对比、分析,归纳中国山水画和外国风景画的赏析方法。

教学准备：

1. 中国画和油画的工具材料。

2. 绘画技法微课。

重点引导：

如何体会中国画的意境之美和外国风景画形体、光影、色彩的现实之美？归纳中国山水画和外国风景画的赏析方法。

活动过程：

1. 结合课前预习和准备的绘画材料进行技法体验，感悟中国山水画和外国风景画在工具材料和绘画技法上的区别。

2. 通览课文第1课和第9课，概括中国山水画和外国风景画的发展史。

3. 结合微课、图片、相关资料，通过分析比较、探讨交流的学习方式，感悟中国画的意境之美和西方绘画的形体、光影、色彩之美，初步体验中国画和西方绘画的不同审美情趣。

4. 通过欣赏活动和技法体验，总结中国山水画和外国风景画作品的欣赏方法。

子任务二（第2课时）：阅读教材第2-5页，结合教师出示的微课、图片和课前收集的相关资料，探讨交流中国山水画的发展历史、风格流派、艺术特点。

教学准备：

1. 有关中国山水画作品的高清图片和相关背景资料。

2. 介绍中国山水画的微课。

重点引导：

青山绿水→白山黑水→云山雾水→青山秀水→红山赤水。

活动过程：

1. 根据中国山水画发展史的时间脉络，通过观察体验、对比交流的方式，探究不同时期山水画的风格流派、代表画家、代表作品及艺术特色。

2. 用艺术语言描述中国山水画的意境之美，发展审美素养。

子任务三（第3课时）：阅读教材第38-45页，结合教师出示的微课、图片和课前收集的相关资料，探讨交流外国风景画的发展历史、风格流派、艺术特点。

教学准备：

1.有关外国风景画作品的高清图片和时代背景资料。

2.介绍外国风景画的微课。

重点引导：

古典写实主义→印象主义→新印象派→后印象派→现代派。

活动过程：

1.通过观察体验、思考探讨，根据外国风景画发展的重要时间节点，探究其风格流派、代表画家、作品和艺术特色。

2.用艺术语言欣赏评述外国风景画，提升审美意识。

子任务四（第4课时）：赏析评述活动。有针对性地选取中国山水画和外国风景画作品，进行欣赏评述。

教学准备：

1.用于赏析评述的中国山水画和外国风景画作品。

2.小组任务分工、评价表。

重点引导：

利用对比的方法评述作品，体会中国山水画和外国风景画艺术特色的区别。

活动过程：

1.赏析教师出示的中国山水画和外国风景画作品，通过观察体验、探讨交流，合作分享的学习方式，用恰当的艺术语言评析作品。

2.有针对性地进行创作体验，进一步感受中国山水画和外国风景画的审美情趣。

3.评价交流，学生分层次、多角度展开自评和互评，积极交流、分享，及时补充自己的建议和见解，建议合理，有创新性。

肆　课时教学方案1　单元导学课

一、课时目标

1. 通过实践体验，感受中国山水画和外国风景画的工具、材料的不同和各自技法的特点。

2. 采用审美感知、文化理解的方式，通览课文，简述中国山水画和西方风景画产生和发展的过程。

3. 通过观察、对比、分析探讨的学习方式，探究中国山水画和外国风景画各自的审美特点，总结中国山水画和外国风景画的赏析方法。

二、评价设计

1. 完成任务一：能够简述中国山水画和外国风景画使用的工具、材料和基本绘画技法。（指向目标1）

2. 完成任务二：能够概括描述中国山水画和外国风景画的发展历程。（指向目标2）

3. 完成任务三：掌握中国山水画和外国风景画的一般赏析方法。（指向目标3）

三、学与教活动设计

【课前准备】中国画笔、墨、纸等材料；油画技法资料。

【学习过程】

任务一：交流中国画和油画的基本技法。

活动1-1：回顾中国画用笔、用墨、用色的方法。

情境创设：微课"中国画技法"。

引导思考：中国山水画有哪些笔墨技法？

活动过程：根据课前预习，通过模仿、回忆的方式，展示山水画勾、皴、点、染等技法，分享活动体会。

活动1-2：交流课前预习的油画工具材料和技法。

情境创设：微课"油画技法"。

引导思考：油画技法和国画技法相比有何特点？

活动过程：根据课前预习，通过分析展示、讨论交流的学习方式，说出油画的工具材料和绘画方法。

任务二：简述中国山水画和西方风景画产生和发展过程。

活动：在下图中填入主要画家和代表作品。

引导思考：中国山水画和西方风景画产生、发展的整体趋势有何特点？

活动过程：通览课文第1课和9课，通过对比分析、探讨交流的学习方式，归纳中国山水画和西方风景画的产生和发展过程。

中国山水画：

外国风景画：

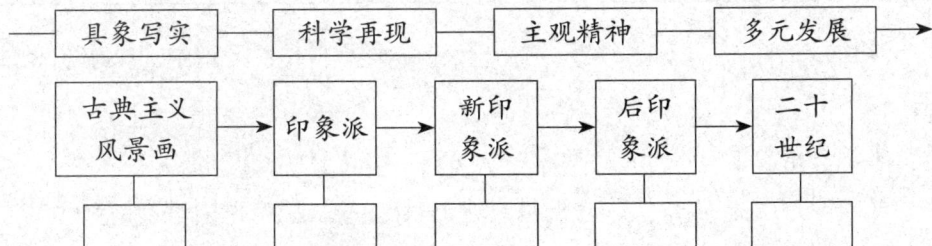

任务三：探究中国山水画和外国风景画的艺术特色和赏析方法。

活动3-1：阅读课文第1页，赏析《游春图》《江帆楼阁图》，体会中国山水画的意境之美，归纳中国山水画的赏析方法。

活动过程：1.完成下表。

名称	作者	年代	材质	尺寸	内容	技法
游春图						
江帆楼阁图						

2.分析隋唐时期青绿山水的艺术特色和作者的情感表达。

3.介绍唐宋时期其他青绿山水画家及作品，探究作品对后世的影响。

归纳总结：通过查询资料、观察对比、情境联想、讨论交流的学习方式，归纳两幅作品的艺术特点和艺术价值。

活动3-2：赏析《风暴后的埃特雷塔峭壁》《威斯敏斯大桥》，总结外国风景画的艺术特色和赏析方法。

引导思考：通过分析这两幅画的形体结构、光影、色彩的表现方式，区别他们的风格特点和表现方法。

活动过程：阅读教材第38页，根据下表所示的方法指导，通过观察感悟、讨论交流的学习方式，体验作品的审美特点，认同风景画多样表现方法。

名称	年代	构图透视	形体结构	色彩表现	笔触特征	情感表达
风暴后的埃特雷塔峭壁						
威斯敏斯大桥						

归纳总结：通过对比分析、交流探讨的学习方式，区别中国山水画和外国风景画的艺术特色，归纳赏析方法。

【学法指导】

1.学习方法：观察法、分析讨论法、对比总结法、评述体验法等。

2.知识结构：

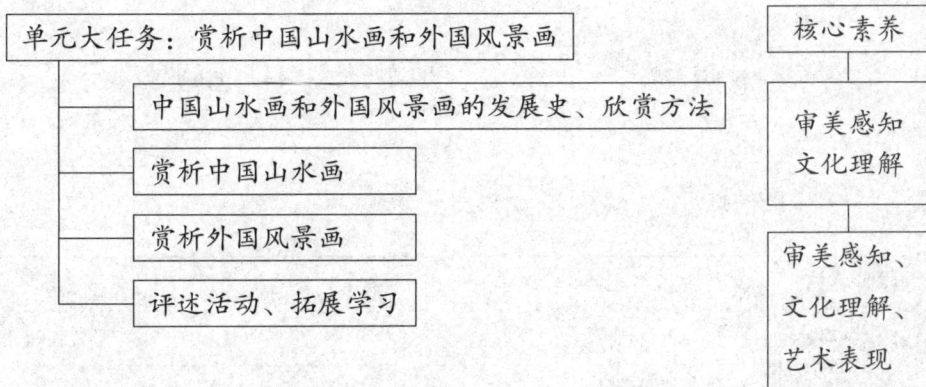

【学后反思】

项目	任务一	任务二	任务三	总评
水平				
态度				

1.通过上表统计，我还存在哪些疑惑和不解，应该如何改进？

2.我可以用什么方法评析一幅山水画？如何将赏析评论补充完整？（审美感知、文化理解）

课时教学方案2　赏析中国山水画

一、一般信息

课时名称	赏析中国山水画	学科	美术	课时	第2课时
使用年级	八年级上册	班额	8	课程类型	国家课程Ⅰ
设计者	刘　强、刘　红				

二、课时目标

1. 采用审美感知、文化理解的方式，探究宋代山水画的艺术特征和贡献，举例说出宋代山水画代表画家和作品。

2. 采用审美感知、文化理解的方式，探究文人山水画的艺术特征和思想内涵，通过鉴赏活动，感悟山水画情景交融的意境，提升审美素养。

3. 通过对比赏析的方式，体会作品描绘沧海桑田变迁的意义。增强对家乡、祖国的情感，培养高尚的审美情趣。

三、评价设计

1. 完成任务一：能够举例说出宋代山水画代表画家、作品及风格特征。（指向目标1）

2. 完成任务二：赏析《富春山居图》，举例说出文人山水画的艺术特征。（指向目标2）

3. 完成任务三：举例说出山水画中描述沧海桑田变迁的表现方法和思想内涵。（指向目标3）

四、学与教活动设计

【课前准备】

回顾七年级历史宋元部分和中国共产党带领全国人民的斗争史。

【学习过程】

任务一：赏析宋代典型山水画作品，体会宋代山水画的艺术特色。

活动1-1：赏析《溪山行旅图》。

情境创设：视频《溪山行旅图》简介。

引导思考：欣赏《江帆楼阁图》，这幅画表现了什么内容、运用了什么技法？营造了一种怎样的审美意境？你还知道哪些北宋时期著名的山水画？

活动过程：

1.取出工具，体验中国画皴法。

2.通过情境联想、观察对比、技法体验、讨论交流的方式，分析《溪山行旅图》的绘画技法和审美情趣。

3.连线

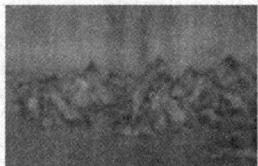  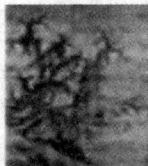 

水墨山水　　　　　青绿山水

李　成　　　　郭　熙　　　　李昭道　　　　王希孟

活动1-2：赏析《云山墨戏图》《临流赋琴图》《山径春行图》。

情境创设："暖风吹得游人醉，直把杭州作汴州"。南方山水和北方山水有何不同？

活动过程：结合下表，对比《溪山行旅图》，分析这些作品的内容、构图、皴法、意境的表达方式，归纳其特点。

名称	画面内容	构图方式	笔墨技法	意境表达
云山墨戏图				
山径春行图				
临流赋琴书				

任务二：赏析《富春山居图》，归纳文人山水画的特点。

活动2-1：赏析《富春山居图》。

情境创设：讲述"毁画"和"和璧"的故事。

引导思考：说一说黄公望创作这幅画的时代背景和个人经历。思考此画为什么被称为"画中之兰亭"？

活动过程：1. 根据搜集的资料，通过交流分享、体验感悟的方式，了解黄公望生活的时代背景和人生经历，体会黄公望的思想状态。

2. 通过故事感悟、联系实际的方式，体会《富春山居图》的历史和文化价值。

3. 通过分析体会（构图、技法、意境）、讨论交流的方式，总结此画的艺术价值。

活动2-2：赏析《六君子图》《鹊华秋色图》，归纳文人画借景抒情的特点。

情境创设：微课《文人画：醉翁之意不在酒，在乎山水之间也》。

引导思考：1. 这些画家为何寄情山水？他们是如何寄情山水的？你能感受到怎样的意境？

2. 你还知道哪些文人画家和作品？

任务三：赏析《淮扬洁秋图》《清凉环翠图》，体会作品中沧海桑田的变迁。

情景创设：近年来，我们的家乡都发生了哪些变化？你是如何记录下来的？

活动3-1：赏析《淮扬洁秋图》。

引导思考：你了解石涛的生平吗？你知道他有哪些绘画主张？

活动过程：1. 交流、分享石涛的经历，猜测其内心情感。

2. 分析作品的艺术特色，感受画面的氛围。

活动3-2：赏析《清凉环翠图》，感受作品的艺术特色。简述南京清凉山风光的变化，体会画笔记录沧海桑田的变化。

──────○ 学后反思 ○──────

1. 我能否说出几位不同时期中国山水画家和代表作品？（审美感知）

2. 我能否描述我国山水画取得的成就，体会并论述山水画的意境之美？（审美感知、文化理解）

课时教学方案3　赏析外国风景画

一、一般信息

课时名称	赏析外国风景画	学科	美术	课时	第3课时
使用年级	八年级上册	班额	8	课程类型	国家课程 I
设计者	刘　强、刘　红				

二、课时目标

1. 采用审美感知、文化理解的方式，结合阅读教材内容，说出西方古典风景画写实表现的艺术特点，举例说出代表画家和作品。

2. 采用审美感知、文化理解的方式，说出印象派绘画的艺术特点。通过赏析印象派绘画作品，发展审美素养。

3. 通过分析、对比的方式，区别印象派、新印象派、后印象派的艺术主张和风格特点。尊重、认同外国文化艺术，培养正确的审美意识。

三、评价设计

1. 完成任务一：简述外国古典风景画的艺术特征，举例说出代表画家和作品。（指向目标1）

2. 完成任务二：简述《睡莲》的艺术特点，说出印象派代表画家和作品。（指向目标2）

3. 完成任务三：区别印象派、新印象派、后印象派的艺术主张和风格特点，举例说出代表画家和作品。（指向目标3）

四、学与教活动设计

【学习过程】

任务一：探究17—19世纪中期古典写实风景画的特点。

活动1-1：赏析《雪中猎人》《林间小道》。

创设情境：微课《雪中猎人简介》

引导思考：赏析《雪中猎人》《林间小道》，思考作品是如何描写自然景色的。

活动过程：阅读课文图文内容，结合下表，通过观察感悟、交流讨论等方式，体会作品的绘画技法和审美情趣。

名称	构图	透视	形体结构	空间	色彩	氛围
雪中猎人						
林间小道						

活动1-2：赏析《海港日出》《辛格拉温的磨坊》，归纳17—19世纪中期的绘画特点。

任务二：赏析莫奈的《睡莲》，感悟印象派作品的艺术特色。

情境创设：视频《睡莲》。

引导思考：1. 对比《雪中猎人》，这幅画的艺术语言有着怎样明显的特点？

2. 你知道印象派的由来吗？

3. 你还知道印象派哪些著名画家及代表作品？

活动过程：1. 体会交流色彩知识。

2. 赏析作品，利用对比分析的方法，重点体会光线、色彩、形体、笔触的特点。通过讨论交流，感悟印象派的艺术特色。

3. 简单介绍印象派名家：毕沙罗、雷诺阿、西斯莱。

任务三：区别新印象主义、后印象主义的风格特点。

活动3-1：赏析《大碗岛星期日的下午》。

引导思考：1. 对比《睡莲》《雪中猎人》，说一说《大碗岛星期日的下午》在色彩应用上的区别与联系。

2. 你知道点彩派的主要画家吗？

活动过程：对比《睡莲》，体会点彩派与印象派的色彩理论联系。对比《雪中猎人》，体会作品的秩序美，总结点彩派的绘画技法。

活动3-2：赏析塞尚的《风景》。

创设情境：微课《对传统的反叛——西方现代艺术之父：塞尚》。

引导思考：1. 如何理解塞尚"艺术不是真实地表现事物的形貌色彩，而是真实地表现艺术家对客观事物的主观感受"的主张？

2. 你知道后印象派的主要画家吗？

活动过程：1. 对比《睡莲》，通过分析《风景》这幅画形体空间与色彩的特点，归纳其风格特征。

2. 分析后印象派的主要艺术家和艺术观点。

归纳总结：通过分析，区别印象派、新印象派和后印象派的主要代表人物、艺术观点和风格特征。

────○ 学后反思 ○────

1. 通过学习，我能否说出几位外国风景画画家及代表作品？（文化理解）

2. 我是否会评析一幅外国风景画？我如何将赏析评论补充完整？（审美感知）

3. 我还存在哪些疑惑和不解？应该如何改进？（审美感知、文化理解）